ALPEN

Sehnsuchtsort & Bühne

Residenzgalerie Salzburg

Impressum

ISBN 978-3-901443-36-7

Eigentümer und Verleger:
Residenzgalerie Salzburg, Residenzplatz 1, 5020 Salzburg
e-mail: office@residenzgalerie.at
www.residenzgalerie.at

Diese Publikation erscheint anlässlich der Ausstellung
„ALPEN – Sehnsuchtsort & Bühne"
von 15.7. bis 6.11.2011 in der Residenzgalerie Salzburg

Ausstellungskatalog:
Herausgeberin: Dr. Erika Oehring, Residenzgalerie Salzburg

Redaktion: Mag. Astrid Sigrun Patricia Ducke,
Dir. Dr. Roswitha Juffinger,
Dr. Erika Oehring, Residenzgalerie Salzburg
Fotoredaktion: Dr. Thomas Habersatter, Johannes Katsch

Für den Inhalt verantwortlich:
Die namentlich ausgewiesenen Autoren

Grafik, Layout und Satz: Mag. Anneliese Kaar, Salzburg
Lektorat: Schreibbüro Claudia Weisz, Salzburg
Druck: Druckerei Huttegger, Salzburg

Umschlag – Vorderseite:
Conrad Jon Godly, SOL II, 2010, Ausschnitt, Öl/Lw,
265 x 235 cm, Privatsammlung Zürich

Umschlag Rückseite:
ALPINE GOTHIC „10.000 Edelweiß", 2010/11, Birkenholz,
5 cm, Courtesy ALPINE GOTHIC

Ausstellung:
Direktion: Dr. Roswitha Juffinger
Konzept und Kuratorin: Dr. Erika Oehring
Assistenz: Mag. Astrid Sigrun Patricia Ducke

Ausstellungsgestaltung: Dr. Erika Oehring
Ausstellungsgrafik: Mag. Anneliese Kaar
Restaurierung: Mag. Gerhard Walde

Autorenverzeichnis:

Univ. Prof. Dr. Helga Buchschartner, Universität Mozarteum Salzburg
Mag. Astrid Sigrun Patricia Ducke, Residenzgalerie Salzburg
Dr. Erhard Koppensteiner, Salzburg Museum
Dir. Dr. Wolfgang Kos, Wien Museum
Mag. Wolfgang Krug, Landesmuseum Niederösterreich, St. Pölten
Dr. Erika Oehring, Residenzgalerie Salzburg
Dr. Nikolaus Schaffer, Salzburg Museum
Dr. Lothar Schultes, Oberösterreichische Landesmuseen, Schlossmuseum, Linz
Univ. Prof. Dr. Wolfgang Speyer, Universität Salzburg, Fachbereich Altertumswissenschaften, Klassische Philologie und Wirkungsgeschichte der Antike

Benützerhinweise:
Maßangaben:
Gemälde, Grafiken: Höhe x Breite

Erika Oehring (Hg.)

ALPEN

Sehnsuchtsort & Bühne

Mit Beiträgen von

Helga Buchschartner
Astrid Sigrun Patricia Ducke
Erhard Koppensteiner
Wolfgang Kos
Wolfgang Krug
Erika Oehring
Nikolaus Schaffer
Lothar Schultes
Wolfgang Speyer

Residenzgalerie Salzburg
15.7. – 6.11.2011

Die Residenzgalerie Salzburg bedankt sich für die hilfreiche Unterstützung zur Realisierung des Ausstellungsprojektes bei folgenden Sammlungen und Galerien:

Alpenverein-Museum Innsbruck
Belvedere, Wien
Colorama Salzburg
Landesmuseum Niederösterreich, St. Pölten
Museum der Moderne Salzburg
Neue Galerie Graz Universalmuseum Joanneum
Oberösterreichische Landesmuseen, Schlossmuseum, Linz
Österreichischer Touristenklub Wien
Salzburg Museum
Sammlungen des Fürsten von und zu Liechtenstein Vaduz – Wien
Sammlung Großglockner Hochalpenstraße AG
Universitätsbibliothek Salzburg, Sondersammlungen
Wien Museum

Galerie Charim, Wien
Galerie Luciano Fasciati, Chur
Galerie Hengesbach, Berlin
Galerie Mario Mauroner Contemporary Art, Salzburg – Wien
Galerie Seywald, Salzburg
Galerie Elisabeth & Klaus Thoman, Innsbruck
Galerie Wittenbrink, München
Knoll Galerie Wien/Budapest

sowie den ungenannt bleibenden Privatsammlern

Dank an

Gotthard Czerny
Günther Dankl
Gudrun Danzer
Heike Endter
Monika Gärtner
Sabine Grabner
Susanne Greimel
Walter Häufler
Anneliese Helminger
Bernhard Helminger
Kurt Kaindl
Roland Kals
Raija Keplinger
Kurt Kladler
Monika Knofler
Beatrix Koll
Friedrich Krügler
Gerhard Lohner
Patrizia Lutz
Caroline Mayr
Gerhard Membier
Michael Menzel
Ulrich Mühlthaler
Wilhelm Nemetz
Christian Nösig
Stefanie Plank
Gerhard Plasser
Barbara Psenner
Judith Radlegger
Veronika Raich
Hannes Resch
Michael Schweller
Christa Steinle
Peter Stüber
Gabriele Wagner
Walter Wenzel
Kurt Winkler
Stefanie Zangerl

Besonderer Dank gebührt den Kooperationspartnern:

ARGE ALP
Großglockner Hochalpenstraße AG
Österreichischer Alpenverein Sektion Salzburg
UNIQA

Sowie an alle am Projekt beteiligten, zeitgenössischen Künstler für die konstruktiven Gespräche im Zusammenhang mit der Auswahl der Werke, die in den letzten Jahren bzw. knapp vor Drucklegung dieses Ausstellungskataloges entstanden sind.

Inhaltsverzeichnis

Vorwort

Roswitha Juffinger

Dem Gebirgszug der Alpen mit seinen zerklüfteten Felsformationen, den weitläufigen Weideflächen der Almen und den an Steilabhängen angesiedelten, dunklen Wäldern werden Attribute wie majestätisch, atemberaubend oder imposant zugeordnet. Alle Bewohner von Hochgebirgsregionen, die Alpen miteingeschlossen, die durch klimatische, strukturelle, von der Natur vorgegebene Bedingungen zu Vorratswirtschaft gezwungen werden und denen somit ein Höchstmaß an körperlichem Einsatz abverlangt wird, bewahren bis heute die vor Urzeiten entwickelte Eigenschaft der tiefen Verwurzelung mit Grund und Boden, die dem Begriff Heimat eine so einzigartige Dimension verleiht.

Im Verlauf der Jahrhunderte bildeten die Alpen jene zu überwindende Barriere, die bei Reisen, Gütertransporten und kriegerischen Auseinandersetzungen zwischen Nord und Süd, Ost und West in Mitteleuropa als Konstante einzukalkulieren war.

Erst im 20. Jahrhundert wurde der nicht mehr reversible Umschwung in Gang gesetzt, der Menschen aus dem Flachland und den Ballungszentren der Städte über die Tourismus-Schiene – Sport bzw. „einzigartige" Erlebniswelt – eindringen lässt in Zonen wilder, den Naturgewalten ausgesetzter Gebirgsgegenden.

In der Kunst spiegelt sich, parallel zu dieser Entwicklung in der Alpenwelt, die sich verändernde geistige, emotionale und ästhetische Auseinandersetzung mit dem Phänomen Alpen.

Die Residenzgalerie Salzburg hat sich bereits mehrfach dem Thema Alpen gewidmet; genannt sei die Präsentation Jim Dines zum Motiv Untersberg im Jahr 1994. In seinen kraftvollen, farblich differenzierten Kompositionen manifestiert sich die Faszination des Künstlers für den Berg an sich als auch für die dem Gebirgszug anhaftende Sagenwelt.

„ALPEN. Sehnsuchtsort & Bühne" befasst sich aus dem Blickwinkel des frühen 21. Jahrhunderts mit der Entwicklung der Alpendarstellung sowie zeitgenössischen künstlerischen Zugängen zu den Alpen. Eindrucksvoll zeigt sich darin, wie die im Bewusstsein der Menschen verankerte Bergwelt Europas sich in der Kunst wandelt.

Einleitung

Erika Oehring

Es gibt Orte der Sehnsucht, die die Phantasie beflügeln – dazu gehören die Alpen. Das große Gebirge im Herzen Europas ist mehr als ein geografisch bezeichnetes Gebiet zwischen Nizza und Wien. Es ist ein vielfältiges, komplexes kulturhistorisches Phänomen und seit Jahrhunderten Imaginationsraum für Sehnsüchte, Vorstellungen und Bilder. Bis heute ist ein Bild der Alpen wirksam, das im 18. Jahrhundert entstanden ist.

Zusammengesetzt ist dieses visuelle Konstrukt aus landschaftlichen, gesellschaftlichen, ästhetischen und ideologischen Vorstellungen. So berichten Landschaftsbilder von weit mehr als dem abgebildeten Stück Natur oder Panorama. Sie verraten viel über das sich ständig ändernde Verhältnis des Menschen zu seiner Umgebung.

Das Thema Alpen in der Kunst ist gut erforscht. Das reichhaltige Literaturverzeichnis im Anhang belegt dies ebenso, wie das vielfältige Angebot an Ausstellungen.

Mehrere Präsentationen der Residenzgalerie Salzburg rückten in der Vergangenheit das Thema Alpen in den Vordergrund: „Die Alpen. Malerei und Graphik aus sieben Jahrhunderten" 1960; „Salzburg als Motiv – die Graphiksammlung der Residenzgalerie Salzburg" 1988; „Faszination Landschaft. Österreichische Landschaftsmaler des 19. Jahrhunderts auf Reisen" 1995 sowie „Winterlandschaften. Ausgewählte Werke der Malerei des 16. bis 20 Jahrhunderts zur kalten Jahreszeit" 2005.

Ausgangspunkt ist einmal mehr der an Gebirgsdarstellungen des 19. Jahrhunderts reiche Sammlungsbestand der Residenzgalerie Salzburg. Die aktuelle Schau nähert sich der komplexen Materie, indem die Auseinandersetzung dem Bild der Alpen und dessen Wandel in den letzten 200 Jahren folgt.

Geboten wird weder eine motivgeschichtliche Analyse noch eine soziologische Betrachtung. Dies würde den Rahmen sprengen. Begrenzungen sind sowohl durch diverse Rahmenbedingungen vorgegeben als auch beabsichtigt.

Bilder haben eine große Verführungs- und Suggestionskraft. Sie entstehen nicht zufällig, weder auf der Leinwand noch im Kopf. Bilder zeigen was wir wahrnehmen und wie wir wahrnehmen – Wahrnehmung ist keine objektive Fähigkeit, sondern abhängig von Kognition und Vorurteil. Im Unterschied zur Natur, die auch ohne Reflexion besteht, benötigt Landschaft unsere Wahrnehmung und Interpretation.

In jedem Bild sind viele andere Bilder gespeichert, so wie in jedem Blick viele andere Blicke archiviert sind. Alpenbilder entsprechen Vorstellungen, die kulturell festgelegt sind.

Das Bild der Alpen, das die meisten Reisenden noch heute mitbringen, entstand vor mehr als 200

Jahren – mit der Entdeckung des Gebirges als autonomes Sujet. Zu jener Zeit also, in der Literatur, Philosophie, bildende Kunst, wissenschaftliche Entdeckung und alpine Eroberung in fruchtbarer Wechselbeziehung standen.

Das Anliegen der Künstler um Wirkung auf das Gemüt des Betrachters, um die Erzeugung einer „seelenvollen Stimmung" spiegelt sich in deren Werken facettenreich, differenziert sowie mannigfaltig und weckte sowohl Erwartungen als auch Sehnsüchte.

Obwohl seit Edmund Burke 250 Jahre vergangen sind und sich unsere Natur stark verändert hat, ist in unserer Vorstellung das Ideal einer alles übermannenden Natur vorhanden, mit der wir einen harmonischen Einklang suchen. Noch immer ist die Idealvorstellung von den Alpen als Fluchtwelt und als Sehnsuchtsort wirksam.

Das in seinen Grundzügen im Laufe des 18. Jahrhunderts entworfene Alpenbild ist gleichsam zu einem festen Bestandteil der mentalen Topografie sedimentiert. Bis heute ist es Garant einer erfolgreichen Werbestrategie.

Hochkunst wird dem Thema Alpen nur unzureichend gerecht. Eine Erweiterung auf die Gebrauchsgrafik, auf Film, Postkarte und Plakatwerbung ist notwendig, um den Weg der Alpenmalerei des 19. Jahrhunderts in die Massenreproduktion der Tourismuswerbung zu verdeutlichen.

Jede Kultur verändert die Natur in der sie lebt.
Die Alpen erscheinen heute als spezifischer sozialer Raum mit gefährdetem ökologischem Gleichgewicht. Sie dienen uns als Wasser- und Freizeitreservoir, sind einem enormen Nutzungsdruck ausgesetzt und zugleich Objekt vielfältiger Schutzbemühungen. Neue waghalsige Sportarten machen die Alpen für die Jugend zu einem trendigen Lifestyle-Thema.

Das Bild der Alpen ist ein subtiler Indikator für kulturelle Grundstimmungen. Es verdeutlicht den dynamischen Prozess von Tradition und Wandel. Die veränderte Landschaft führt zum Bruch mit dem traditionellen Alpenbild. Zeitgenössische Künstler finden und entwerfen Gegenstücke zu jenen Bildern, die in unserer Vorstellung nach wie vor wirksam sind.

Der älteste Künstler dieser Ausstellung wurde 1564 in Antwerpen geboren (Mompers), der jüngste 1980 in Schwaz in Tirol (Gregor Sailer). Ein Auswahlkriterium für die zeitgenössischen Arbeiten ist der biografische Aspekt. Bis auf wenige Ausnahmen bilden die Alpen Arbeits- und Lebensraum der einzelnen Künstler. Viele Werke sind in den letzten fünf Jahren entstanden.

Das Zusammenwirken von Menschen und High-Tech-Erschließungen bildet einen Schwerpunkt in der Auseinandersetzung. Die Kunst antwortet mit subtilen Mitteln wenn sie die irritierende Ambivalenz zwischen Natur und Künstlichkeit aufnimmt. Die neuen Alpenbilder erheben keinerlei moralisierenden Anspruch. Die trügerische Ästhetik lässt den kritischen Sprengsatz erst nach und nach erkennen, schärft die Sinne und regt zum Denken an.

Die neuen Alpenbilder wollen uns keine konkreten Orte vorstellen, sie stehen exemplarisch für die geografische Region zwischen Zermatt und den Ostalpen. Nach dem Ende der Nationalismen rücken die Alpen als einheitliche Region ins Bewusstsein Europas.

Von der gefürchteten Wildnis über das heroische Gebirge und der wildromantischen Idylle bis zur Eventlandschaft unserer Tage spannt sich der Bogen dieser Präsentation. In der künstlerischen Reflexion zeigen sich Wandel und veränderte Wahrnehmung des Alpenraumes ebenso wie die Wechselwirkung von Kunst und Tourismus. Zu sehen sind Gemälde, klassische Werbegrafik, Objekte, Installationen und Fotografie aus privaten sowie öffentlichen Sammlungen.

Sehnsuchtsort & Bühne
Alte und neue Alpenbilder

Erika Oehring

Ausgerüstet mit Waffen gegen die vermeintlich wilden Einwohner kamen die ersten Reisenden 1741 aus England in das Tal von Chamonix, um die Gletscher zu erkunden.[1]
Privilegierte Bürger und Adelige erkoren auf ihrer obligaten Grand Tour durch Europa die Alpen zu einem neuen Ziel und erfüllten ihre Sehnsucht nach der Schweizer Gebirgswelt mit einer zeitaufwendigen und kostenintensiven Reise.[2] Bis ins 17. Jahrhundert hatte man die Alpen als „Warzen auf der Erdoberfläche", „terra incognita" und „verdorbene Erde" verstanden und bezeichnet.

Wie aus schriftlichen antiken Zeugnissen bekannt ist, galt das große Gebirge im Zentrum Europas als unergründlich und grauenerregend und wurde von der römischen Geschichtsschreibung als unnütz und gefährlich dargestellt.[3] Seine Bewohner bezeichnete man als Barbaren. Die nicht nur reale, sondern auch metaphysisch begründete Ablehnung deutete der englische Theologe Thomas Burnet (1635 – 1715) nach einer von ihm als entsetzlich empfundenen Alpenüberquerung im Jahre 1671 in seiner „Telluris Theoria Sacra" (1681): „*... die Gebirge als Ruinen einer zerbrochenen Welt, als Strafe Gottes wegen des Sündenfalls.*"[4] Ängstlich mied man das unwegsame Gebiet als lebensgefährliches Hindernis.

In dieser unwirtlichen Natur bewegten sich außer Hirten, Gemsenjägern und Wilderern gezwungenermaßen Kaufleute, Italienreisende, Pilger, Sklaven[5] und manchmal Feldherren wie der Karthager Hannibal im Jahre 218 v. Chr.

Aberglaube und Phantasie trieben fruchtbare Blüten. So veröffentlichte der Schweizer Naturwissenschaftler Johann Jakob Scheuchzer im Jahre 1723 Material über die Begegnung mit Drachen, das er auf seinen Reisen durch die Schweizer Alpen zwischen 1702 und 1711 gesammelt hatte. Geordnet nach Kantonen, verarbeitete er es zu einer umfassenden „Dracologie".[6] (Abb. 1) Vorläufer der um 1800 einsetzenden Alpeneuphorie waren Humanisten wie der Zürcher Arzt und Gelehrte Konrad Gesner (1516 – 1565), der mit der Beschreibung seiner Erstbesteigung des Pilatus[7] als ein vereinzeltes Zeugnis früher Alpenbewunderung gilt.[8]

Im Zuge der Etablierung der Physiktheologie (1690 – 1730), der wichtigen Voraussetzung für den Aufschwung der Naturwissenschaften in der Aufklärung setzte mit der Rechtfertigung der fürchterlichen Berge durch deren Nutzen, eine „*Positivierung des Negativen*" ein. Der Engländer William Derham (1657 – 1735) postulierte 1713 in seinem Standardwerk „Physico-Theology" drei Nützlich-

validè impegit, ut is non jam de equite vorando, ſed à ſpinoſo bolo ſe liberando occuparetur. Interim Eques gladio, qua data molliori parte, impacto, tandem belluam confecit. Verum enimvero cum jam gladium ſanguine madidum in venenoſus [illegible] *virulentiæ fuit, ut qui jam ſe victorem crederet, vindicante ſe draconis ſanguine vinceretur, paulò poſt extinctus.* Figuram Draconis ex Helvetia mihi tranſmiſſam, hîc apponendam duxi.

Draco Helveticus bipes et alatus

Mira Hiſtoria de Vietore quodam, ſemeſtri ſpatio cum duobus Draconibus habitante.

JUngam hoc loco Hiſtoriam ex ſupra allegato *Cyſato*, cui vix fidem adhiberem, rum cumulum afflictione exercere. Erant in lateribus dictæ voraginis cryptæ profundæ, & undique in longum latumque protenſæ, quas dum aptam habitationem inquiſiturus ingrederetur, ecce mox *duos* horri-

Abb. 1 Athansius Kircher (1602 – 1680), Mundus subterraneus. II. Bd., Amsterdam 1678, S. 100, „Draco Helveticus bipes et alatus“, Universitätsbibliothek Salzburg

keitsargumente für die „nahe Fremde“: Gesundheit durch die gute Bergluft sowie Schutz für Italien vor rauen Nordwinden und die unermessliche Bedeutung als Quellgebiet von allen wichtigen europäischen Flüssen.[9] Gletscher und unwirtliche Schneefelder bekamen ihre Bedeutung als Wasserspeicher.[10]

Die Vorstellung von der Natur als einem sinnvollen Ganzen bereitete das Fundament für die wissenschaftliche Betätigung. Im Zuge dieser Auffassung zu Beginn des 18. Jahrhunderts konnte die ästhetische Eroberung der Alpen allmählich ihren Anfang nehmen.[11] Nach 1700 erfuhren die Alpen eine „*… fundamentale Neubewertung von einem schrecklichen Raum zur romantischen Landschaft.*“[12]

1. Die ästhetische Eroberung der Alpen

Der grundlegende Wahrnehmungswandel der Alpen hinsichtlich einer Ästhetisierung, die Auffassung von Natur als Landschaft wurde ausgelöst und geformt von Schriftstellern, Philosophen und Malern.

Als Initialzündung ästhetischer Naturbetrachtung gilt Francesco Petrarcas (1304 – 1374) Schilderung seiner Besteigung des Mont Ventoux, dem westlichsten Ausläufer der Alpen, nordöstlich von Avignon, am 26. April 1336. In seinem Brief, nach Jakob Burckhardt die erste komplexe Naturschilderung der neuen europäischen Literatur, formuliert der Dichter das Credo des modernen Alpinismus: Berge werden um ihrer selbst willen bestiegen, sinnliche Naturerfahrung wird zum Selbstzweck. Die Aussicht vom Gipfel wird zur Reflexion über das subjektive Empfinden. [Dazu der Beitrag von Wolfgang Speyer, Die Alpen als heiliger und als profaner Ort, S. 47–61]

In der Malerei dienen Gebirgs- und Felsformationen wie etwa jene bekannten Zeugnisse von Leonardo da Vinci (1452 – 1519), Albrecht Dürer (1471 – 1528) oder Albrecht Altdorfer (1480 – 1538) zunächst als Hintergrund für religiöse und historische Themen. Bevor die Alpen im 18. Jahrhundert zum eigenständigen Bildthema werden, verdichtet das Pittoreske, Schroffe und Monumentale des Geländes die winzige Szene im Vordergrund zu einem effektvollen Schaustück. So erfreuen sich in der niederländischen Malerei des 17. Jahrhunderts Darstellungen mit überfallenen Reisegesellschaften oder ehrfürchtigen Pilgern vor der Bergwildnis größter Beliebtheit. [Siehe Kat. Nr. 44]

Das atmosphärisch schimmernde Gebirge im Hintergrund ist oftmals eine Phantasielandschaft, vermutlich angeregt von unterschiedlichen Darstellungen, die der Künstler für seine Arbeit herangezogen hatte.

Einfluss der Literatur

Zunächst war es der für heutige Verhältnisse nahezu unvorstellbar starke Einfluss der Literatur, der das Verhalten, Denken und Fühlen der Menschen im 18. Jahrhundert prägte. Dieser Einfluss wurde auch hinsichtlich der Alpenbegeisterung wirksam, der die Bekanntheit und Beliebtheit dieser noch vor kurzer Zeit gemiedenen Wildnis enorm beschleunigte.
Reiseberichte regten die Phantasie an und schürten die Sehnsucht eines gebildeten Publikums. Bestimmte Bilder und Begriffe erfüllten die Vorstellung bereits vor Antritt der Reise, formten Auffassungen und Erwartungen und festigten eine Sichtweise der Alpen, die bis heute nachwirkt. Reisende kamen mit ihren Bildern und Vorbildern im Kopf in die Alpen und vergewisserten sich vor Ort ihrer vorgefassten Ansichten von dieser Landschaft. So war die Begegnung, zunächst mit den Schweizer Alpen, weitgehend vorbestimmt und festgelegt.

„*Die Orientierung an Vor-Bildern und Vor-Läufern und das innere Verlangen nach Übereinstimmung zwischen kulturell geprägtem Vor-Wissen und eigener Natur-Erfahrung lenkten Wahrnehmung, Empfindung und Beschreibung.*“[13] Literarische Alpenbeschreibungen wurden zum Vermittler zwischen Landschaft und Betrachtenden. Man freute sich auf die Begegnung mit dem Gebirge, weil man von den Bergen eine Vorstellung hatte.

Woher kamen die Bilder im Kopf?
Nach Matthias Stremlow belegt zwischen 1750 und 1815 die Anzahl von 575 Titel nicht nur „... *den Reichtum der schriftlichen Auseinandersetzung mit den Alpen, sondern auch die Vielfalt der Gesichtspunkte und Interessen*“.[14] Von bedeutender Inspiration erwies sich das 1832 erschienene monumentale Gedicht „*Die Alpen*“ des Berner Dichters und Universalgelehrten Albrecht von Haller (1708 – 1777), der von Kant als „*größter deutscher Dichter*“ bezeichnet wurde.[15] Dieses in alle wichtigen europäischen Sprachen übersetzte Poem war das Ergebnis einer langen Reise. Der „Gründungstext des helvetischen Freiheitsmythos“[16] thematisierte die Schönheit der Berge und die Alpenbevölkerung als moralisch vorbildliche Menschen. Rasch verfestigte sich der Text in der „... *Imagination der europäischen Kultur und verlor seinen Einfluss nie vollständig.*“[17]

Jean Jacques Rousseaus (1712 – 1778) Forderung nach der Rückkehr zu Natur und Unschuld steigerte die Popularisierung der Alpen ebenfalls. Die Definition eines neuen Natur- und Landschaftsverständnisses wurde für das europäische Denken und Fühlen zum Programm. Idealvorstellungen vom guten Leben in einer heilen Welt, in der die im außeralpinen Alltag erlebten Zwänge als aufgehoben erscheinen, interpretierten die Alpenlandschaft als Fluchtwelt und Sehnsuchtsort. Allerdings wendet sich die neuere Forschung gegen die hartnäckig tradierte Auffassung, nach welcher Rousseau als der alleinige Begründer des neuen „Naturgefühls“ gilt und damit lange und zu Unrecht als Entdecker der Alpen in der Literatur.[18] Nicht allein Rousseaus Briefroman „Julie, ou la nouvelle Heloise“ aus dem Jahre 1761 rückte die Schweizer Alpen ins Zentrum des Interesses und fachte die Alpenbegeisterung weiter an. Rasch schuf die literarische Spurensuche einen *„Kanon von Sehenswürdigkeiten“*,[19] der das „Programm“ einer Alpenreise bestimmte.

Es ist kein Zufall, dass der Begriff „Sehenswürdigkeit“ im ausgehenden 18. Jahrhundert in Verwendung kam.

Stimulans für die Sinne oder: was hat der englische Schauerroman mit der Alpenreise zu tun?

Im Jahre 1739 brachen zwei junge Engländer auf zur obligaten Grand Tour, der traditionellen Reise junger, wohlhabender Männer durch den Kontinent.

Nicht unbedingt der verlorenen Unschuld, sondern einem „köstlichen Grauen“, galt die Suche von Horace Walpole (1717 – 1797), der wie Rousseau derselben Generation angehörte. Unterwegs schrieb sein Freund, Thomas Gray, einer der meistgelesenen englischen Dichter des 18. Jahrhunderts, an beider Freund Richard West über die Landschaft nördlich von Grenoble: *„Nicht ein Abgrund, nicht ein Wildbach, nicht eine Felswand, die nicht von Religion und Dichtung durchdrungen wäre.“*[20] Gemeinsam das *„Fürchterliche als berauschende Stimulans für die Sinne“*[21] suchend, wurde es seinem Reisegefährten Horace Walpole schließlich doch zu viel. Erschüttert beschreibt er den Mont Cenis als verfluchten, teuflischen Ort, an welchem in einem unachtsamen Moment sein Schoßhündchen Tory von einem Wolf gerissen wurde. Die Groteske des Geschehens entbehrt nicht einer unfreiwilligen Komik: Der kleine schwarze Hund war nur für einen Augenblick an die Luft befördert worden und neben der Sänfte hergelaufen, in welcher der in Pelz gewandete Walpole von vier Trägern den Berg hinauf transportiert wurde.[22] Schama konstatiert, dass das Interesse der beiden Intellektuellen an Gebirgspässen ein Experiment mit Sensationen war. Die Reise *„… sollte sie an den Rand des Abgrunds führen, sollte ein Spiel mit der Katastrophe sein. Wo die früheren Reisenden vor dem Schrecken der Berge zurückgezuckt waren, schwelgten Walpole und Gray darin.“*[23] Die Projektionen von Walpoles Phantasiewelt waren aufgeladen von der Suche nach Nervenkitzel, nach wohligem Schauer und lustvollem Schrecken. Jedoch nicht vordergründig, sondern mit einem besonderen Einfühlungsvermögen und Sinn für das Subtile und Außergewöhnliche.

Horace Walpole, Sohn des ersten Premierministers Großbritanniens, Sir Robert Walpole (1676 – 1745), gilt als einer der Begründer des Englischen Landschaftsgarten.[24] Mit seinem Landhaus „Strawberry Hill“ in Twickenham an der Themse, das er von 1747 bis 1776 in ein bizarres gotisches Schloss umgebaut hatte, schuf er eine Inkunabel der englischen Neogotik. Architektonische Versatzstücke wie Verliese, Gewölbe und verborgene Räume zählen bis heute zu den Ingredienzien von Grusel- bzw. Horrorfilmen. Unter einem Pseudonym war 1764 sein Roman „The Castle of Otranto“ erschienen. Damit hatte Horace Walpole den Siegeszug des englischen Schauerromans/Gothic Novel eingeläutet.

Walpoles Ringen galt einer poetischen Formulierung des „Erhabenen“ zwischen „delightful horror“[25] und „terrible joy“. Die Begegnung mit den Alpen bot ihm Wildnis und Gefahr, das Unheimliche und Überwältigende, Todesnähe und Rettung. Hier fand der Sensualist stärkste Gefühlsbewegungen und die Erfüllung seiner Sehnsucht nach Stimulans der Sinne.

In der Wahrnehmung der Natur als Landschaft, die gerade in der Kunst der englischen Landschaftsgärten ihren unmittelbaren Ausdruck findet, spielt die Kategorie des Erhabenen eine vorrangige Rolle. Sie ist von großer Bedeutung für das Verständnis des frühen Alpinismus und damit vor allem auch für die Darstellung des Alpinen in der Kunst.
Als ein erregendes Schauspiel wurde die wilde und furchterregende Natur der Alpen von den Reisenden aufgesucht und wahrgenommen. Gletscher, Schluchten und schier unerreichbare Gipfel bildeten die grandiose Kulisse eines imaginären Theaters. Das spektakuläre Naturschauspiel wurde zum Paradigma des Erhabenen.

Nach Edmund Burke (1729 – 1797) gehörte das „Riesige“, „Dunkle“, „Schroffe“, „Mächtige“, „schrecklich Aussehende“, „Unendliche“ und „Rätselhafte“ zu den erhabenen Objekten.[26] Jedoch charakterisierte das Erhabene nicht allein Gegenstände, sondern das von ihm ausgelöste Gefühl. Er definierte in Anlehnung an John Locke (1632 – 1704) „ *... dass das Erhabene nicht mehr durch den Verstand, sondern durch Sinneseindrücke evoziert, auf assoziativem Wege infolge von Gefühlen und Leidenschaften zum Instrument ästhetischer Perzeption gereiche.*“[27] [Ausführlich dazu siehe Beitrag Buchschartner, Zusammengesetzte Gefühle. Emotionen beim Anblick der Alpen S. 63–85]

Lust und Grauen

Das Gefühl des Erhabenen stelle sich laut Burke erst dann ein, wenn das Entsetzen durch die Gewissheit der eigenen Sicherheit beruhigt werde.[28] Der von der Unwirtlichkeit der Alpen hervorgerufene Schrecken, kann bei entsprechender Distanz eines sicheren Standorts zum wohligen Schauer werden. Aus dieser „Dialektik von Sicherheit und Ohnmacht“ entstehe das Gefühl des Erhabenen.[29] Nach Schiller (1759 – 1805) müssen wir uns in Sicherheit fühlen, „*... wenn uns das Furchtbare gefallen soll.*“ Das „*gemischte Gefühl*“ beruhe nach Kant auf einer „*Ambivalenz von Lust und Unlust*“.[30]

Neben der Religion als drittem Aspekt in der Diskussion um das Erhabene, ergänzt Schiller die Debatte mit einem vierten Aspekt, dem Gefühl der Freiheit.[31] Dieser Begriffsapparat bestimmte das Empfindungs- und Urteilsvermögen. Erst damit war der „*... aufgeklärte, gebildete Bergreisende – der Mensch des neuen Zeitalters – in der Lage, die Natur ästhetisch zu genießen.*“[32]

Ästhetischer Genuss erweist sich als eine historisch bedingte Erscheinung, als das Resultat einer kulturellen Entwicklung, für die Literatur und bildende Künste ausschlaggebend sind.

Dazu Friedrich von Schiller in seiner Abhandlung „Über das Erhabene“: „*Das Erhabene wie das Schöne, ist durch die ganze Natur verschwenderisch ausgegossen, und die Empfindungsfähigkeit für beides in alle Menschen gelegt; aber der Keim dazu entwickelt sich ungleich, und durch die Kunst muss ihm nachgeholfen werden.*“[33]

Abb. 2 Johann Wolfgang von Goethe, Scheideblick nach Italien, gezeichnet am 22.6.1775 während der Rast auf dem St. Gotthard, Bleistift, laviert, 343 x 432 mm, Stiftung Weimarer Klassik, Weimar

Der frühe Alpinismus war in seiner Komplexität den Prinzipien einer umfassenden „Aufklärung“ verpflichtet.[34]

Die Projektion erhabener Gefühle auf das große europäische Gebirge wurde spätestens in den 80er-Jahren des 18. Jahrhunderts zu einem Phänomen, das in unzähligen Reisebeschreibungen deutlich wird. Goethe hatte 1779 zum zweiten Mal die Schweizer Alpen bereist: *„Mir macht der Zug durch diese Enge eine große ruhige Empfindung. Das Erhabene gibt der Seele die schöne Ruhe, sie wird ganz dadurch ausgefüllt, fühlt sich so groß als sie sein kann. Wie herrlich ist ein solches reines Gefühl, wenn es bis an den Rand steigt, ohne überzulaufen.“*[35] Inspiriert vom Wasserfall des Staubbachs von Lauterbrunnen schuf er das von Franz Schubert (1797 – 1828) vertonte Gedicht „Gesang der Geister über den Wassern.“[36]

Am Ende des 18. Jahrhunderts hatte sich die Kategorie des Erhabenen als Anleitung für das Erleben alpiner Landschaft etabliert. Die Empfindung der Hässlichkeit des Nichtsnutzigen und Schrecklichen verwandelt sich zunehmend in Sympathie für Wildnis, schroffes Gestein und Gletscher. Ein neues Bewusstsein wandelte Natur zur Landschaft.

„Das Gefühl des Erhabenen tritt an die Stelle der Jahrhunderte lang kultivierten Ängste …“ bekundete Goethe 1808 in seiner detailfreudigen Schilderung des Furkapasses.[37]

Erkenntnisdrang und Naturschauspiel

Die ästhetische Aneignung des Gebirges steht in direkter Verbindung mit den Naturwissenschaften, deren Interesse und Werthaltung sich bereits in der

Abb. 3 Christian von Mechel (1737 – 1781), Voyage de Mr. De Saussure á la cime du Mont Blanc, 1790, kolorierter Kupferstich, 425 x 525 mm, Alpines Museum München

Renaissance abzeichnete und ihren Durchbruch in der Aufklärung erfuhr, mit einem ersten Höhepunkt in der zweiten Hälfte des 19. Jahrhunderts.[38]

Am 1. August 1787 machte sich Horace-Bénédict de Saussure (1740 – 1799) gemeinsam mit 18 Führern, Trägern und Dienern auf, den Mont Blanc zu besteigen. Ein Jahr nach der Erstbesteigung war es die erste wissenschaftliche Expedition. Im schweren Gepäck befanden sich neben dem Proviant mit Wein und Spirituosen wissenschaftliche Instrumente wie drei Barometer sowie ein Band von Homer als Anregung zur Erstellung eines Epos! (Abb. 3) Der Genfer Naturforscher[39] und Neffe Albrecht von Hallers machte auf dem Gipfel vergleichende barometrische Messungen und kam zu dem Ergebnis, dass der Mont Blanc der höchste Gipfel Europas ist. Seine spektakuläre Tätigkeit und faszinierenden Eindrücke hielt er als Zeugnis für die Öffentlichkeit fest. Überhaupt war die öffentliche Berichterstattung grundlegender Bestandteil unzähliger Alpenreise-Projekte.[40] (Abb. 4) In bemerkenswerter Weise versuchte Saussure wissenschaftliche Beobachtungen und poetische Interpretationen miteinander zu verbinden. So hatte der Begründer der modernen Alpenforschung und Wegbereiter des Alpinismus bereits in den Jahren 1779 – 1796 seine „Voyages dans les Alpes" veröffentlicht.

Diese Publikation beeinflusste Philosophie und Kunst gleichermaßen. Sie verband Erkenntnisdrang mit der Ehrfurcht vor der unfassbaren Natur. Der Zeit entsprechend beschrieb Saussure einen „… *erregenden Wechsel von Hoffnung und Furcht*", der ihn bei seinen Expeditionen in die Alpen begleitete.

Abb. 4 William McGregor, Ersteigung des Mont Blanc um 1850, gestochen von George Baxter (1804 – 1867), Blatt 3 von 4, Aquatinta, 105 x 150 mm (je ein Motivblatt), Alpenverein-Museum, Innsbruck

Nicht nur Kant hatte Saussures „Reise durch die Alpen" gelesen, der englische Maler und Theoretiker John Ruskin (1815 – 1900) wurde dadurch lebenslang zum „*Kult der Berge*" bekehrt. Die Lektüre begleitete ihn auf allen seinen unzähligen Reisen durch die Alpen.[41] „*Die Berge* [sind] *der Anfang und das Ende jeder landschaftlichen Schönheit.*"[42] Ruskin hat in seiner 5-bändigen Reihe, erschienen zwischen 1843 und 1860, „Moderne Maler" kein Thema so intensiv behandelt wie das der Berge.[43] [Kat. Nr. 57]

In seiner Naturaneignung verlegte sich der Künstler immer mehr auf die Darstellung des Mikrokosmos.[44] (Abb. 5) Seine populären Schriften trieben Reisende und Maler in Scharen in die Alpen, sehr zum Unwillen des Künstlers: „*… ja die Alpen selbst, die eure Dichter so hingebungsvoll lieben, habt ihr zu eingeseiften Kletterpfählen eures Biergartens gemacht, um daran hochzuklettern und mit einem wohligen Schauder wieder herunterzurutschen!*"[45]

Rasch änderten sich mit der Begeisterung für das große Gebirge auch die Gewohnheiten und Ziele der Bildungsreisenden. Erlebnishungrige Touristen eilten nun nicht mehr nur zu den Stätten des klassischen Altertums, sondern zunächst ins neue Traumland, in die Schweiz – von einem Blick auf das Erhabene zum nächsten. Die „Erhabenheitstouristen"[46] auf den Straßen zu den Alpen waren zahlreich. „*Die Besteigung von Alpengipfeln durch marginalisierte Aristokraten waren so verbreitet, dass man auf den Gedanken kommen konnte, das werde in der Tat zu einem Ersatz für Feldzüge.*"[47]

Abb. 5 John Ruskin (1815 – 1900), Felsen und Pflanzen bei Chamonix, 1854, Gouache/Papier, 252 x 267 mm, Kendall, Abbot Hall Art Gallery

Nach Aufhebung der Kontinentalsperre (1812) und nach dem Wiener Kongress (1814/15) begann eine vermehrte Reisetätigkeit, vor allem weiterhin von England aus. Das Interesse an der Gegenwelt Natur muss als Reflex auf grundlegende gesellschaftliche und wirtschaftliche Veränderungen und als ein Unbehagen am Modernisierungsprozess gewertet werden.

Begeistert berichtete der junge Albert Smith vom Anblick der Alpen anlässlich seiner ersten Reise 1838 nach Chamonix: *„Jeder Schritt, den ich an diesem Tage auf der Straße tat, war wie auf einer Reise ins Märchenland.“*[48] Im März 1852 eröffnete er in der Egyptian Hall in London die Schau „*Die Ersteigung des Montblanc*“. Dramatische Gaslichter kamen zum Einsatz, ebenso Dioramen, eine Schweizer Sennhütte aus Pappe und Mädchen in Schweizer Tracht, die den Besuchern den Weg wiesen.[49] Jahre zuvor war er mit einer Ausrüstung, die er seine „Alpen in der Kiste“ genannt hatte durch die Grafschaften rings um London getingelt. In seinem Buch „The Story of Mont Blanc“, erschienen 1853 in London, listet Smith sehr zum Vergnügen der Leser den bei seiner Besteigung mitgebrachten Proviant auf: „*... vier Lammkeulen, vier Hammelschultern, Rinderhälften, elf Hühner, 35 Hähnchen, 20 Brote, sechs Pfund Schokolade, 10 Laib Käse und 4 Pakete Backpflaumen ....*“[50].

Playground of Europe

Eisenbahnen und der allgemeine Ausbau des Verkehrsnetzes beschleunigten die Entwicklung des Tourismus unaufhörlich. Seit 1820 war Postverkehr über den St. Gotthard möglich. Bei der Überquerung des Val Tremolo, dem Tal des Schreckens, konnten sich ängstliche Reisende die Augen verbinden lassen.

In London eröffnete man 1854 das erste Reisebüro der Welt. Der ehemalige Gärtner und Tischler Thomas Cook (1802 – 1892) führte Reisen nach Chamonix und ins Berner Oberland im Angebot. Mit Fähre, Bahn und schließlich mit dem Kremser ging es in die Berge. In Chamonix angekommen, konnten die Reisenden für einen Franc eine Kanone abfeuern und den Alpen ein Echo entlocken, um danach in Gruppen von 50 Personen zum „Mer de Glace“ aufzusteigen.[51] Die Bevölkerung nutzte den wachsenden Tourismus und sorgte als Träger, ortskundige Führer und Herbergsgeber für willkommene Einnahmen. Nicht selten wurden die verwöhnten und in der Regel zahlungskräftigen Engländer bei ihrer „Erstbesteigung“ von Bauern und Jägern, gesichert von Bergstangen und teilweise in Sänften oder Tragsesseln, zum Gipfel transportiert. (Abb. 6 und 7) So hatte die Gemeinde Chamonix bereits 1821 in einer Gebührenordnung festgelegt, dass jeder, der den Mont Blanc besteigen wollte, vier einheimische Bergführer anmieten musste.[52] Zur Jahrhundertmitte kam es zu einer ersten „touristischen Explosion.“[53]

Der Begriff Tourist, der um 1830 im deutschen Sprachraum auftauchte, stammt aus dem Englischen, wo er um 1800 erstmals nachgewiesen werden kann.[54] Wolfgang Kos konstatiert, dass die Idee des Erhabenen, des „*gebannten und ästhetisch dosierten Schreckens*“ erst durch den Tourismus zur „*... populären Alltagserfahrung und zum breit wirksamen symbolischen Tauschwert*“ wurde.[55]

Bald waren Chamonix und Wallis, die zu den Schlüssellandschaften der touristischen Expansion ge-

Abb. 6 Abstieg, altkolorierte Lithografie um 1850, 165 x 255 mm, Turmmuseum Ötz

Abb. 7 Aufstieg, altkolorierte Lithografie um 1850, 165 x 255 mm, Turmmuseum Ötz

worden waren, bei distinguierten Reisenden als Orte des Touristenrummels verpönt. Der anspruchsvolle Tourist reiste nun weiter nach Zermatt und das Matterhorn löste den Mont Blanc als *„Emblem ihres kompromisslosen Ehrgeizes, Risikofreude und Opferbereitschaft“* ab.[56]

Das Matterhorn wurde in der zweiten Hälfte des 19. Jahrhunderts zur Ikone, zum Inbegriff der Schweizer Alpen. [Siehe Kat. Nr. 54, 57, 64]

Einen Markstein in der Aneignung der Alpen setzten die Engländer 1857 mit der Gründung des „Alpine Club“.[57] Die Clubmitglieder betrachteten sich als eine eigene Kaste, die sich von der industriellen Welt abgewendet und den Alpen zugewendet hatte „ *... weil wir dort eine Luft atmen konnten, die nicht schon durch Millionen Lungen gegangen ist.*“[58] Clubpräsident Leslie Stephen veröffentlichte 1871 seine Kritik am Bergtourismus in einem Buch mit dem Titel „Playground of Europe."[59] Für ihn gab es nur die unmittelbare Erfahrung der Besteigung – je gefährlicher, desto besser. Gegen Nicht-Bergsteiger wurden leidenschaftliche Attacken geritten. Man veranstaltete eigene Kunstausstellungen und veröffentlichte Illustrationen von Künstlern

Abb. 8 Gustave Dorée (1832 – 1883), Das Unglück am Matterhorn, 14. Juli 1865, 1869, Lithografie von Eugen Ciceri (1813 – 1890)

wie Edward Whymper (1840 – 1911) der, nach eigenen Angaben, von der Londoner „Alpenshow" des Albert Smith mit dem Alpenvirus infiziert worden war und zu den Gründungsmitgliedern des Clubs zählte. Der begeisterte Alpinist unternahm zwischen 1853 und 1881 zehn Reisen in die Schweiz. Seinen Platz in der Geschichte des Alpinismus sicherte er sich mit der Erstbesteigung des Matterhorns am 14. Juli 1865. Whymper, der von Lord Francis Douglas, Reverend Charles Hudson und Robert Hadow begleitet und von den Bergführern Michel Croz und Peter Taugwalder unterstützt wurde, setzte sich in einem Zweikampf gegen den Franzosen Jean-Antoine Carrel durch.[60] Damit endete die große Zeit der Erstbesteigungen und die „Goldenen Jahre" des Alpinismus. Legendär wurde der dramatische Abstieg, bei dem vier Mitglieder der Gruppe über die Nordwand in den Tod stürzten. (Abb. 8)

Obwohl John Ruskin im Gegensatz zur strikten Auffassung des Alpine Club meinte, dass das Erklimmen großer Höhen diejenige Aktivität sei, die die Wahrheit der Sache am wenigsten zutage fördern würde, bot man ihm die Mitgliedschaft an.[61]

Der Landschaftsästhetik einer außeralpinen Bildungselite stand die inneralpine Sicht der alltäglichen Umgebung gegenüber mit der Nutzbarkeit der Natur im Vordergrund. Trägern, Führern und allen anderen Dienstleistern blieb der ästhetische Landschaftsgenuss verschlossen.

Die Forderung des Fremden nach einer „*Wissenschaft der Gebürge*" und einer „*genauen Kenntniß der Alpen*" erstreckte sich ebenso auf die Alpenbevölkerung.[62] Die Begegnung der beiden Kulturen verlief und verläuft bis heute nicht ohne Konflikte.

Abfällig äußerten sich Touristen sowohl über das Äußere als auch über das Verhalten der Bergbewohner. So berichtete Joseph August Schultes (1773 – 1831), in der Phase der Ostalpenerschließung einer der produktivsten Reiseschriftsteller, der als Mediziner an Kröpfen und Kretinismus interessiert war, überschwänglich vom „ranzigen" Geruch in den Keuschen der Semmeringbewohner.[63] Drastisches Gegenbild solcher Denunziationen ist die Verklärung des „guten Älplers" in der Tradition eines Albrecht von Haller.

2. Das Bild von der Landschaft

Für die Entwicklung der Sehweise von Natur als Landschaft im 16. und 17. Jahrhundert spielte die Malerei eine zentrale Rolle. Aquarelle, Stiche und Drucke fanden reißenden Absatz. Gemeinsam mit der Literatur festigte die bildende Kunst den Mythos der Alpen.

Mit der Aufklärung wurde die Natur einem wissenschaftlichen Verständnis unterzogen. Gleichzeitig kam es in der Kunst zu einer schwärmerischen Überhöhung.

Die eigentliche malerische Eroberung der Berge beginnt um 1771 mit Caspar Wolf (1735 – 1783). Seine Darstellungen des Berner Oberlandes machten den Maler zum eigentlichen Entdecker des Hochgebirges für die Malerei. Mühevolle Reisen führten ihn auf seiner Suche nach spektakulären Motiven in die heimatlichen Berge. [Abb. S. 72]

Wolfs Gebirgsdarstellungen befriedigten sentimentale Bedürfnisse und entsprachen den aufklärerischen Zielen nach philosophischer, naturwissenschaftlicher, ästhetischer und ökonomischer Erkundung. Zwischen 1774 und 1778 schuf der Pionier der Schweizer Alpenmalerei etwa 200 Bilder. Schon zwei Jahre später konnte er sie in Paris einem interessierten Publikum präsentieren. Die Bilder einer neuen, unbekannten Welt im Herzen Europas dienten als Vorlage für die 1777/78 herausgegebene Stichfolge, die in Bern, Paris und Amsterdam erschien. Für die Pariser Ausgabe hatte niemand geringerer als Albrecht von Haller das Geleitwort verfasst.[64]

Der aus dem Tiroler Lechtal stammende und dort als Hüterbub aufgewachsene Joseph Anton Koch (1768 – 1839) gilt als „Schöpfer der heroischen Alpenlandschaft". Mit den Leitideen seiner Zeit war er bestens vertraut und begeistert von der Idee der Französischen Revolution. In den Jahren 1792 bis 1794 durchwanderte er das Berner Oberland. Auf das Motivreservoir, das er dabei anlegte, konnte er Zeit seines Lebens zurückgreifen. [Kat. Nr. 34] Koch übertrug das Konzept der seit dem 17. Jahrhundert „heroisch" genannten Landschaftsauffassung seiner Vorbilder Nicolas Poussin (1594 – 1665) und Claude Lorrain (1600 – 1682) auf die Schweizer Berge. Unter Beobachtung des Gegenständlichen geht es ihm weniger um die genaue Wiedergabe der Topografie, als vielmehr um die Darstellung einer höheren Ordnung: *„Ohne Ideen ist bei mir die Kunst nichts Sonderliches, blosse Nachahmung der Natur gibt noch kein Kunstwerk, bleibt tief unter der Natur, ist Nachäffung. Nur mit Ideen aufgefasst, das gibt eine Welt, wobei man mit Vergnügen verweilt.*"[65]

Im Kampf gegen den Feudalismus verstand der Jakobiner Koch die Natur als wegweisende Kraft und

Abb. 9 William Turner (1775 – 1851), Hannibals Zug über die Alpen bei Schneesturm, 1812, Öl/Lw, 146 x 237,5 cm, Tate, London

feierte die Schweiz mit ihren „*erhabenen Naturszenen*" als das „*Land der Freiheit*", indem er den uralten Topos des Berges als einen Ort der Freiheit verwendete.[66]

Die Darstellung des „Schmadribachfall" entstand in mehreren Versionen in den Jahren 1805/11 und wurde zur Ikone der Hochgebirgsmalerei.[67] [Abb. S. 70] Koch verbindet hier Wahrnehmung und übergeordnete Idee zu einem neuartigen, von ethischem Anspruch getragenen Naturgefühl. In diesem Schlüsselbild vereint der Künstler in feierlicher Weise die monumentale Ausdruckskraft des Klassizismus mit dem kosmischen Naturgefühl der Romantik und konfrontiert den Betrachter gleichsam mit dem biblischen Schöpfungsbericht.

Mehr als die Erhabenheit der Bergwelt an sich interessierte den Engländer William Turner (1775 – 1851) das Wilde, Bedrohliche, Zerstörerische und Elementare. Er kam zwischen 1802 und 1844 immer wieder in die Alpen. Sein Weg nach Italien führte ihn in das Schweizer Hochgebirge, manchmal auch in die Ostalpen. Mit Verve bannt er Lawinen, Schneestürme, Felsstürze und Überschwemmungen auf seine Leinwand und das obwohl er niemals einen Lawinenabgang selbst erleben musste. *„Es ist die Aufgabe des Landschaftsmalers, das, was in der Natur schön und in der Kunst bewunderungswürdig ist, auszuwählen, zu kombinieren und zu konzentrieren.*“[68]

Diese Methode der Vereinigung von verschiedenen Versatzstücken entsprach den Ideen der Romantiker auf dem Kontinent. In der 1812 entstandenen Darstellung von „Hannibals Zug über die Alpen bei Schneesturm“ verbindet Turner Naturgewalt mit historischem Ereignis zu einem dramatischen Schauspiel. Bewegung und atmosphärische Veränderung, seine wesentlichen Kompositionsmittel, bestimmen auch hier die von Licht und Stimmung getragene Farbkomposition. (Abb. 9)

Turner hatte dieses Thema nicht zufällig aufgegriffen. Die Figur des karthagischen Feldherrn Hannibal war für die Mythologisierung der Alpen in der Malerei um 1800 von gewisser Bedeutung.[69] [Dazu Beitrag von Wolfgang Speyer, Die Alpen als heiliger und als profaner Ort S. 54; Kat. Nr. 4, 56]

„Die Vorliebe für Berge als Anstifter zu politischer Hybris schien ihren locus classicus *in der Hannibal-Geschichte zu finden, so dass diese Erzählung im ganzen 18. Jahrhundert von Dichtern und Malern ständig von neuem durchexerziert wurde; wobei den schreckerregenden Alpen immer die Rolle zufiel, den Sturz der Hochgestellten und Mächtigen zu bewirken.*“[70]

Größte Theaterkulisse der Welt

In bisher ungewohntem Ausmaß drang die Ästhetisierung der Alpen in das Bewusstsein der städtischen Bevölkerung. Ausgelöst von Schillers Bühnenbild für die Einstiegsszene von Wilhelm Tell 1803, fand sich die Alpenlandschaft für unzählige Szenen in zahlreichen Schauspielen mit Schweizer Themen.

Entsprechend dem „Phänomen der Bilderfabriken des 19. Jahrhunderts“[71] kam es zur Fortsetzung des verdichteten und festgeschriebenen Alpenbildes durch Masseneditionen einer dekorativen, kulinarisch aufbereitenden Grafik, das zugeschnitten war auf ein möglichst breites Käuferpublikum. Tapeten, Prospekte und Panoramen mit Aneinanderreihungen von touristischen Anziehungspunkten wurden zu begehrenswerten Modegegenständen. [Dazu Beitrag Ducke, Die Alpen im Salon – Zur Entstehungsgeschichte der Schweizer Panoramatapeten, S. 95–113] Schließlich war es entschieden bequemer, sich dem nur mühevoll zugänglichen Gebirge im Salon hingeben zu können. Johann Heinrich Wuests (1741 – 1821) ins Riesenhafte gesteigerter „Rhonegletscher“ etwa, war eines von 18 Bildern, die der Künstler 1795 im Auftrag des Seidenfabrikanten Salomon Escher für dessen Gartensaal in Zürich anfertigen ließ.[72] (Abb. 10)

Das Thema Schweiz erlebte in der ersten Hälfte des 19. Jahrhunderts in Paris eine Hochkonjunktur. Mit großem Erfolg präsentiert Alexandre Calame (1810 – 1864) im Pariser Salon 1839 die dramatische Darstellung „Gewitter an der Handeck“, das als „Höhepunkt in der Ruhmesgeschichte der Alpen“ und als „Heldenepos der Alpennatur“ überschwänglich

Abb. 10 Heinrich Wüest (1741 – 1821), Der Rhonegletscher, um 1775, Öl/Lw, 126 x 100 cm, Kunsthaus Zürich

gefeiert wurde.[73] (Abb. 11) Mit seinen spektakulären Hochgebirgslandschaften auf großformatigen Leinwänden traf der Hauptmeister der Genfer Schule den Nerv seiner Zeit.

Die Entwicklung und Erforschung der von englischen Chronisten als „central alps" bezeichneten Westalpen wurden zum Vorbild für die Eroberung der Ostalpen. Unmittelbarer Auslöser war die spektakuläre naturwissenschaftliche und alpinistische Tätigkeit des Genfer Naturforschers Horace Bénédict de Saussure.[74]

Vedutengrafiker machten seit der Mitte des 18. Jahrhunderts die „hervorragendsten An- und Aussichten" des österreichischen Alpenraumes einem breiteren Publikum bekannt. Deutsche Romantiker um Ferdinand Olivier (1785 – 1839) „verarbeiteten" auf ihrem Weg nach Rom die Voralpenlandschaft zwischen Südbayern und dem Salzkammergut. Schließlich fand das emanzipierende Bürgertum des Biedermeier in den Bildern die Heimatlandschaft wieder und begeisterte sich für die wirklichkeitsgetreue Wiedergabe und Verherrlichung des ländlichen Lebens. Die Landschaftsmalerei wurde zur bürgerlichen Kunstgattung schlechthin.

Sich selbst in der Landschaft zu sehen, wie die Familie des Notars Dr. Eltz vor der Kulisse des Dachsteingletschers, war neu. Man feierte die Alpen als das neue Arkadien. (Abb. 12) Der Wunsch nach einem Leben in und mit der Natur verrät viel über die romantische Sehnsucht der Bürger und wirft ein Schlaglicht auf das im Aufbruch befindliche Europa.Seit dem 18. Jahrhundert bezeichnete der Begriff „romantisch"[75] die Vereinigung von Wildheit und Schönheit. We-

Abb. 11 Alexandre Calame (1810 – 1864), Courss de´ Aar (am Handeck-Pass bei Meyringen), 1838, Öl/Lw, 79 x 59 cm, Staatliche Galerie Moritzburg, Halle

gen der inflationären Verwendung kamen am Ende des Jahrhunderts aussagekräftigere Adjektive wie etwa „wildromantisch" in Verwendung.

Dabei ging es vor allem darum, dass man wie beim Erhabenen nicht nur bestimmte Landschaftstypen als romantisch betrachten konnte, sondern dass diese Bilder die Schaulust der Betrachter erfüllten und Stim-

Abb. 12 Ferdinand Georg Waldmüller (1793 – 1865), Familie Eltz: Der Notar Dr. Josef August Eltz (1788 – 1860) mit seiner Gattin Caroline, geb. Schaumburg, und den acht Kindern in Ischl, 1835, Öl/Lw, 124 x 110 cm, Belvedere, Wien

mungen wie Sehnsucht, Staunen, Träumerei, Verlangen und Erinnerung auslösten.

Illusionistische Effekte

Auf der Suche nach dem Pittoresken, das so viel heißt wie sehenswert und bildwürdig, nahm man sich die Freiheit, die vorhandene Topografie künstlerisch zu interpretieren. Bergkuppen wurden zu spitz aufragenden Gipfeln, sanfte Hänge zu steilen und schroffen Felsen, der liebliche Wasserfall zur tobenden Gischt. Um Landschaft spektakulär auf die Leinwand zu bannen und damit die Schaulust des Publikums zu wecken, wurde sie effektvoll inszeniert. [Kat. 18, 48]

Der einflussreiche Wiener Maler Franz Steinfeld (1787 – 1868) gilt als Vater der klassischen Biedermeierlandschaft. Er war es, der die Salzkammergutlandschaft zum bildwürdigen Motiv erklärte.

In seinem Salzkammergutbild verdichtet er in einem wie zufällig vorgefundenen Bildausschnitt den Hallstättersee eingefasst von steilem Fels und pittoreskem Dachsteingebirge zu einem effektvollen Konzentrat. [Kat. Nr. 78] Wenngleich er in der Ausführung der niederländischen Malerei des 17. Jahrhunderts verpflichtet bleibt, nähert er sich damit der Methode William Turners.

Die „Malerfrequenz" in der neuen Modelandschaft Salzkammergut wurde in ihrer Dichte nur vom bayerischen Königssee übertroffen, der zum erklärten Studienort der Münchner Kollegen geworden war.[76] [Kat. Nr. 18]

Die Blüte des Biedermeierrealismus stand in enger Verbindung mit der Eroberung des heimatlichen Hochgebirges.

Thomas Enders (1793 – 1875) naturalistische Gletscherbilder sind nicht nur faszinierende Darstellungen der sichtbaren Wirklichkeit, sondern wichtige Dokumente für die Gletscherforschung. [Kat. Nr. 9, 10] Im Auftrag von Erzherzog Johann und auf alljährlichen gemeinsamen Hochgebirgstouren mit diesem schuf der Künstler eine einzigartige Sammlung von

Aquarellen. Ziel der aufwendigen Unternehmungen war eine „gesamt-österreichische Landesaufnahme" mit geologisch-montanistischer, botanischer und volkskundlicher Ausrichtung. Der Epoche der Nationalidee entsprechend beabsichtigte Erzherzog Johann damit die Förderung und Stärkung der nationalen Identität. Enders Kunst war grenzüberschreitend. Viele seiner Aquarelle wurden von englischen Künstlern in Stahl gestochen.

Erzherzog Johann selbst war an der Geschichte des Alpinismus in Österreich höchst aktiv beteiligt. Auf seine Initiative hin kam es 1805 zur Erstbesteigung des Ortler, dem damals höchsten Berg der Monarchie. Obwohl die Erstbesteigung des Großvenedigers im Jahre 1828 misslungen war, wurde sie dennoch als alpinistische Großtat gefeiert.[77]

Überhöhung durch Malerei

Mit der politischen und vaterländischen Landnahme wird der Gipfel zum Inbegriff des nationalen Mythos und zum identitätsstiftenden Element.

Anton Hansch (1813 – 1876), der schwierigste Bergtouren durchführte und etwa tausend Skizzen und Zeichnungen schuf, weckte nach 1848 mit seinen spektakulären Hochgebirgslandschaften das Interesse des Kaiserhauses [78] (Abb. 13)
In seiner Darstellung des „Großvenediger" [Kat. Nr. 19] schuf der Künstler eine nach allen Regeln der akademischen Kunst komponierte Inszenierung eines Alpenschauspiels. Die Grandiosität des majestätischen Gipfels wird durch die Tiefe und Weite des kulissenartigen Bildraumes und die höchst theatralisch eingesetzte Lichtführung ins Bühnenhafte gesteigert und zu einem Synonym für die Erhabenheit der Schöpfung. Distanz und Größenverhältnisse werden durch die winzigen Gestalten betont, die Dimension der dargestellten Landschaft durch dieses Bildmittel erfahrbar gemacht. Eindrucksvoll wird so das Verhältnis der Menschen zur imposanten Größe des erhabenen Gebirges verdeutlicht.

Abb. 13 Anton Hansch (1813 – 1876), Unterer Krimmler Wasserfall, Ölskizze/Papier, Kupferstichkabinett Wien

Die optische Verzerrung als Bestandteil einer Darstellungslogik wurde später vor allem für die Werbegrafik unumgänglich.

In Anlehnung an Joseph Anton Koch übertrug der Wiener Anton Hansch, zu seiner Zeit als „österreichischer Calame" bezeichnet, das Motiv des Schmadribachfall in ein dramatisches Schauspiel. [Kat. Nr. 20] Die stimmungsträchtige Natur mit dem Gebirge als majestätische Offenbarung entspricht der heroischen Bildsprache des frühen Historismus.

„Großbetrieb des Naturgenusses"[79]

Parallel zur Eroberung der Alpen in Wissenschaft und Kunst erfolgte die Gründung von Alpenvereinen mit der infrastrukturellen Erschließung der Bergwelt.[80]

Diese halfen dabei die richtige „Sehweise" auch räumlich vorzubereiten. Wege und Klettersteige werden angelegt, Hütten gebaut und bewirtschaftet. Und man vereinbarte oft von Künstlern vorgegebene Aussichtspunkte, um den erhabenen, den romantischen oder den pittoresken Blick festzulegen. [Siehe dazu Beitrag Wolfgang Kos S. 87–93]

Alpenvereine verstanden sich im Sinne der wissenschaftlichen Aufklärung und eines frühen Landschaftsschutzes.[81] Regelmäßige Publikationen unterrichteten die Mitglieder über das richtige Verhalten im alpinen Gelände. Illustriert wurden die Magazine von „Bergsteigermalern" wie Edward Theodore Compton (1849 – 1921) oder Gustav Jahn (1879 – 1919). Comptons Anliegen bestand in einer genauen Wiedergabe der physischen Gestalt einzelner Berge oder Gebirgszüge, aufgeladen mit unterschiedlichen atmosphärischen Stimmungen. Seine virtuose Beherrschung der künstlerischen Mittel ermöglichte eine beinahe fotografisch genaue Darstellung. (Abb. 14) Reproduktionen der Gemälde wurden in den Zeitschriften und Jahrbüchern des Deutschen und Österreichischen Alpenvereins publiziert. [Kat. Nr. 5, 6]

Zwischen 1878 und 1909 gelangen Compton 27 Erstbesteigungen. Im Tourenbuch des Alpine Club sind unter seinem Namen zwischen 1872 und 1913 dreihundert Bergtouren verzeichnet. „*Das Wunderland der Alpen war schon in frühester Jugend das Ziel meiner heißesten Sehnsucht, aber nicht durch Sportstrieb, sondern wie Ruskin, Loppé u.m.A., durch die Kunst, bin ich Bergsteiger geworden.*"[82]

Obwohl Compton seine Malerei für das geeignetere Medium hielt, bediente er sich der Fotografie, die sich zur mächtigen Konkurrenz der naturalistischen Malerei entwickelte. Durch die Hochgebirgsfotografie und die Tätigkeit der Alpenvereine wurde ab den 1870er-Jahren der alpine Tourismus für breite Kreise der „Belle Époque" attraktiv. Wieder waren es die Briten, die einen wichtigen Absatzmarkt für Landschaftsfotografie bildeten.

Die erste Fotografie von einem Berg wird John Ruskin zugeschrieben. Es handelt sich dabei um die Aufnahme des Matterhorns bei Sonnenschein im Jahre 1849.[83]

Ähnlich wie die Brüder Bisson,[84] die Pioniere der französischen Fotografie, die die Besteigung des Mont Blanc im Jahre 1861 fotografisch dokumentierten und ihr Equipment zur Herstellung und Entwicklung von Nassplatten von 25 Trägern trans-

Abb. 14 Edward Theodore Compton (1849 – 1921), Vajolettürme im Rosengarten, Dolomiten, Öl/Lw, 156 x 111 cm, 1905, Alpenverein-Museum Innsbruck

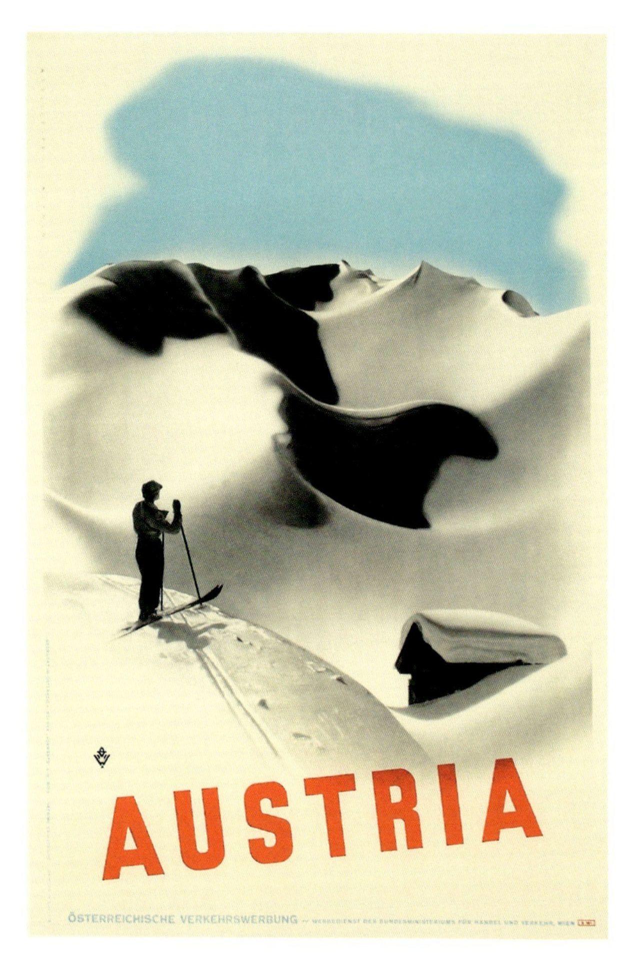

Abb. 15 Paul Kirnig (1891 – 1955), Austria 1935, Österreichische Verkehrswerbung, Farboffset, 94 x 63 cm, Österreichische Nationalbibliothek Wien

portieren ließen, um auf der Höhe von 5000 m ein provisorisches Fotolabor einrichten zu können, unternahm der Österreicher Gustav Jägermayer (1834 – 1901) fotografische Alpenexpeditionen. Bei einer Expedition auf den Großglockner im Jahre 1863 belichtete er 84 Platten. Begleitet wurde er unter anderen vom Alpenmaler Adolf Obermüllner. [Kat. Nr. 46] Gemeinsam suchten sie den Blickpunkt für das „ideale“ Gletscherbild. Nach 1875 entstanden im Auftrag für das Salzburger Unternehmen Würthle & Spinnhirn zahlreiche Hochgebirgsaufnahmen.[85] [Kat. Nr. 84, 85] *„Die reisenden Engländer, Sachsen usw kaufen Landschaften zumeist nur dann, wenn sie von dem Punkte aus aufgenommen sind, der im Bädeker als schöner oder herrlicher Aussichtspunkt beschrieben ist.“*[86]

Allerdings mussten Jägermayer und Obermüllner erkennen, dass das neue Medium kaum die malerischen Vorgaben erreichen konnte. Monika Faber sieht eine Ursache im meist fehlenden bildwirksamen Vordergrundmotiv, trotz der häufig als Staffagefiguren eingesetzten Begleiter.[87]

Aus ähnlichem Grunde dürfte meines Erachtens der Bergsteigermaler Gustav Jahn trotz Verwendung der Fotografie für unzählige Illustrationen im Auftrag von Mizzi Langer-Kauba die Zeichnung bevorzugt haben. Nur so konnte er seine Figuren äußerst bildwirksam in der neuesten Bergsteigermode in lebensgefährlichen Positionen vor dramatischem Abgrund agieren lassen. (Abb. S. 131)

Dynamisch entwickelte sich der Tourismus gegen Ende des 19. Jahrhunderts und „versilberte“ den Alpenmythos. Maßgeblich war die Ausdehnung der Saison auf den Winter. Wintersport und Gesundheitstourismus[88] ließen die Besucherzahlen rapide ansteigen. Das neue Wintervergnügen Skifahren wurde zur Demonstration einer neuen Lebensweise. Sport in Schnee und Sonne setzte man mit Lebensfreude gleich.

Die Alpen wurden zur Vergnügungslandschaft. Man gründete Wintersportklubs, veranstaltete die ersten Skikurse und Wettrennen. Mit der Rudolfsbahn konnte man bereits vor 1900 bequem bis Zell am See reisen. [Kat. Nr. 100]

Künstler wie Alfons Walde schenkten mit ihren Werken dem Berg- und Winterkult eine bis heute gültige „corporate identity" und machten Orte wie Kitzbühel zu Top-Zentren des österreichischen Alpinsports. [Kat. Nr. 80, 103, 104,]

Der konstituierte Blick bestimmt das Sehen und dominiert Tourismus und Werbegrafik bis in die Gegenwart. Seit dem Ende des 19. Jahrhunderts prägen Postkarten mit Sujets in millionenfachen Auflagen das Bild der Alpen wie kein anderes Medium. [Kat. Nr. 111–114] Das romantische Alpenbild mit seiner idealtypischen Ansicht dient dazu bis heute als Garant einer erfolgreichen Werbestrategie. Seine „eingeübten" Botschaften stimulieren unmittelbar die Gefühle der Betrachter und sind ohne Sprache von jedem Einzelnen zu verstehen. Eigenschaften wie Unberührtheit, Natürlichkeit und Reinheit zählen zu den erfolgreichen Ingredienzien des Sehnsuchtsortes Alpen. (Abb. 15, Kat. Nr. 97–105)

Die Alpen bieten jedem etwas: dem Naturschwärmer des 19. Jahrhunderts und dem Wandervogel vergangener Jahrzehnte folgt der Extremsportler unserer Zeit auf der Suche nach neuen Sportarten auf dem „Abenteuerspielplatz Alpen" ebenso wie der Outdoor Fanatiker, der quer durch alle Gesellschaftsschichten sein Wohlbefinden in der alpinen Natur sucht und

Abb. 16 Schnee & Palmen, Werbefotografie, Gasteiner Bergbahnen AG, 5630 Bad Hofgastein

sein Vergnügen in der bunten Eventlandschaft findet. (Abb. 16)

Die Verbindung von Wintersport, Lifestyle-Unterhaltung und neuen Extremsportarten machen die Hochgebirgslandschaft zur Arena mit trendiger Openair-Atmosphäre. Die Kundenzielgruppe ist dementsprechend vielfältig. Findige Werbestrategen haben die Nase vorn und statt des Klischees Authentizität im Auge, die den zunehmend kritischen Konsumenten ansprechen soll. So setzt man auf die Kooperation mit zeitgenössischer Kunst und begründet die Werbekampagne „*Bergsommer in Tirol*" folgendermaßen: „*Im letzten Sommer schickte Tirol sieben Fotografen auf die Reise. Ein Wagnis, weil zeitgenössische Fotografie anders sieht, als das Werbebild. Die Idee dabei war es, einen neuen Zugang zum Entdecken des Landes zu gewinnen.*"[89]

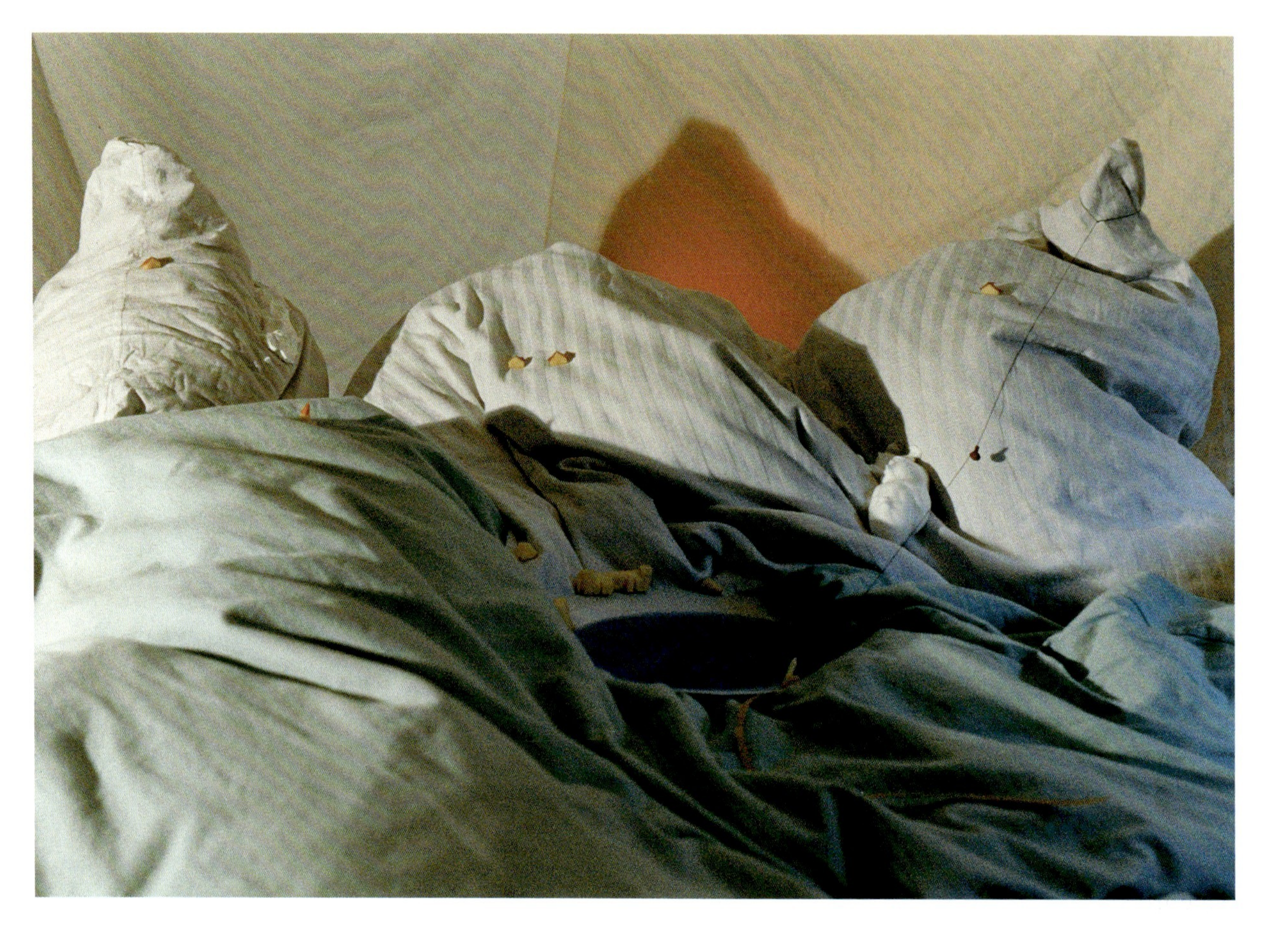

Abb. 17 Peter Fischli (*1952) und David Weiss (*1946), In den Bergen, 1979, Farbfotografie, 68 x 98,5 cm, Edition 2/3, Kunsthaus Zürich, Vereinigung Zürcher Kunstfreunde, Gruppe Junge Kunst, Kunsthaus Zürich

3. Neue Alpenbilder

Das außeralpine Fremdbild des 18. Jahrhunderts prägte die Wahrnehmung der Alpen in den wesentlichen Elementen bis weit ins 20. Jahrhundert.

Zunächst degenerierte der Mythos in rascher Geschwindigkeit zum entleerten Klischee. Nach der Entwicklung des Öldrucks 1880 kam es zu einer Überschwemmung von Souvenir- und Kaufhauskitsch. Wetterstimmungen, einsame Rehe auf einer Lichtung und die rebellische Figur des Wilderers, der für seine Freiheit das Jagdverbot des Adels brach, fanden Eingang in das traute Heim. Die „*massenhafte Zirkulation von trivialen und klischeehaften Alpen-Images*"[90] funktioniert nach wie vor ungebrochen.

Nach der Moderne und nach 1945 sowie bis in die 1970er-Jahre waren Berge und Alpen in der bildenden Kunst durch die politische Einvernahme einer Blut- und Bodenmetaphorik schwer belastet und zu einem Tabuthema geworden. Zudem setzten neue Strömungen wie die abstrakte Kunst und minimal art neue Maßstäbe. Die Avantgarde verachtete das traditionelle Landschaftsbild.

Herbert Brandl formulierte die Angst vor inneralpiner Provinzialisierung in einem Interview: „... *Österreicher und Schweizer sind der Natur gegenüber eher mit Komplexen beladen und haben Angst, dass die Auseinandersetzung mit der Natur provinziell wirkt.*"

Die neuerliche Hinwendung zum Alpinen sowie zum Gegenständlichen wurde für die Kunst offiziell erst wieder mit der Postmoderne möglich, die die Hinterfragung und das Ende von Dogmen auf ihre Fahnen geschrieben hatte. Die Bedeutung und Modifizierung von Zeichen in neuem Kontext bildete einen Schwerpunkt im postmodernen Diskurs.[91] „*Die Erforschung der gesellschaftlichen und mentalen Blickstrukturen und Reproduktionsbedingungen gehörten nun ebenso zum reflexiven Spiel wie der Blick auf den Blick selbst.*"[92]

Das Thema Berg und Heimat konnte wieder aufgenommen werden. Die „Befreiung von Abbildungserwartungen" (Picasso) ermöglichte neue künstlerische Zugriffe. Mit seiner Ausstellung „Alpenblick. Die zeitgenössische Kunst und das Alpine" stellte Wolfgang Kos 1997 die Frage nach der Rolle der zeitgenössischen Kunst in der Auseinandersetzung mit alpinen Images und Wirklichkeiten und konstatierte, dass das „Bildverbot" in Hinblick „... *auf Landschaft und Alpen längst erodiert*" sei, dies verdeutliche die „... *Vielfalt der Rückgriffe auf das so lange verpönte Landschaftsgenre in der aktuellen Kunst.*"[93] (Abb. 17)

Ein Auswahlkriterium zu unserer Ausstellung war der biografische und damit topografische Bezug der Künstler zur Alpenlandschaft. Die frühesten Werke entstanden um 1980; ein Großteil der vorgestellten Arbeiten stammt aus den letzten fünf Jahren. Das Unbehagen bezüglich einer voreiligen und falschen Zuordnung zur Provinzialität führte dazu, dass einzelne Künstler ihre Auseinandersetzungen mit dem Thema Alpenlandschaft lange Zeit unter Ausschluss der Öffentlichkeit ausführten. In dieser Hinsicht auffällig erscheinen mir die durchwegs lapidaren und technischen Bezeichnungen der einzelnen Werke.

Transformation zur Bühne

Der Davoser Jules Spinatsch (*1964) verfolgt in seiner Langzeit-Studie „Snow Management" ab 2003 den Wandel des alpinen Raumes zur riesigen Ereignislandschaft und lässt in fotografischen Langzeitprojekten Fallstudien zur Tourismusindustrie entstehen. [Kat. Nr. 68–76]

Für das Gletscherspektakel „Hannibal" des Salzburger Performance-Künstlers Hubert Lepka, das seit 2001 alljährlich am Tiroler Rettenbachferner auf fast 3000 m Seehöhe stattfindet, erwartet die Tourismusgemeinde

Sölden tausende Besucher. Helikopter, Pistenraupen, Skidoos und künstliche Lawinen im gleißenden Lichte gigantischer Scheinwerfer interpretieren den Schlachtzug der Karthager im „ewigen Eis“ als gigantische „28.000 PS“ starke Performance auf sechs Kubikkilometer Piste in der „Gletscherarena“. Veranstaltungen wie „Hannibal“ sind die konsequente Weiterführung der Panoramen-Shows des 19. Jahrhunderts.

Jules Spinatsch verdeutlicht in seinen Aufnahmen aus dem Jahre 2007 den enormen Aufwand, der für die perfekte Illusion und Befriedigung der Schaulust notwendig ist. Jedoch erst auf den zweiten Blick evoziert die den Werken inhärente Ästhetik die touristische Vermarktung.

Die Kunst antwortet mit subtilen Mitteln und erhebt keinen moralischen Anspruch, wenn sie die zur Kulisse verwandelte Gebirgswelt zeigt. Die zunehmende Strukturierung der alpinen Landschaft durch Lawinenverbauten, Liftanlagen, Fernleitungen, Schneekanonen, Pistenzäune, Parkplätze und Aussichtspunkte wird in der zeitgenössischen Kunst zum konstitutiven Bildelement insgesamt. Diese domestizierte Landschaft führt zum Bruch mit dem traditionellen Alpenbild.

work in progress

In einer bestimmten Höhenzone, dort wo es noch technische Eingriffe gibt, die die Landschaft prägen, entstehen Walter Niedermayrs (*1952) irritierende Hochgebirgsaufnahmen. [Kat. Nr. 45] Er arbeitet in Bildsequenzen mit Überlappungen und Verschiebungen an den Bildrändern. Durch minimales Drehen der Kamera und geringfügige Veränderung des Aufnahmestandpunktes bewirkt der Künstler subtile Bildbrüche, die auf den ersten Blick unbemerkt bleiben.[94] Ihn interessiert die Strukturierung der Natur. Neutralisierendes, diffuses Licht prägt seine Alpen-Bilder. Die Reduktion der Bildmittel entspricht der Kargheit der Natur oberhalb der Baumgrenze. Die Buntheit der Tourismuswerbung wird vermieden. Niedermayrs kritischer Blick ist frei von Vorurteilen gegenüber einer Situation, die vom Menschen geschaffen ist. „ *… Auf den ersten Blick gibt es ein ästhetisches Moment, den schönen Schein – vor allem im Alpinen. Auf den zweiten Blick stellt man Brüche fest, und im dritten Moment entdeckt man dann, dass das Ganze eine Konstruktion ist, eine Bildkonstruktion.*“[95]

In seiner 2007 entstandenen Arbeit LADIZ thematisiert Gregor Sailer (*1980) die durch den Menschen kommodifizierte (zum Konsumobjekt gewordene) Gebirgslandschaft in seiner Tiroler Heimat. Seine Aufnahmen verfolgen die Erschließung von ursprünglich schwierig zugänglichen Regionen im Dienste freizeitindustrieller Nutzung. Sailer arbeitet mit Langzeitbelichtungen im Zeitraum von einer halben Stunde bei oftmals minus 30 Grad. *„Das Licht steigert den Effekt der Künstlichkeit, der Kulissenhaftigkeit, die sich durch die ganze Arbeit zieht und manchmal mehr, manchmal weniger prägnant zum Vorschein kommt.*“[96] Die trügerische Ästhetik enthält einen kritischen Sprengsatz und enthüllt den wahren Zustand einer verletzten Natur erst nach und nach. So ist die strukturelle Schönheit der Planen, die das Gletschereis abdecken, eine gezielte Maßnahme, die dem Schutz vor weiterem Abschmelzen dient – vor allem im Dienste des Skitourismus! [Kat. Nr. 60]

„*Wenn man die Plane aufklappt, dann sieht man wie der Gletscher eigentlich aussieht, dann ist von diesem endlosen, Ehrfurcht gebietenden ewigen Eis nichts mehr zu sehen.*“[97]

Die Arbeiten der Serie „7/000“ von Michael Reisch (*1964) basieren auf realen Landschaften, die der Künstler mit der Großbildkamera aufgenommen und anschließend am Computer digital bearbeitet hat. Dabei tilgt er aus den Bildern jegliche Spur von Zivilisation. Irritation ist Teil des ästhetischen Programms. Besonders groß ist sie dort, wo man einzelne Landschaftselemente identifizieren kann.
So hat Reisch in Landschaft 7/016 (2008) den markanten Gipfel des Matterhorns in eine schneebedeckte Gebirgskette eingefügt, die der realen Topografie in keiner Weise entspricht. [Kat. Nr. 54] Das Bild unterläuft das allseits bekannte Motiv, das sich tief in das kollektive Gedächtnis eingeprägt hat. Erfindung und Realität treten in ein Spannungsverhältnis, das gegensätzliche Gefühle wie Fremdheit und Vertrautheit auslöst.[98] Reisch versteht seine Landschaften „... *als Biomasse zwischen Paradies und Gentechnik-Alptraum.*“[99] Im subtilen Spiel mit dem Erhabenen wird die Alpenlandschaft zum Konstrukt und bleibt damit das, was sie in ihrer Erfolgsgeschichte seit dem 18. Jahrhundert immer war.

Drei hieratische, blendend weiße Gipsskulpturen sind die perfekte Nachbildung der markanten Dolomitengipfel Antelao, Pelmo und Sasso Lungo/Langkofel. Erst auf den zweiten Blick ist zu bemerken, dass Stephan Huber (*1952) ebenso wie die Alten Meister die künstlerische Freiheit illusionistischer Effekte benutzt, um die Monumentalität und Dramatik der Naturform zu erhöhen. „*Als Naturformen haben sie mich geprägt, als Kunstformen kehren sie zurück.*“[100] [Kat. Nr. 22]

Herbert Brandl (*1959) war einer der ersten, der das Tabu gebrochen hatte und in souveräner Selbstverständlichkeit mit großformatigen Bergbildern in die Öffentlichkeit getreten war. „*Ich wische den Tourismus von den Bergen. Ich habe die Berge der Kunst zurückgegeben.*“ [101]

Die malerische Annäherung erfolgt in unterschiedlichen Techniken und Formaten. Nicht zuletzt deshalb lässt sich Brandls Malweise im übertragenen Sinn mit dem Begriff der „Sprezzatura“ bezeichnen. Gemeint ist damit jene Nonchalance und Lässigkeit, mit der man sich in der Barockmalerei über Konventionen hinwegsetzte, zugunsten der künstlerischen Freiheit und Spontaneität.[102] „*Dass Natur nicht nur irgendetwas Vergangenes, Romantisches ist, war ein starkes Erlebnis für mich.*“[103] [Kat. Nr. 2]

Brandls Landsmann, der Steirer Josef Taucher, präsentierte bereits 1981 in der Neuen Galerie Joanneum seine großformatigen Bergbilder. [Kat. Nr. 79]

Wie Brandl und Taucher beschränkt sich auch der aus Davos stammende Conrad J. Godly auf die Gipfelzone einer menschenleeren, unberührten und fiktiven Bergwelt. [Kat. Nr. 15]

In der Nahsicht wird deutlich, worauf es den Malern, unabhängig von aller Gegenständlichkeit, ankommt: die Formen lösen sich auf zu Farbfeldern und Farbschichten – zum Bild im Bild. Die Alpen werden zum Motiv für Malerei an sich und oszillieren zwischen Figuration und Abstraktion. Farben modellieren Grate und Felsen und verweisen dennoch auf sich selbst. In der Annäherung erleben die Betrachter, wie sich das Abstrakte im Gegenständlichen enthüllt. Die Malerei gibt den Bergen ihre Mächtigkeit zurück und löst sie gleichzeitig auf.

Der in Südtirol geborene Hubert Kostner (*1971) setzt sich auf ironisierende Art und Weise mit dem Phänomen Alpen und Tourismus auseinander. Augenzwinkernd parodiert er das alpine Klischee und bezeichnet die 2010 entstandene Serie aus der die in der Ausstellung präsentierten Objekte stammen mit dem treffenden Titel „Hochsaison". [Kat. Nr. 35]

Am Ende des Aneignungsprozesses steht eine neue Souveränität, die ihren Ausdruck in ironischen Brechungen findet. Kunst wie jene von Hubert Kostner persifliert unseren Umgang mit der alpinen Freizeitindustrie. Er schließt gewissermaßen an die zahlreichen satirischen Karikaturen in Magazinen wie den „Fliegenden Blättern" aus der Zeit um 1900 über Helden der Berge und selbsternannte Alpinisten an. [Kat. Nr. 88–95] Gleichzeitig geht er mit leichtfüßigem Humor und Poesie darüber hinaus.

Der ironisierende Umgang mit dem alpinen Erbe ist vielschichtig. So wird der Mythos „Alpenglühen" von der Gruppe Alpine Gothic in einer Spraydose eingefangen und als Kostbarkeit unter einem Glassturz präsentiert. Derartige Interventionen benötigen keinen großen Erklärungsbedarf, sie erschließen sich den Betrachtern unmittelbar.

Die geschlossene Tür zu Stephan Hubers Installation „Shit happens 2" [Kat. Nr. 23] am Ende der Ausstellung zieht die Betrachter magisch an. Denjenigen, die die Tür öffnen, bietet sich ein unerwartetes Erlebnis. Das Getöse einer hereinstürzenden Lawine wirkt wie „ … *eine* Tour de force *zwischen Endzeitstimmung und homerischem Gelächter* … ."[104] Sie bewirkt lustvollen Schrecken und schenkt uns damit für einen kurzen Augenblick die von den Schöngeistern des 18. Jahrhunderts in den Alpen gesuchte Stimulans für die Sinne.

Landschaftsbilder berichten von weit mehr als dem abgebildeten Stück Natur oder Panorama. Sie verraten viel über das sich ständig verändernde Verhältnis des Menschen zu seiner Umgebung. Zusammengesetzt sind diese visuellen Konstrukte aus landschaftlichen, gesellschaftlichen, ästhetischen und ideologischen Vorstellungen.

Jede Kultur verändert die Natur, in der sie lebt. Das Bild der Alpen ist ein subtiler Indikator für kulturelle Grundstimmungen und Teil des dynamischen Prozesses von Tradition und Wandel.

Künstler finden und entwerfen Gegenstücke zu jenen „Verführungsbildern", die in unserer Vorstellung seit 200 Jahren wirksam sind und die Begegnung mit der Natur bis in die Gegenwart beeinflussen. „*Es gibt Orte wie die alpine Landschaft. Orte der Projektion. Die Menschen projizieren ihre Sehnsüchte in diese Räume und gehen mit bestimmter Vorstellung hin*" (Walter Niedermayr).

Die neuen Alpenbilder wollen uns keine konkreten Orte vorstellen, sie stehen exemplarisch für die geografische Region zwischen Zermatt und den Ostalpen.

Nach dem Ende der Nationalismen rücken die Alpen als einheitliche Region ins Bewusstsein Europas. Das „Alpenbild" steht nach wie vor nur scheinbar auf der Kippe. Der Diskurs ist vielfältig und lebendig. So startete das Künstlerduo „Gaeg" mit Thomas Huber und Wolfgang Aichner jüngst in München das „Projekt 2011". Mit einem knallroten Boot und insgesamt 180 Kilo Gepäck führt ihr Fußweg über den Schlegeis-Gletscher in den Zillertaler Alpen nach Venedig. Das Boot wurde am 23. Juni 2011 als offizieller Beitrag der 54. Biennale ins Wasser gelassen. – Als „Sieg der Kunst über die Natur".

1 Scharfe Martin, Berg-Sucht, Eine Kulturgeschichte des frühen Alpinismus 1750–1850. Wien/Köln/Weimar 2007, S. 66.
2 Zu beachten ist in diesem Zusammenhang Englands Spitzenposition hinsichtlich technischer Forstschritte, Industrialisierung, Kapitalismus und nicht zuletzt des Kolonialismus.
3 Bis weit ins 18. Jahrhundert behielt Livius' Auffassung von der foeditas alpium/Hässlichkeit der Alpen ihre Gültigkeit.
4 Klemun Marianne, ... mit Madame Sonne konferieren, Die Großglockner Expeditionen 1799 und 1800. Klagenfurt 2000, S. 15.
5 Mayr Wolfgang, Der sogenannte „Römerweg" im Bereich der Glocknerstraße, Salzburg Archiv 18, 1994, S. 13–36.
6 Scheuchzer Johann Jakob, Uresiphoites Helveticus, Sive Itinera per Helvetiae alpinas regiones. Leyden 1723; Schama Simon, Der Traum von der Wildnis, Natur als Imagination. München 1996, S. 444; Scheuchzer stand mit Isaac Newton in Briefwechsel.
7 Gesner bestieg im Jahre 1555 den berüchtigten Pilatus bei Luzern, um die Sage vom bösartigen Gespenst aus der Welt zu schaffen. Nach einem Erlass aus dem 14. Jh. war es bei Todesstrafe verboten den „Pilatus" [Pontius Pilatus] zu stören, ebd., S. 462.
8 Als einer der Ersten würdigte der Arzt Hippolyt Guarnonius (1571 – 1654) die ästhetische und gesundheitliche Bedeutung der Alpen und hob die hervorragende Güte der Landwirtschaftsprodukte hervor. Vgl. Stremlow Matthias, Die Alpen aus der Untersicht, Von der Verheißung der nahen Fremde zur Sportarena, Kontinuität und Wandel von Alpenbildern seit 1700. [Gedruckte Diss.], Zürich 1998. S. 52f.
9 Ebd., S. 52f.
10 Bereits Ende des 16. Jahrhunderts verzeichneten erste gedruckte Führer die Lage von Hospizen, Gasthäusern, Kapellen und Gebirgspfaden. Eine erste detaillierte Karte der Hochalpen wurde 1578 von dem Schweizer Arzt und Geografen Johannes Stumpf herausgegeben. Dazu: Schama 1996, S. 462.
11 Klemun 2000, S. 22.
12 Stremlow 1998, S. 31 – Paradigmenwechsel: der grundlegende Wahrnehmungs- und Bewertungswandel ist nicht ohne den langfristigen Prozess der sich ändernden Mensch-Natur-Beziehung in der Neuzeit zu verstehen.
13 Raymond Petra, Von der Landschaft im Kopf zur Landschaft aus Sprache, Die Romantisierung der Alpen in den Reiseschilderungen und die Literarisierung des Gebirges in der Erzählprosa der Goethezeit. Studien zur deutschen Literatur Band 123. Tübingen 1993, S. 331.
14 Ebd., S. 22.
15 Klemun 2000, S. 46.
16 Schama 1996, S. 514.
17 Ebd., S. 515.

18 Stremlow 1998, Anm. 95, S. 47, Verweis auf: Wozniakowski 1987, S. 269.

19 Stremlow 1998, S. 73.

20 Auszug aus dem Brief vom 16.11.1739, zitiert in: Schama 1996, S. 482.

21 Schama 1996, S. 481.

22 Walpole ausführlich in einem Brief an Richard West am 11.11.1739, ebd., S. 481.

23 Ebd., S. 483.

24 Walpole erlangte großen Erfolg mit dem 1794 erschienenen Buch „Über die englische Gartenkunst" (Essay on modern gardening). Etwa 3000 Briefe des Intellektuellen bilden eine wichtige Quelle für das England des 18. Jahrhunderts.

25 Dieser Begriff wurde von Edmund Burke geprägt, der das Sublime 1757 wieder in die Diskussion gebracht hatte: A philosophical enquiry into the origin of our ideas of the sublime and beautiful/Philosophische Untersuchung über den Ursprung unserer Ideen vom Erhabenen und Schönen.

26 Die im 16. Jahrhundert wieder entdeckte antike Schrift mit der Theorie des Erhabenen, fälschlicherweise dem Neuplatoniker Cassius Longinos (3. Jh. n. Chr.) zugeschrieben und als „Pseudo-Longinus" bezeichnet, wurde als Pflichtlektüre in ganz Europa verbreitet. Tatsächlich handelt es sich um die Schrift eines unbekannten Verfassers aus dem ersten nachchristlichen Jahrhundert. Siehe dazu: Klemun 2000, S. 26f.; Stremlow 1998, S. 56.

27 Klemun 2000, S. 26.

28 Wie das Entsetzen beim Anblick des Gebirges in der einschlägigen Literatur fälschlicherweise strapaziert wird, zeigt sich am Beispiel von J.J. Winckelmann (1717 – 1768). So findet sich stets die Passage, dass dieser im Jahre 1768 mit geschlossenem Vorhang durch Tirol reiste, um sich dem Anblick des fürchterlichen Gebirges zu entziehen, weil er „entsetzliche, schaurige Landschaft" sah und darüber „tiefsten Ekel und Abscheu" empfand. Nun weist Martin Scharfe darauf hin, dass der 51-jährige bei dieser Reise nachweislich von tiefen Depressionen geplagt wurde. Anlässlich seiner ersten Reise durch Tirol, dreizehn Jahre vorher, habe der Verfechter des Klassizismus jedoch durchaus „entzückende Augenblicke" genossen. Vgl. Scharfe 2007, S. 231.

29 Ebd., S. 100.

30 Kant Immanuel, Kritik der Urteilskraft, (1790, 1793, 1799). Hg. von Karl Vorländer, Nachdruck 1990 der 6. Aufl. Hamburg 1924, zit. in: ebd., S. 101; Erst durch das Gefühl der Unlust wird Lust möglich. Martin Scharfe sieht darin die Vorwegnahme einer psychoanalytischen Formel des frühen 20. Jahrhunderts. (Affektentwicklung).

31 Schiller Friedrich von, ebd., Anm. 288 – Schiller, Über das Erhabene (1801) Bd. 7, S. 231–250, Vom Erhabenen (Zur weiteren Ausführung einiger Kantischen Ideen 1793) Bd. 15, S. 157–184).

32 Kant, zitiert in: Scharfe 2007, S. 104.

33 Schiller Friedrich von, Sämtliche Werke. Bd. 5. München 1962, S. 792.

34 Scharfe 2007, S. 41f.

35 Goethe auf seiner Reise durch das Berner Oberland am 3.10.1779, zitiert in: A.KAT. Heidelberg 2002, Hans Gercke (Hg.), Der Berg, Heidelberger Kunstverein. Heidelberg 2002, S. 69. Übrigens ging Goethe den steilsten Streckenabschnitt lieber zu Fuß.

36 Franz Schubert komponierte 5 Fassungen des Liedes – D 714.

37 Goethe, zitiert in A.KAT. Heidelberg 2002, S. 69.

38 Die wissenschaftliche Erforschung der „nahen Fremde"

begann bereits im 16. Jahrhundert. Paracelsus (1493 – 1541) schrieb der Alpennatur besondere Heilkräfte zu. Vgl. Stremlow 1998, S. 52f.

39 H.-B. de Saussure stellte neben der Höhenmessung den Siedepunkt des Wassers fest und bestimmte anhand des von ihm entwickelten Cyanometers die Farbintensität der blauen Himmelsfarbe.

40 Beispielsweise 30 Teilnehmer bei der Kleinglockner-Expedition 1799, 59 Teilnehmer bei der Erstbesteigung des Großglockners 1800 – Scharfe 2007, S. 45.

41 Erstmals überquerte Ruskin 1833 die Alpen; zwischen 1844 und 1876 unternahm er zahlreiche Alpenreisen.

42 John Ruskin in „Moderne Maler“ 1856, Bd. 4, zitiert in: Schama 1996, S. 545.

43 Ruskin nannte Bd. 5 der Reihe „Moderne Maler“: Von der Bergschönheit.

44 John Ruskin, in „Stones of Venice“ 1853: *„Die edelste Kunst ist die genaue Vereinigung des abstrakten Wertes mit dem nachahmenden Vermögen von Formen und Farben.“*, zitiert in: Hausler Bettina, Der Berg. Schrecken und Faszination. München 2008, S. 119.

45 Ruskin, in: Sesame and Lilies. London 1865, zitiert in: Hausler 2008, S. 119, Anm. 113.

46 Schama 1996, S. 523.

47 Ebd. S. 523.

48 Zitiert ebenda, S. 536, Anm. 75.

49 Königin Viktoria war entzückt und empfing Albert Smith zu einer Audienz. Die Schau lief sechs Jahre und brachte 30.000 Pfund. Ebd. S. 538.

50 Ebd., S. 535, Anm. 74.

51 Ebd., S. 538.

52 Hausler 2008, S. 126.

53 Jost Krippendorf, 1975, Die Landschaftsfresser, Tourismus und Erholungslandschaft – Verderben oder Segen. Bern 1975.

54 Es handelt sich dabei um eine Ableitung des Begriffs „grand tour“, welcher die Bildungsreise englischer Adeliger im 17. und 18. Jahrhundert bezeichnete. Vgl. Stremlow 1998, S. 132, Anm. 305.

55 Kos Wolfgang, Alpenblick Revisted – ein Bildverbot und seine Erosion, in: A.KAT. Wien 1997, Kos Wolfgang (Hg.), Alpenblick, Die zeitgenössische Kunst und das Alpine. Kunsthalle Wien. S. 24.

56 Schama 1996, S. 540.

57 Gründungen von Alpenvereinen: 1862 Österreichischer Alpenverein, 1863 Schweizer Alpenclub und Club Alpino Italiano, 1869 Deutscher Alpenverein, 1874 Club Alpin Français.

58 Zitiert in: Schama 1996, S. 539.

59 Stremlow 1998, S. 135, Anm. 306.

60 Der Zweikampf um die Erstbesteigung des Matterhorns wurde 1928 von Nunzio Malasomma (Der Kampf ums Matterhorn) und 1938 von Luis Trenker (Der Berg ruft) verfilmt.

61 Schama, 1996, S. 546

62 Scharfe 2007, S. 43, Forderung nach einer „Wissenschaft der Gebürge“ und einer „Gesellschaft für das Studium der Alpen“; ab 1806 erschien in Winterthur für einige Jahre die wohl erste Zeitschrift, die „... der genauen Kenntniß der Alpen gewidmet“ war.

63 Ebd. S. 67f.; Klemun 2000, S. 242f.

64 Beat Stutzer, in: A.KAT. Chur 2001, Beat Stutzer (Hg.), Der romantische Blick, Das Bild der Alpen im 18. und 19. Jahrhundert. Bündner Kunstmuseum Chur 2001, S. 17.

65 Joseph Anton Koch, zitiert in: A.KAT. Chur 2001, S. 18.

66 Frank Hilmar, Joseph Anton Koch, Der Schmadribach-

fall, Natur und Freiheit. Frankfurt/Main 1994, S. 18.

67 Insgesamt sind drei Fassungen des Gemäldes bekannt: Madrid, El Escorial, Casita del Infante, 1806, Öl/Leinwand, 98 x 74 cm; Leipzig, Museum der bildenden Künste, 1805/11, Öl/Leinwand, 123 x 93,5 cm; München, Neue Pinakothek, 131,8 x 110 cm.

68 Turner zitiert in: Hausler 2008, S. 104. Der Künstler hinterließ 300 Skizzenbücher und 10.000 Skizzenblätter – ebd. S. 104.

69 Hannibal setzte die Höhe des Alpenübergangs mit den Mauern Roms gleich. Vgl. A.KAT. Chur 2001, S. 29, Anm. 18.

70 Schama 1996, S. 493.

71 Trnek Renate, Der Wandel des Sehens und Empfindens von Landschaft durch die Kunst, in: Achleitner Friedrich, Die Ware Landschaft, Eine kritische Analyse des Landschaftsbegriffs. Salzburg 1978, S. 41.

72 A.KAT. Chur 2001, S. 17.

73 Klemun 2000, S. 37.

74 Die Erstbesteigung des Matterhorns am 14. Juli 1865 markiert in den Ostalpen den Beginn des klassischen Alpinismus, da diese in die Zeit der Gründung alpiner Vereine fällt. In den Westalpen lässt man mit der Matterhornbesteigung das „Goldene Zeitalter" des Alpinismus ausklingen. Vgl. Tschofen Bernhard, in: A.KAT. Bregenz 2002, Oscar Sandner (Hg.), Medium Berge, Das Mallory Projekt. Künstlerhaus Palais Thurn und Taxis, Bregenz 2002, S. 203.

75 Der Begriff „romantisch" hat seinen Ursprung ebenfalls in England und fand durch Reiseliteratur sowie kunsttheoretische Schriften in Frankreich und Deutschland Verbreitung. Vgl. Stremlow 1998, S. 59.

76 Kos Wolfgang, Das Malerische und das Touristische, Über die Bildwürdigkeit von Motiven – Landschaftsmoden im 19. Jahrhundert in: A.KAT. Salzburg 1995, Faszination Landschaft. Österreichische Landschaftsmaler des 19. Jahrhunderts auf Reisen, Salzburg 1995, S. 14.

77 Klemun 2007, S. 248. Die Erstbesteigung des Großvenedigers erfolgte 1841.

78 Hunderte Ölstudien bildeten den Formenschatz des Künstlers und waren nicht für den Verkauf bestimmt. Als er 1873 anlässlich der Weltwirtschaftskrise sein gesamtes Vermögen verlor, wurden die Skizzen vom Kaiserhaus angekauft und befinden sich heute im Kupferstichkabinett der Akademie der bildenden Künste in Wien.

79 Georg Simmel vor 1900, zitiert in: A.KAT. Wien 2008, Monika Faber (Hg.), Die Weite des Eises, Arktis und Alpen 1860 bis heute. Albertina, Wien. Wien/Ostfildern 2008, S. 9.

80 Siehe dazu Anm. 57.

81 Bereits um 1900 erwarb der Österreichische Alpenverein Grund und Boden zur Außernutzungsstellung, um damit den Landschaftsschutz zu sichern.

82 Compton zitiert in: Hausler 2008, S. 149.

83 Hausler 2008, S. 146.

84 Louis-Auguste Bisson (1814 – 1876), „Bisson der Ältere" und Auguste-Rosalie Bisson (1826 – 1900), „Bisson der Jüngere".

85 Starl Timm, Lexikon zur Fotografie in Österreich 1839 – 1945. Wien 2005, S. 221.

86 Zitiert in: Der photographische Mitarbeiter 1887.

87 Faber, in: A.KAT. Wien 2008, S. 10.

88 Lungentuberkulose war die Krankheit des 19. Jahrhunderts, die nicht nur in Elendsvierteln grassierte. Privilegierte Patienten suchten in der reinen Bergluft unzähliger neu entstandener „Höhenluftkurorte" Linderung ihres Leidens.

89 Werbekampagne 2011 „So nah, so fern. Tirol" ganzseitige Einschaltung in Qualitätszeitungen; Ausgangspunkt war das unter dem Patronat der Tirol Werbung stehende Projekt: SIGHT – SEEING. In Tirol oder Entscheidungen zum Bild der touristischen Landschaft: „Ein Unternehmen, das die Spannung zwischen der festgefahrenen Bilderwelt der Touristikwirtschaft und dem ästhetischen Kodex in der zeitgenössischen Fotografie ergründen sollte." – Scheppe Wolfgang (Hg. für die Tirol Werbung), Sight-Seeing, Ostfildern 2011 (Wanderausstellung Innsbruck/Wien/Berlin 2011).

90 Kos, in: A.KAT 1997, S. 21.

91 Venturi Robert, Lernen von Las Vegas. Braunschweig 1979.

92 Kos, in: A.KAT. 1997, S. 22.

93 Ebd., S. 27.

94 Ponstingl Michael, Walter Niedermayrs Arbeit am Alpen-Bild, in: A.KAT. Wien 2008, S. 86.

95 Interview mit Walter Niedermayr in ART, 23.12.2008.

96 Interview mit Gregor Sailer in der Residenzgalerie Salzburg am 5.11.2010.

97 Sailer, ebd.

98 Aichinger Eric, in: Jenseits von Eden, 2008, www.artnet.de/magazine/michael-reisch-bei-rolf-hengesbach-koln/.

99 Reisch Michael, zitiert ebd.

100 Huber Stephan, in: Huber Stephan, In Situ Projekte II. Katastrophen und Rettung. Lindenberg/Allgäu 2010, S. 62.

101 Herbert Brandl in der Tageszeitung Der Standard, anlässlich seiner Ausstellung in der Albertina Wien am 21.10.2010, S. 33.

102 A.KAT. Salzburg 1996, Mayr-Oehring Erika/Müller Rainer, Grünspan & Schildlaus. Meister der Residenzgalerie Salzburg und ihre Arbeitsweisen, Residenzgalerie Salzburg 1996, S. 64f.

103 Brandl im Gespräch mit Wolfgang Kos, vgl. A.KAT. 1997, S. 69.

104 Stephan Berg, Das Echo aus dem Allgäu, in: Stephan Huber – In Situ Projekte II. Katastrophen und Rettung. Lindenberg/Allgäu 2010, S. 10.

Die Alpen als heiliger und als profaner Ort

Wolfgang Speyer

1. Der heilige Berg

Die vorherrschende Vorstellung von der Erde als einer Scheibe gab jedem Berg zunächst den Anschein, als ob von seinem Gipfel aus die gesamte Erde überschaubar sei. Jeder Gipfel war so Teil der archetypischen und damit mythischen Idee des Weltenbaumes, der Weltsäule und des Weltenberges.[1] Ein beeindruckendes Beispiel aus der Religionsgeschichte ist die Überlieferung über die dritte und letzte Versuchung Jesu Christi durch den Teufel.[2] Dieser führt Jesus, bevor er seine Tätigkeit als der Gesandte des Schöpfergottes beginnt, auf *„einen sehr hohen Berg“* – gemeint ist der mythische Weltenberg – *„und zeigt ihm alle Reiche der Erde und ihre Herrlichkeit“*. Diese mythische Sicht ist profan-geografisch nicht möglich, da die Erde eben keine Scheibe ist, die von einem hochgelegenen Punkt überschaubar wäre. Wesentlich ist hier der Gedanke, dass der Blick von einer Bergspitze dem Menschen einen Schein des Fliegens vermittelt, denn er erfasst wie ein Vogel aus der Höhe eine nur schwer ausmessbare Weite. Der sinnenhafte Rundblick entspricht einer wesentlichen Möglichkeit der Geist-Seele, nämlich, sich einen Überblick über einen großen Ausschnitt der sichtbaren Wirklichkeit zu verschaffen. In diesem Rund- und Überblick wird zugleich dem Menschen die Relativität von quantitativer Größe und Kleinheit offenkundig.

Der Berg zeigte seine Heiligkeit vor allem auch darin, dass er als bevorzugter Ort der Offenbarung galt, wie dies bekanntlich vor allem das Alte und das Neue Testament bezeugen. Man denke an die Gesetzesübergabe an Mose auf dem Sinai, an die Begegnung des Elija mit Gott bei der Höhle auf dem Horeb, an die Bergpredigt Jesu und seine Verklärung auf dem Berge oder an die Entrückung des Verfassers der Apokalypse „... *auf einen großen und hohen Berg*“, von dem er „... *die heilige Stadt Jerusalem, die aus dem Himmel von Gott herabstieg*“, sah.[3] Der Berg ist im gesamten Mittelmeergebiet ein bevorzugter Ort für Offenbarung und Inspiration. Höhlen und die Quellgründe der Flüsse, dazu die im Gebirge erfahrbare Einsamkeit waren Voraussetzungen für einzelne Menschen und ihre Erfahrungen von Begegnungen mit dem Göttlichen, für dichterische und prophetische Inspiration.[4]

Der ‚*Götterberg im Norden*‘ gehört zu den tragenden Vorstellungen des Alten Orientes, wie aus dem Wort des Propheten Jesaja hervorgeht, gerichtet an einen König von Babylon: „*Du plantest in Deinem Herzen ‚Zum Himmel will ich steigen, meinen Thron über Gottes Sterne setzen, auf dem Versammlungsberg im höchsten Norden will ich wohnen …*‘“.[5] Diese Vorstellung vom ‚*Götterberg im Norden*‘ wurde auf den Berg Zion und die Stadt auf dem Berge, Jerusalem, übertragen.[6] Nach der Apokalypse des Johannes steigt das Neue Jerusalem vom Himmel nieder auf einen sehr hohen Berg.[7] Damit ist der enge Bezug von Berg, Himmel und Gottheit gegeben. Deshalb finden wir in vielen Kulturen Höhenkulte, von deren Einwirkung auch das Christentum zeugt. Letzte Ausläufer sind Bergkapellen und Bergkirchen, Bergmessen und vor allem das Kreuz auf vielen Alpengipfeln.[8] Das Kreuz ist das Grundsymbol des christlichen Glaubens; es enthält in seiner Ambivalenz den Todes- und den Lebensaspekt. Wie der Lebensbaum in der Mitte des Gartens Eden nach der Offenbarung des Buches Genesis für das Urelternpaar den Tod brachte, so der Todesbaum des Karfreitags das neue Leben. Insofern ist das Kreuz mit seinem vertikalen und horizontalen Balken das zentrale Zeichen menschlichen Wesens und menschlicher Existenz.[9]

2. Von der Dämonie des Berges

Seit der Renaissance gibt es vor allem in der Bildenden Kunst Zeugnisse für die ursprüngliche archaische Erfahrung und Vorstellung, dass die sichtbaren Naturerscheinungen, die zugleich als Naturgewalten erlebt wurden, eine bedrohliche Tiefenschicht enthalten. Diese wirkt dämonisch, da sie in den Menschen Schrecken und Angst auslöste. Die Naturerscheinungen wurden in einer Epoche, in der die Menschen noch kaum über technische Mittel verfügten, sich vor den Gewalten der Natur zu schützen, ambivalent betrachtet. In den Naturerscheinungen zeigte sich das Göttlich/Dämonische als Segens- und als Fluchmacht. In dieser Weise erlebten die Menschen auch das Gebirge, wobei die Fluchmacht ähnlich wie bei den gleichfalls als lebendig erfahrenen Naturerscheinungen des Gewitters, Hagels, Sturmes, Erdbebens und des Vulkanismus der negative Pol überwog. Von dieser Dämonie des Gebirges zeugen vor allem Bilder seit der Renaissance, die in den Bergmassiven und Felsen, aber auch im Wurzelwerk und in den Stämmen der Bäume eine tiefere Ansicht offenlegen, eben die dämonische. So erscheinen Bergmassive und Felsen als schreckende Dämonengesichter und Dämonenmasken.[10] (Abb. 18) Nicht die Fantasie als künstlerisches und ästhetisches Vermögen hat in erster Linie zu dieser Betrachtung geführt, sondern vielmehr ein Erahnen des Abgründigen, das in allem, was ist, gleichfalls mit erscheint, eben das Dämonische als das den Menschen als Verstandeswesen Beängstigende und Bedrohende. In den auffallenden Erscheinungen der Welt, zu denen der Berg und das Gebirge, konkret die Alpen,[11] gehören, offenbart sich für den tiefer Blickenden und Empfindenden der Gegensatz zum nur oberflächlich Schönen, eben das Furchtbare. Dieses äußerte sich unter anderem in den wilden Tieren, wie den Bären, Wölfen und Schlangen in den Alpen. Votivinschriften römischer Reisender am Pass des Großen St. Bernhard zeugen von deren Ängsten.[12] Das Gebirge galt deshalb in den Religionen der Völker als heiliger Ort[13] und als solcher, wie das Heilige selbst, in seiner Wirkung als ambivalent. Die Kategorien des Heiligen, die Rudolf Otto beschrieben hat, zeichnen das Gebirge aus; so vor allem das Moment des ‚*tremendum*', des Schauervollen, das Moment der ‚*maiestas*', des Übermächtigen, und das Moment des ‚*Energischen*', das bei Goethe als das ‚*Dämonische*' begegnet.[14] (Abb. 19)

Abb. 18 Albrecht Dürer (1471 – 1528), La ville et le chateau d' Arco, Aquarell und Gouache/Papier, 221 x 221 cm, Louvre, Paris

Abb. 19 Moritz von Schwind (1804 – 1871), Kaiser Maximilian I. auf der Martinswand, um 1860, Öl/Holz, 60 x 43 cm, Belvedere, Wien

Verse in Vergils Aeneis beschreiben die religiöse Erlebnisstufe der Frühzeit gegenüber einer gebirgigen Landschaft. Der Dichter lässt den König Euander in Rom Aeneas auf heilige Stätten hinweisen und bemerkt: „*Bereits damals erfasste ehrfurchtsvolles Grauen vor dem <heiligen> Ort die ängstlichen Gemüter der ländlichen Menschen; bereits damals erzitterten sie vor Wald und Felsen. ‚Diesen Hain, diesen Hügel mit belaubter Höhe bewohnt ein Gott; welcher Gott, ist ungewiss…*‘, *sprach König Euander*“.[15] Nach dem Glauben der Römer wohnten die ‚*Herrin der Tiere*‘ Diana mit ihren Nymphen sowie Silvanus in den Bergen.

3. Der Berg als Jenseitsort

Die Menschen einer frühen Bewusstseinsstufe glaubten, dass im Gebirge nicht nur Drachen ihre Höhlen und Schlupfwinkel besäßen, sondern dass hier auch die Eingänge zur Unterwelt und zum Totenreich zu finden seien, wie dies im antiken Griechenland öfter bezeugt ist.[16] Die Frage, was oder wer im Berg sei, beschäftigte die Fantasie der Menschen seit jeher. So ranken sich viele Sagen um das Innere des Untersberges bei Salzburg. Sie erzählen von großen Toten von den Kaisern Karl dem Großen, Friedrich Barbarossa und Kaiser Karl V. und ihrem Hofstaat die im Untersberg schlafen und auf die Stunde ihres Erwachens warten.[17] [Kat. Nr. 7] So konnte der Berg zum Jenseitsort werden und damit zur Vermittlung von Diesseits und Jenseits, wie die Sagen von einer Entrückung einfacher Leute in den Untersberg verdeutlichen.[18] Dem dunklen Aspekt entspricht der helle Aspekt. Weil die Berggipfel durch die Wolken in den Himmel ragen und das erste Tageslicht auf ihre Gipfel scheint, dachte man sich die Berge als Sitz der Himmelsgötter, der Götter des lichten Himmels, der Götter von Sonne, Mond und Sternen.

Je weiter wir in der Geschichte des Menschen zurückgehen, umso mehr begegnet uns die Ohnmacht des Menschen gegenüber den zuvor genannten Naturerscheinungen mit Einschluss der Berge. Insofern musste das Gebirge zunächst ähnlich wie die Wüste als Ort des Dämonisch-Unterweltlichen, des Fürchterlichen und Lebensfeindlichen, ja des Bösen aufgefasst werden. Nur einzelne Menschen, die mit der Kraft eines Heros ausgerüstet waren, wagten es, sich auf diese Mächte des Dämonisch-Drachenartigen einzulassen und sich mit ihnen zu messen. Einzelne Heroen, also Göttersöhne, sollen es gewesen sein, die es als erste gewagt haben, die Alpen zu überwinden. So wurde von Herakles berichtet, dass er, der so viele gottes- und menschenfeindliche Wesen besiegt hatte, die erste passierbare Straße in den Alpen angelegt habe, geeignet für Heere und Gepäckwagen. Gleichfalls habe er die räuberische, barbarische Bevölkerung unterworfen und die Alpenregion für kommende Geschlechter sicher gemacht.[19] Einer langen Zeit, jener Zeit zwischen mythischem und geschichtlichem Auffassen der Wirklichkeit, bedurfte es, bis die Menschen ihre Urangst vor den Bergen ablegen konnten. Entsprechendes gilt für jene langen Zeiträume, die durch die Angst vor dem Meer als einem Ungeheuer gekennzeichnet waren, bis dann zu einer myth-historischen Stunde die Menschen es wagten, das Meer mit einem Schiff zu befahren.[20]

4. Die Ambivalenz des Berges

Die frühen Menschen erlebten die Berge wie das in Ebbe und Flut atmende Meer als lebendige Wesen. Wolken- und Nebeldämonen schienen im Wechsel der Zeit die Gipfel und auch die Täler bald zu erfüllen, bald sich wieder aufzulösen. Verschleierung und Enthüllung der Bergeshöhen machten auf die Spannung aufmerksam, unter der das Gebirge und die Welt als Ganzes stehen; denn jede auffallende Erscheinung der sinnenhaft zugänglichen Wirklichkeit zeigt die Ambivalenz von Segen und Fluch, von schön und furchtbar, von Anziehen und Abstoßen. Unter dieser Ambivalenz steht das Gebirge, stehen die Alpen. Welches Entzücken kann von ihnen ausgehen und welches Todesdrohen! Das Gewitter besitzt im Gebirge einen furchtbareren Klang als in der Ebene; Stein- und Schneelawinen bringen den einzelnen Lebewesen, Bäumen, Tieren und Menschen, Tod und Verderben. Die jähen Abgründe finden ihre Opfer, aber der Glanz der Gipfel im Aufgehen der Sonne und im Alpenglühen ihres Abschieds vom Tag weisen wieder in eine gegensätzliche Dimension. Wenn Homer von den Göttern als den Olympiern singt, so heißen sie „*Berggötter*" nach Olympos, dem vorgriechischen Wort für Berg. Der Glanz des Göttlichen, der mit dem Glanz der Sterne und der Sonne verwandt ist, kann auch auf den Gipfeln der Berge liegen, die von diesem Glanz am Tag und in der Nacht überstrahlt sein können. Insofern löste das Gebirge neben der Angst vor dem Dämonischen das ästhetische Wohlgefallen und Freude, ja mehr noch die Ehrfurcht vor dem Göttlichen aus. Je nach Witterung und Jahreszeit konnte so der eine Eindruck den anderen, das eine Gefühl das andere übertönen.

5. Von der religiös-magischen zur ästhetischen Erfahrung der Alpen

Je mehr der Mensch aufgrund seiner rationalen Bewältigung der Naturmächte in sich selbst erstarkte und sich Mittel schuf, um der Bedrohung durch die Natur zu begegnen, umso mehr verlor er seine Urangst gegenüber dem Dämonisch-Göttlichen in den Erscheinungen der Natur, also auch gegenüber der Bergwelt. Dieser geistesgeschichtliche Prozess hat sich in der Geschichte Europas zweimal ereignet: In der griechischen Antike und seit der Renaissance. Infolge des Auflebens einer archaischen Mentalität im 7. und 8. Jahrhundert n. Chr. wurde jener antike Bewusstseinswandel zunächst aufgehalten und kam erst seit Francesco Petrarca während der frühen Renaissance und dann wieder seit dem Ende des 18. Jahrhunderts infolge der philosophisch-wissenschaftlichen Aufklärung zu einem neuen Durchbruch. Statt die Welt zu dämonisieren, ästhetisierte man sie. Bei diesem Wandel spielte auch der Gegensatz von Stadt und Land mit hinein. Menschen aus der Stadt mit ihrer Stadtkultur erlebten das naturverbundene Leben der Hirten und Bauern der Bergregionen in einem positiven Sinne, wie dies beispielsweise Goethe am Anfang seines Bildungsromans ‚*Wilhelm Meisters Wanderjahre*' in seiner Beschreibung des Lebens von ‚*Sanct Joseph dem Zweiten*' verdeutlicht. Zur gleichen Zeit entdeckte die Landschaftsmalerei die Alpen nicht nur als darstellungswürdig, sondern in Übereinstimmung mit dem neuen Stil des Klassizismus dem neuen Ideal des Erhabenen als entsprechend.[21]

In der Geschichte der Alpen spiegelt sich konkret der Wechsel der mythischen zu der geschichtlichen Auffassung der Welt. Von einer religiösen Auffassung des Dämonisch-Göttlichen, das sich in den Bergen und somit auch in den Alpen in besonders auffallender Weise manifestiert, geht die seelisch-geistige Entwicklung in Richtung auf Ästhetik und auf den im Gegensatzpaar von Stadt und Land angelegten Gegensatz von Krankheit und Gesundheit, von Unsittlichkeit und Sittlichkeit, von Unreinheit und Reinheit. Diese Werte spiegeln sich im Gegensatz von Tiefland und Hochland. Ursprünglich war der Berg wie die Wüste ein Ort freiwilliger Askese und freiwilliger Auseinandersetzung mit den Kräften des Dämonischen, oder aber der Begegnung mit dem Göttlichen. Vielleicht ist es der Berg, der am eindrücklichsten das Beieinander-Wohnen von Diesseits und Jenseits, von Irdischem und Himmlischem, von Dämonischem und Göttlichem dem Menschen nahe zu bringen vermag.

Durch die Überflutung der Alpen infolge des internationalen Tourismus hat die Stadt die Berge erobert. Was noch im 19. Jahrhundert Gegensatz war, wird nach und nach eingeebnet: Der Berg wird seiner Einsamkeit und Stille, die den Menschen zu inspirieren vermögen, beraubt, das heißt ihm wird seine Identität genommen. Das, was gesucht wird, zerstäubt, und übrig bleibt die Monotonie aus der Tiefe.

Abb. 20 Jacques Louis David (1748 – 1825), Napoleon am St. Bernhard, 1801, Öl/Lw, 246 x 231 cm, Belvedere, Wien

6. Die Alpen als Barriere und als passierbarer Weg nach Italien

Seit vorgeschichtlichen Zeiten werden Einzelne aus dem Norden über die wenigen Pässe nach Süden gewandert sein und ihren Stammesgenossen von dem milden Klima und dem Segen an Früchten Italiens Kunde gebracht haben. Im Altertum waren 12 Pässe bekannt, von denen einige wie der Brenner, der über den Seefelder Sattel nach Augsburg führt, noch heute benutzt werden.[22] Das milde Klima und die Fruchtbarkeit Italiens haben fremde Völker seit dem 2. Jahrtausend v. Chr. angelockt, den Wall dieses Gebirges zu überwinden. Zuerst waren es indoeuropäische Stämme, sodann Kelten, später germanische Stämme, wie die Kimbern, und in der Spätantike die West- und Ostgoten sowie als letztes Volk die Langobarden. Aber auch einzelne Feldherren sind zu nennen. Als Erster führte Hannibal im Jahre 218 v. Chr. seine punischen Truppen in verlustreichen Märschen aus Spanien nach Südgallien. Er überquerte die Rhone und überstieg die Alpen von Norden, indem er die Flusstäler von Isère und des Arc aufwärts über den Col du Clapier (2482 m) hinaufzog und einen heute kaum noch begangenen Pass südlich des Mont Cenis benutzte.[23]

Einige Jahre später, im Frühjahr 207 v. Chr., überquerte der jüngere Bruder Hannibals, Hastrubal, mit einem Heer die Alpen; ob auf dem gleichen Wege wie Hannibal oder einem anderen, bleibt ungewiss; er wurde aber von den Römern am Metaurus bei Cena Gallica geschlagen und verlor sein Leben.

Im letzten Jahrhundert der römischen Republik überschritten des öfteren römische Heere von Süden die Alpen. Eine planmäßige Erschließung der Pässe durch Straßen erfolgte aber erst unter Kaiser Augustus, als dieser von 16 – 12 v. Chr. die Alpenvölker der Ligurer, der Kelten sowie der rätischen und illyrischen Stämme unterworfen hatte.

Den Bogen von der römischen Antike über das Mittelalter in die Neuzeit schlug Napoleon Bonaparte, als er im Jahre 1800 mit einem Heer über die Alpen zog, um die Österreicher in der Po-Ebene zu bekämpfen. Über seinen Alpenmarsch schrieb er „*An Bürger Tallereyrand, Minister der Auswärtigen Angelegenheiten am 19. Mai 1800: Endlich tritt die Reservearmee in Aktion; der St. Bernhard hat uns einige Schwierigkeiten gemacht. Seit Karl dem Großen hat er kein so zahlreiches Heer mehr gesehen; besonders wollte er sich dem Durchzug unserer großen Feldstücke widersetzen; aber endlich ist die Hälfte unserer Artillerie in Aosta. Bonaparte*“.[24] Auf dem offiziellen Gemälde von Jacques-Louis David (1748 – 1825), das den ersten Konsul hoch zu Ross mit seinen Truppen auf dem Weg in die Hochalpen zeigt, stehen die Namen Hannibal, Carolus Magnus, Bonaparte zu lesen.[25] Hier reiht Napoleon sich in die Linie der beiden großen Heerführer des römischen Altertums und des frühen Mittelalters ein, die mit ihren Heeren die Alpen bezwungen haben. (Abb. 20)

7. Petrarca über seinen Aufstieg auf den Mont Ventoux

Von Carpentras, wo Francesco Petrarca (1304 – 1374) vom achten Lebensjahr an mit vielen Unterbrechungen bis 1353 mit seiner Familie gelebt hat, ist der Mont Ventoux (1912 m) als der westlichste Punkt der Alpen gut zu sehen. In seiner Briefsammlung ist ein Brief an Dionysius de Burgo Sancti Sepulcri, Augustiner und Professor der Heiligen Schrift, adressiert, der seinen Aufstieg auf diesen mehr als 20 Kilometer entfernten Berg beschreibt.[26] Dieser Text, der im Anschluss an antike und altchristliche Autoren abgefasst ist, berichtet weniger Tatsachen als er vielmehr geistig-seelische Bezüge des Verfassers offenlegt. Wie nachgewiesen werden konnte, gehört der uns vorliegende Brief weder in die Jugendzeit Petrarcas, also in das allgemein angenommene Jahr 1336, noch ist er, wie am Ende betont wird, am gleichen Abend nach der Rückkehr vom Gipfel geschrieben.[27] Den Brief hat Petrarca vielmehr im Alter von fast 50 Jahren ausgearbeitet, und dies wohl auf der Grundlage früherer Aufzeichnungen als eine mit Anspielungen auf antike und christliche Quellentexte erfüllte gelehrte Abhandlung. Sie verbindet Reales und Geistig-Sinnbildliches miteinander und ebenso antike und christliche Autoren und Gedanken. Livius, Pomponius Mela, Seneca, die Dichter Vergil und Ovid, dazu die Kirchenväter Augustinus und Athanasius dienten als Anreger für diesen kunstvollen Text, der für die Seelengeschichte aufschlussreicher ist als für die scheinbar realitätsgesättigte Beschreibung der Bergbesteigung. Dennoch besaß der Brief für die früheren Leser in erster Linie diesen scheinbaren Realitätsbezug. Dies bleibt wichtig für die trotz allem gegebene Pionierleistung dieser Bergbesteigung am Anfang der Italienischen Renaissance.

Subjektivität kommt gleich am Anfang zu tragen: Der Untertitel des Briefes lautet nämlich: „*Über die eigenen Sorgen*". Der Adressat bleibt im Schreiben, das wie ein Privatbrief aussieht, tatsächlich aber eine Vorform des Essays ist, undeutlich.[28] Als geistige Neuerung gegenüber dem Mittelalter fällt Petrarcas Drängen auf, den Erscheinungen dieser Welt nicht durch Denken, sondern durch sinnenhafte Erfahrung beizukommen. Aufgrund seiner Belesenheit in der antiken Literatur erinnerte er sich an folgendes geschichtliche Beispiel einer Bergbesteigung: Wie Pomponius Mela mitteilt, sei Philipp V. von Makedonien auf den 2000 m hohen Berg des Haimon-Gebirges gestiegen und habe von dort das Adriatische und das Schwarze Meer gesehen. Andererseits leugnet Livius, der gleichfalls diese Bergbesteigung bezeugt, die Möglichkeit einer solchen Fernsicht.[29] Um diesen Widerspruch der antiken Zeugnisse aufzuklären, spricht Petrarca von der Autopsie als einem Mittel, diese geschichtlich-geografische Streitfrage zu entscheiden. Allerdings könne er dies nicht ausführen, weil er nicht in Griechenland sei. Mit *experientia* und *experiri* betont er den in der Folgezeit so wichtig werdenden Begriff des Experimentes, des Erfahrungsbeweises. Antik und vor allem römisch ist das Fühlen und Denken in Beispielen.[30] Der alte König Philipp V. und der junge Privatmann Petrarca stehen einander ähnlich gegenüber wie das Haimon-Gebirge und der Mont Ventoux.

Seinen drei Jahre jüngeren Bruder Gherardo, den auch der Adressat des Briefes kennt, zieht Petrarca als Begleiter den Freunden vor. Die Zeitangabe, *statuta die*/an einem bestimmten Tag, klingt eher so, als ob das Ereignis weiter zurückliege. Insofern überrascht *hodie*/heute, denn dann hätte Petrarca seinen Bericht noch am selben Tag seines Abstieges aufgezeichnet; dies ist aber nicht glaubhaft, wie G. Billanovich nachgewiesen hat.[31]

Petrarca beschreibt zunächst die Schwierigkeit des Weges. Der Aufstieg ist dabei zugleich aber Metapher für das eigene Leben und dies auf dem Hintergrund der Erfahrung des Göttlichen. Dieses vermag der Berg, wie zuvor dargelegt wurde, in einzigartiger Weise zu vermitteln. Mit der Frage: „*Reichen die Kräfte der jungen Männer für die Aufgabe aus?*", erhöht Petrarca die Spannung. Das Zwischenspiel folgt in einer wiederum kontrastierenden Darstellung. Ein alter

Hirte, der den Weg vor 50 Jahren zurückgelegt hat, ohne aber das Ziel erreicht zu haben, dem die Brüder nachstreben, tritt als Warner auf. Wie er meint, bringt eine derartige Bergbesteigung keinen Nutzen; nur Reue und Mühsal lasse sie zurück; der Leib und die Kleidung würden von Fels und Dornengestrüpp verletzt. Weder vor diesem Zeitpunkt noch nachher habe man gehört, dass jemand bei ihnen Ähnliches gewagt habe. Merkwürdigerweise weist der alte Hirte ihnen einen Pfad, einen steilen Weg, obwohl der Berg von Besuchern unberührt war.

Der Greis war im Altertum oft Träger der Weisheit, ja Offenbarer, hier aber ist er Versucher, der die jungen Leute von ihrer höheren Bestimmung abbringen möchte, und dies mit vielen Worten, wobei auf die Geschwätzigkeit alter Leute hingewiesen wird.[32] Daran schließt Petrarca eine psychologische Beobachtung an: Aufgrund des Verbotes wuchs bei den Brüdern die Begierde. Der alte Hirt warnt einerseits und zugleich zeigt er, ja, dient zunächst als Bergführer. Im Altertum galten die Hirten als Bewohner der Einsamkeit in besonderer Weise für das Heilige und dessen Offenbarung geöffnet.[33]

Bei diesem Hirten lassen die beiden Brüder ihr überflüssiges Gepäck. Später scheint Petrarca dies überhaupt vergessen zu haben. Bei ihrem Abstieg werden sie kaum an diese Stelle zurückgekehrt sein. Danach trennen sich zunächst die Wege der beiden Brüder. Gherardo gewinnt einen Abkürzungsweg und gelangt schneller nach oben. Auch dies ist wohl symbolisch zu deuten. In Petrarcas Augen ist der jüngere Bruder ihm geistlich voraus. Nach Verlust der Geliebten war dieser nämlich Kartäuser geworden und führte das geistliche Leben, nach dem Petrarca sich sehnte.

Petrarca gerät mehrmals auf Umwege, die ihn wieder in die Tiefe zurückführen; endlich erreicht er den gut ausgeruhten Bruder. Eine Weile gehen sie gleichen Schrittes miteinander, dann aber begibt er sich erneut auf einen abschüssigen Weg. Damit könnte eine Verdemütigung ausgedrückt sein; denn im Folgenden deutet er selbst diese Wanderung als ein Sinnbild seines Lebens. Die sinnenhafte Erfahrung hat Folgen für die geistig-geistliche. Das Ziel des Menschen besteht für Petrarca in Übereinstimmung mit antiken philosophischen und christlichen Lehren im Erreichen des ‚*glückseligen Lebens*'. Dieses Ziel ist nicht leicht zu gewinnen; denn Leib und Seele sind nicht identisch. Die Bewegungen des Leibes sind offenkundig, die der Seele aber unsichtbar und verborgen. So ist das Offen-Geheime das Wesen der Wirklichkeit mit Einschluss des Menschen. Offen liegt der raum-zeitliche Aspekt der Wirklichkeit vor Augen, nicht aber das Innere der Wirklichkeit und so das innere Leben des einzelnen Menschen. Dieses ist den fünf Sinnen entrückt und somit verborgen, *invisibilis*. Zum glückseligen Leben, der *vita beata*, vermag der Mensch nur auf einem steilen und engen Pfad zu gelangen, *arcta, ut aiunt,... via*. Damit könnte Petrarca an Sprichwörter, wie *per aspera ad astra* erinnern; doch denkt er hier wohl eher an das Wort Jesu Christi von der engen Pforte und dem schmalen Weg, der zum Leben, zur *vita beata*, führt, und den nur wenige finden.[34]

Anders als die Stoa spricht Petrarca von einer Vielheit der Tugenden und von dem Erwerb der einzelnen Tugenden nacheinander, wobei er das Bild der Leiter verwendet. Auf ruhmvollen Stufen muss der Mensch von einer Tugend zur anderen schreiten, bis er zum endgültigen Ziel gelangt. Im Hintergrund steht der Traum des Patriarchen Jakob von der Leiter, deren Spitze den Himmel berührte; auf ihr stiegen Engel auf und nieder und Jahwe stand über ihr und sprach über Jakob und seine Nachkommen den Segen.[35] Im Gegensatz zu den Natur- und Volksreligionen, die ein kreisendes, ein zyklisches Weltbild ausgebildet haben, liegt hier der Zielgedanke vor, wie er in der Heilsgeschichte des Alten und Neuen Testamentes ausgedrückt ist. Das Wandern auf ein Ziel zeichnet das alte Israel ähnlich aus wie die frühe Kirche, das wandernde Gottesvolk.

Der vorangehende Gedanke von der *‚engen Tür‘* wirkt weiter und wird für den Gegensatz von mühseliger *virtus* einerseits und den irdischen und niedrigen *voluptates* fruchtbar gemacht. Petrarca steht hier in der Tradition des berühmten Bildes von Herakles am Scheideweg. Der Heros entschied sich für den steilen Weg der *virtus*, im Gegensatz zu dem ebenen Weg der Vergnügungen und der Schlechtigkeit.[36] Der metaphorisch-allegorisch-symbolische Gehalt der Bergwanderung war Petrarca bewusst: Das Tal bedeutet die Niederung des Lebens, die irdischen Vergnügungen, die Sünden, wobei er an eine Psalmstelle anknüpft: *„Sie saßen in Dunkel und Todesschatten“*.[37] Das eine Ziel der christlichen Existenz birgt als seinen Schatten die Möglichkeit, dieses Ziel zu verfehlen, und zwar für immer. Im Gegensatz zum zyklischen Denken der Antike ist damit die Lage des Christen verschärft. Gibt es die *„Wiederkehr des Gleichen“*, so wird der Mensch erneut aufleben wie das Samenkorn, das immer wieder zu Frucht und neuem Samen wird, wenn auch erst nach einem großen Weltenjahr. Er braucht sich nicht auf der Erde für ein ewiges Ziel in dieser fundamentalen Weise zu entscheiden. Für den Christen kann es kein größeres Unheil geben, als in schwerer Sünde vom Tode überrascht zu werden. Die gedankliche Vergegenwärtigung der eigenen Existenz, ihrer Gefährdung im Angesicht der absoluten Entscheidung für oder gegen Gott, wobei Gott und *virtus* weitgehend aufeinander bezogen sind, erneuert Petrarcas Kräfte.

Er hat auf der Grundlage der eigenen Existenz als Christ bereits eine moderne Subjektivität gelebt. Wenn er im neuzeitlichen Sinne ein moderner Mensch ist, dann mit der Einschränkung, dass er als Christ zu dieser Neuinterpretation menschlichen Seins gelangt ist. Sein Bedrohtsein als Sünder führt ihn folgerichtig zur Subjektivität. Es geht ihm um die Rettung seiner Seele. Die Unruhe, das Ziel zu verfehlen, nach dem er Tag und Nacht ausschaut, ist deutlich zu verspüren. In ironischer Weise meint er, dieser Weg der Geist-Seele müsse leichter sein als jene reale Bergwanderung.

Die Beschreibung der Wanderung hat im letzten Abschnitt seines Berichtes nur noch eine nachgeordnete Bedeutung. Sie gilt ihm nur als Gleichnis im Sinne des Schlusses von Goethes Faust, als Abbild eines Ewigen, nämlich der ewigen Bestimmung des Menschen und der Schöpfung als ganzer.

Bergspitzen und ihre Formen gaben oft dazu Anlass, sie mit menschlichen Gestalten zu vergleichen, ja gleichzusetzen.[38] Petrarca erwähnt als Bezeichnung der höchsten Spitze den Namen *Filiolum*, den kleinen

Sohn, den er dann aber im Gegensinn deutet, nämlich als *‚den Vater aller benachbarten Berge'*. Auf jener Spitze finden die beiden einen kleinen ebenen Platz, wo sie sich ermüdet ausruhen. Der plötzlich sich erhebende Bergwind und die freie Aussicht bewegen ihn so sehr, dass er ähnlich einem Erstaunenden dasteht.[39] Unter sich sehen sie die Wolken. Er fühlt seine Leseerlebnisse aus der Antike über die Berge Athos und Olympos voll bestätigt. So ordnet er die gegenwärtigen Erlebnisse, indem er sie mit einer für größer gehaltenen Vergangenheit, der Vergangenheit der Antike, vergleicht. Athos und Olympos, die griechischen Berge, die ungefähr so hoch sind wie der Mont Ventoux, fallen ihm eher ein als die Gipfel bestimmter Alpenriesen. Darauf sieht er die Alpenwelt starrend und voller Schnee. Da erfasst ihn Sehnsucht nach seinem Vaterland Italien. Dorthin drängt ihn sein Gemüt, sein *animus*, und nicht etwa seine *ratio*. Er spielt auf den von Rom so verhassten Hannibal nur an, ohne den Namen zu nennen, also in einer Art *memoria damnata*, und bezieht sich auf die Schilderung von Livius, die darüber Auskunft gibt, wie die Soldaten Hannibals sich ihren Weg durch die Felsen mit Eisen und Feuer gebahnt haben.[40] (Abb. S. 26)

Aus der Raumperspektive kehrt er zur Zeitperspektive zurück, und zwar seines Lebens, wobei er damit eine Gewissenserforschung verbindet: *„Noch bin ich nicht im Hafen, so dass ich sicher der vergangenen Stürme mich erinnern könnte"*.[41] Indem er aus den Bekenntnissen des Augustinus zitiert, sieht er sich wie dieser im Spiegel seiner Erinnerungen als Sünder.[42] Bei dieser traurigen Rückschau auf sein bisheriges Leben scheint er seine Bergwanderung vergessen zu haben. Doch die Tageszeit, die auf das Nahen des Abends weist, reißt ihn aus seinen Überlegungen. Vom Süden und von Italien wendet er sich nach Westen. Die Pyrenäen, die Frankreich von Spanien trennen, wie er bemerkt, vermag er nicht zu sehen. Hingegen erblickt er die Berge der Provinz Lyon zur Rechten, zur Linken das Meer von Marseille und auch die Rhone. Er fühlt, wie er zwischen Erde und Himmel, zwischen Leiblichem und Seelischem steht. Da schlägt er das ihm vom Adressaten geschenkte Büchlein von Augustinus' *‚Bekenntnissen'* wie ein Orakel auf und liest zu seinem eigenen Erstaunen dem Bruder folgende Stelle vor: *„Und die Menschen wandern, um die Gipfel der Berge zu bewundern, die ungeheuren Fluten des Meeres, die weiten Läufe der Flüsse, die Ausdehnung des Ozeans und die Kreisbahnen der Sterne, und achten nicht auf sich selbst"*.[43] Da zürnt er sich, dass er nicht erkannt hat, was er doch schon von den antiken Philosophen hätte lernen können: dass nichts in dieser Welt außerhalb der menschlichen Geistseele zu bewundern sei, da im Vergleich zu deren Größe nichts groß sei. So spiegelt sich Petrarca in Augustinus und in dessen Gespaltenheit zwischen Gott und der Welt. Die Sorge um den inneren Menschen bewegt und erregt beide. Eine Einheitlichkeit und Eindeutigkeit der Wirklichkeit erlebt weder Augustinus noch Petrarca. Sie erfahren die Welt und all ihre Herrlichkeit als ambivalent. Liebe und Hass sind in Petrarca nicht mehr getrennt, sondern sie durchdringen einander, wie dies bereits Catull im 1. Jahrhundert v. Chr. und Ovid in seinem von Petrarca zitierten Vers: *„Ich werde hassen, wenn ich können werde; wenn aber nicht, so werde ich wider Willen lieben"* ausgesprochen haben.[44] Petrarca fühlt sich seit Jahren von einem verkehrten und schlechten Willen beherrscht. Zwei Willen kämpfen in ihm um die Vorherrschaft. Der Sieg ist noch ganz ungewiss. Trotzdem entwirft er ein verlockendes Bild für die Zukunft. Dieses Bild entspricht dem Blick vom Gipfel auf Italien, seinem Geburtsland, dem er einen Hymnus gewidmet hat, der sein Vorbild in Vergil besitzt.[45]

Im Gegensatz zum Aufstieg verläuft der Abstieg in Schweigen. Das innere Erlebnis siegt über jedes Landschaftserlebnis, wie seine Bemerkung beweist: *„Zufrieden damit, den Berg genugsam gesehen zu haben, wandte ich meine inneren Augen auf mich selbst*". Er beschäftigt sich weiter mit dem oben genannten Wort des Augustinus, das dieser ihm gleichsam selbst zugesprochen hat, und kehrt über Augustinus und die Vita des Heiligen Antonius, des Eremiten, verfasst vom Kirchenvater Athanasius, zum Wort Jesu Christi im Evangelium zurück. Sooft er aber bei seiner Rückkehr auf den Gipfel des Berges zurückschaute, so schien ihm dieser kaum die Größe einer Elle zu haben, im Vergleich mit der Größe der menschlichen Betrachtung, falls man diese nicht in den Schlamm irdischen Schmutzes tauchte. Die mühevolle Bergbesteigung ist für Petrarca zum Bild und zur Allegorie des Menschen und seines Kampfes mit sich selbst geworden, der Auseinandersetzung zwischen den höheren und den niedrigeren Vermögen seiner Seele.

1 Eliade Mircea, Die Religionen und das Heilige, Salzburg 1954, (Nachdruck) Frankfurt am Main 1986, S. 132–135.

2 Matthäus 4, 8–10 par.

3 Exodus 19, 16–21; 1 Könige 19, 8–14; Matthäus 5–7 par.; 17, 1–8 par. – Apokalypse 21,10. – Vor allem die Gnostiker haben den Berg zum Ort der Offenbarungen Jesu an seine Jünger gewählt; vgl. Speyer Wolfgang, Religionsgeschichtliche Studien, Hildesheim 1995, S. 170.

4 Speyer Wolfgang, Frühes Christentum im antiken Strahlungsfeld, Bd. 2, Wissenschaftliche Untersuchungen zum Neuen Testament 116, Tübingen 1999, S. 89–101: ‚*Der Dichter in der Einsamkeit*'.

5 Jesaja 14, 13.

6 Psalm 48, 3: *„Sein heiliger Berg, die herrliche Höhe, er ist die Wonne der ganzen Welt; der Zionsberg, der äußerste Nord, wahrlich des Großkönigs Stadt*".

7 Apokalypse 21, 9 – 22, 5.

8 Baumeister Theofried, Art. Höhenkult, in: Reallexikon für Antike und Christentum (=RAC), Bd. 15, 1991, Sp. 986–1015.

9 Speyer Wolfgang, Art. Holz, in: RAC, Bd. 16, 1994, Sp. 87–116, bes. 110f.; Heid Stefan, Art. Kreuz, in: RAC, Bd. 21, 2006, Sp. 1099–1148.

10 Ladendorf Heinz, Ein Felsgesicht bei Albrecht Dürer, in: Festschrift für Wolfgang Krönig, Aachener Kunstblätter, Bd. 41, 1971, S. 229f.; Ladendorf Heinz, Zur Frage der künstlerischen Phantasie, in: Musaion, Festschrift O. H. Förster, Köln 1960, S. 21–35.

11 Der Name ‚*Alpen*' ist vielleicht vor-indoeuropäisch. Die Kelten benutzten ihn, um damit ‚*hohe Berge*' zu bezeichnen; Isidor von Sevilla, Origines 14, 8, 18; Meyer Ernst, Art. Alpes, in: Der Kleine Pauly, Bd. 1, 1964, Sp. 277f., besonders 277; Grassl Herbert, Art. Alpes (Alpen), in: Der Neue Pauly, Bd. 1, 1996, Sp. 534f.; Pack Edgar, Art. Italia

I (landesgeschichtlich), in: RAC, Bd. 18, 1998, Sp. 1049–1202, besonders 1051–1053.

12 Strabon 4, 6, 6; Walser Gerold, Summus Poeninus: Beiträge zur Geschichte des Großen St. Bernhard-Passes in römischer Zeit, Wiesbaden 1984.

13 Schmidt Johanna, Heilige Berge Griechenlands in alter und neuer Zeit, Texte und Forschungen zur Byzantinisch-Neugriechischen Philologie, Bd. 37, Athen 1939; Mann Ulrich, Überall ist Sinai. Die heiligen Berge der Menschheit, Freiburg im Breisgau 1988; Gratzl Karl (Hg.), Die heiligsten Berge der Welt, Graz 1990.

14 Otto Rudolf, Das Heilige. Über das Irrationale in der Idee des Göttlichen und sein Verhältnis zum Rationalen, München 1917, (Nachdruck) 1991, S. 13–28,179–182.

15 Vergil, Aeneis 8, 349–352.

16 Radermacher Ludwig, Das Jenseits im Mythos der Hellenen, Bonn 1903, S. 73,87.

17 Freisauff von Rudolf, Salzburger Volkssagen (Wien 1880), S. 3–26, 111,115–117,120.

18 Ebd. S. 105–127.

19 Diodor, Bibliotheke 4, 19, 3f.

20 Breitenbach Alfred/Witte-Orr Johanna, Art. Ketos (Meerdrache), in: RAC, Bd. 20, 2004, Sp. 774–799; Imschoot van Paul/Hornung Christian, Art. Leviathan, in: RAC, Bd. 22, 2008, Sp. 1245–1251.

21 Schefold Max, Der Wasserfall als Bildmotiv, in: Festschrift für Wolfgang Krönig, Aachener Kunstblätter, Bd. 41, 1971, S. 274–289, besonders S. 274f. zu den verschiedenen Erlebnisformen des Wasserfalls seit dem 17. Jahrhundert bis heute. – A.KAT. WIEN 2011, Cornelia Reiter: Joseph Anton Koch in Rom. Zeichnungen aus dem Wiener Kupferstichkabinett, Akademie der bildenden Künste Wien, Wien 2011, S. 46. 52–54

22 Meyer a. O. (s. o. Anm. 11) Sp. 277f.; Pack a. O. (o. Anm. 11) Sp. 1061.

23 Polybios, Historiae 3, 79f.; Livius, Ab urbe condita 35–37. – Polybios kannte nach Strabon, Geographia 4, 209 nur folgende vier Alpenpässe: den ligurischen längs der Küste, den bei den Taurinern auf der Route Hannibals, den bei den Salassern, Großer oder Kleiner St. Bernhard, und einen rätischen, den Maloja-Julier-Septimer-Pass. – In der Forschung war der von Hannibal gewählte Pass lange umstritten. Einzelne plädierten für den Großen, andere für den Kleinen St. Bernhard oder den Mt. Cenis, am wahrscheinlichsten aber ist die oben mitgeteilte Ansicht von J. B. Perrin (1887); vgl. Partsch Joseph, Art. Alpes, in: Paulys Realencyclopädie der classischen Altertumswissenschaft 1, 2 [1894] Sp. 1599–1612, besonders 1604f.

24 Napoleons Briefe, ausgewählt und hg. von Schulze Friedrich (Leipzig 1912), S. 114f.

25 Das Bild ist in mehreren Fassungen vorhanden.

26 Rerum familiarium lib. 4, 1, Ponte Giovanni (Hg.), Milano 1968, S. 644–656,1086f., lateinisch und italienisch.

27 Billanovich Giuseppe, Petrarca e il Ventoso, in: Italia medioevale e umanistica 9, 1966, S. 389–401; deutsch von Buck August (Hg.), Petrarca, Wege der Forschung, Bd. 353, Darmstadt 1976, S. 444–463, besonders S. 459; vgl. Weber Dorothea, Petrarcas Mons Ventosus, in: Wiener Humanistische Blätter 42, Wien 2000, S. 52–80.

28 Schon Peter M., Vorformen des Essays in Antike und Humanismus, Wiesbaden 1954, Reg. s. v. Petrarca.

29 Pomponius Mela, Geographia 2, 17 gegenüber Livius, Ab urbe condita 14, 21.

30 Lumpe Adolf, Art. Exemplum, in: RAC, Bd. 6, 1966, Sp. 1229–1257.

31 S. o. Anm. 27.

32 Gnilka Joachim, Art. Greisenalter, in: RAC, Bd. 12, 1983, Sp. 995–1094, besonders 1062f.

33 Speyer Wolfgang, Frühes Christentum im antiken Strahlungsfeld, Bd. 1, Wissenschaftliche Untersuchungen zum Neuen Testament 50, Tübingen 1989, S. 323f. und Register: ‚*Hirt*'.

34 Matthäus 7, 14.– Hommel Hildebrecht, Der Weg nach oben, in: Hommel Hildebrecht, Symbola, Bd. 1, Kleine Schriften, Hildesheim 1976, S. 274–289.

35 Genesis 28, 12–15.

36 Harms Wolfgang, Homo viator in bivio. Studien zur Bildlichkeit des Weges, München 1970; P. Svendsen, Europäisches Zentralthema Homo viator: Elemente der Literatur. Festschrift E. Frenzel (Stuttgart 1980) 23–34.

37 Psalm 107 (106).

38 Beispiele: Frau Hitt, Watzmann, Ettaler Mandl. So spricht man metaphorisch auch vom Fuß und Rücken der Berge und einzelne Berge tragen in ihrem Namen die Bezeichnung ‚*Kopf*', z. B. Grünkopf.

39 Goethe J. W.: Parabase (Gott und Welt): „*Zum Erstaunen bin ich da*".

40 Livius, Ab urbe condita 21, 37.

41 Schlimme Lorenz, Art. Hafen, in: RAC, Bd. 13, 1986, Sp. 297–305.

42 Augustinus, Confessiones 2, 1, 1.

43 Augustinus, Confessiones 10, 8, 15.

44 Catull, Carmen 85: *odi et amo. quare id faciam, fortasse requires. / nescio, sed fieri sentio et excrucior*; Ovid, Amores 3, 11, 35: *odero, si potero; si non, invitus amabo.*

45 Vergil, Georgica 2, 136–176, besonders 173f.

Zusammengesetzte Gefühle

Emotionen beim Anblick der Alpen

Helga Buchschartner

„Die Seele fühlt bey solchen Gegenständen auf einmal ihre ganze Energie: sie fühlt sich wärmer, mächtiger, lebendiger, Gott ähnlicher.“ [1]

Johann Georg Schlosser, Versuch über das Erhabene, 1781

Welcher Betrachter eines Alpenpanoramas hat sich nicht schon in ähnlicher Weise *„erhoben“* gefühlt? Der Anblick der Alpen in natura ist einerseits Bewohnern der Alpengebiete vertraut, andererseits ist er ebenso ein kulturell codiertes Motiv, das sowohl mittels Gemälden als auch anhand von alltagsästhetischen Produkten manifest geworden ist. Nicht nur die Art und Weise wie die Bildmotive rezipiert werden sollen, sondern auch die Gefühle, die sie evozieren, sind kulturell überformt.

Weshalb ist in diesem Zusammenhang von *zusammengesetzten* Gefühlen die Rede?

René Descartes[2] und Charles Le Brun[3] versuchten im 17. Jahrhundert, die Affekte oder Leidenschaften zu systematisieren.[4] Beide unterschieden die einfachen Leidenschaften, wie Liebe, Hass, Freude, Trauer, von den zusammengesetzten Leidenschaften, etwa *„Furcht, Enttäuschung, Zorn und Hoffnung.“* [5] In den vorwiegend an bildende Künstler gerichteten Traktaten ging es in erster Linie um die Darstellung der Gefühle in der Malerei durch Mimik und Gestik der gezeigten Personen. Uns interessieren die Gefühle des Betrachters und wodurch sie bei ihm ausgelöst werden. Dabei kann nicht das Gefühl des Einzelnen abgehandelt werden, sondern stellvertretend wird von *„Erzählungen“*[6] ausgegangen, die eine kollektive Verallgemeinerung ermöglichen. Im Folgenden wird versucht, die große Bandbreite der Gefühlswelten im Kontext der Alpen um einige wenige zentrale Begriffe zu gruppieren und anhand von Bildbeispielen zu veranschaulichen.

Das Erhabene

Das Gefühl des Erhabenen wird zunächst im literaturkritischen Kontext zur Sprache gebracht und mit selbst gewonnenen Erfahrungen illustriert. So berich tet John Dennis (1657 – 1734), dass er auf seiner Reise durch die italienischen Alpen zwei Empfindungsformen erlebt habe: „ … *a delightful Horrour, a terrible Joy, and at the same time, that I was infinitely pleas'd, I trembled.*“[7] Schon mit dieser kurzen Beschreibung wird das gleichzeitige Auftreten zweier einander widersprechender Gefühlsempfindungen gut nachvollziehbar. Carsten Zelle arbeitet im Weiteren deutlich heraus, dass nicht nur das komplexe Gefühl von Bedeutung ist, sondern dass auch die Rolle des Verstandes mit ins Kalkül gezogen werden muss. Es gehört zu den wesentlichen Merkmalen der Gefühlsbewegungen des Erhabenen, dass es einerseits den Schrecken angesichts einer unbewältigbaren Größe umfasst und simultan eine Art Befriedigung über die Bewältigung derselben durch den Verstand einschließt.[8] Ebenso macht er auf die von Joseph Addison[9] vorgenommene begriffliche Trennung des Erhabenen vom Schönen aufmerksam. Dies sollte für die philosophische und kunsttheoretische Debatte des 18. Jahrhunderts von großer Bedeutung werden.

Immanuel Kant geht in seinem Werk *Kritik der Urteilskraft* 1790/1793 ausführlich auf die Gefühlsambivalenz ein und auf die Mechanismen, wie mit dem paradoxen Zustand umzugehen ist.[10] Bei der Begegnung mit „ … *alle Sinne überwältigenden Naturphänomenen* … “ [wie dem Gebirge] entsteht Unlust, weil die Eindrücke nicht mehr verarbeitbar sind und keine formale Ordnung mehr geschaffen werden kann. Erst in der Erkenntnis, dass die menschliche Vernunft und damit die Ideenbildung der Natur und damit auch der Wahrnehmung der Natur überlegen ist, bewirkt wieder ein Gefühl der Lust.[11] Eigentlich ist der Mensch als „*betrachtendes Subjekt*“ erhaben und nicht die Natur.[12] Das Erhabene findet im Sinne von Kant „ … *rein in der Anschauung*“ statt.[13] Diese Gedanken sind insbesondere für den Vergleich mit den Überlegungen Edmund Burkes interessant, aber auch für die später ausgeführten Betrachtungen zu den Intentionen des Malers C. D. Friedrich.

Edmund Burke (1729 – 1797) befasste sich mit „ … *der Unendlichkeit und dem Grenzenlosen in der Natur.*“ [14] Er untersuchte am Phänomen des Erhabenen die „ … *physischen Entsprechungen und Empfindungen, und* […] *fragte* […] *nach den objektiven Auslösern.*“ [15]

Das Gefühl des „*Erhabenen*“, [16] welches im 18. Jahrhundert insbesondere im Zusammenhang mit Naturerlebnissen diskutiert wird, kann insofern als zusammengesetztes Gefühl betrachtet werden, als es gleichzeitig Anziehung und Abstoßung, Faszination und Schrecken beinhaltet.

Um das Erhabene positiv zu erleben, benötigt der Betrachter nach Immanuel Kant Distanz. [17]

Hartmut Böhme arbeitet über die Notwendigkeit der Distanznahme hinaus weitere Facetten deutlich heraus, die die Souveränität des Subjekts betreffen. „*Das Erhabene ist also die Simulation des Chaos und der Unermesslichkeit, aus sicherer Distanz, um eine Angst in Szene zu setzen, über die Herr zu werden herrliches Bewußtsein induziert.*“ [18] Obwohl stets von Gefühlen die Rede ist, könnten auch die folgenden Zitate die Vermutung aufkommen lassen, es handle sich im Grund um ein intellektuelles Spiel, das nur jenen zugänglich ist, die die Regeln dieses Spiels kennen und sich diesen freiwillig unterwerfen. Und, obwohl die Gedankenwurzeln sich bereits im 18. Jahrhundert finden, sind die Aussagen nach wie vor aktuell und fordern heraus, die eigenen Erfahrungen daraufhin zu reflektieren.

„*Bei Bergen, die als ‚erhaben‘ bezeichnet werden, geniessen die Alpenreisenden ein ambivalentes Gefühl, die Angstlust gegenüber grosser und gefährlicher Natur. Dabei ist der Gegenstand der Natur nicht wirklich furchterre-*

Abb. 21 Ludwig Pfyffer von Wyher (1716 – 1802), Zirkularansicht vom Rigi Kulm, Luzern 1818, Radierung, Aquatinta, koloriert von Augustin Schmid, Zentralbibliothek Zürich

Abb. 22 Caspar David Friedrich (1774 – 1840), Der Watzmann, 1824/1825, Öl/Lw, 133 x 170 cm, Alte Nationalgalerie Berlin

gend. Die Betrachter stellen sich ihn lediglich so vor.“ [19] Hartmut Böhme geht ausführlich auf die Dimension des Imaginären ein, in der sich die Bürger des 18. Jahrhunderts mit ihrer Angst vor der Natur auseinandersetzen konnten und sie dadurch beherrschen lernten.[20] „*Wonniges Entsetzen ergreift uns, wenn wir* [uns] *unserer Ohnmacht angesichts einer Natur bewusst werden, die uns nicht zur Kenntnis nimmt*“, [21] formuliert Werner Hofmann. Besser kann nicht zum Ausdruck gebracht werden, was auch in den Reisebeschreibungen der ersten Alpentouristen im Zentrum der Wahrnehmungen steht. [22]

Gleichermaßen mischen sich in den schriftlichen und bildlichen Erzählungen zunächst persönliche Gefühlswelten mit wissenschaftlichen Beobachtungen.[23] Die Alpen werden erst durch den kulturell codierten Blick des Betrachters zu einer Landschaft, [24] deren Anblick mit einem bestimmten Affekt besetzt wird. [25]

Welche Perspektive auf die Alpen kann nun das Gefühl des Erhabenen am besten suggerieren?

Bei der realen Bezwingung der unwirtlichen bedrohlichen Höhenregionen werden mehrere Sinne auf ext reme Weise aktiviert. [26] Angelo Mosso[27] führte im späten 19. Jahrhundert physiologische Untersuchungen im Monte-Rosa-Massiv durch. Im Selbstexperiment stellte er wider Erwarten trotz körperlicher Erschöpfung etwa eine besondere Steigerung der Farbwahrnehmung im „ … *blendenden Gletschereis*“ fest.[28] Für ihn hatten die Ermüdungserscheinungen der Bergbesteigung „ … *keinen morbiden Charakter*“, sondern „ … *mitunter scheinen sie die erhabenen Qualitäten ihrer Umgebung zu spiegeln*“.[29] In den Aufzeichnungen Mossos mischen sich Textstellen romantischer Dichter mit nüchternen Notizen zu Temperatur, Höhenangaben und Zeitabschnitten. Nicht alle „*Bewunderer*“ der Alpen wollten sich diesen körperlichen Strapazen oder einer zu nahe gehenden physischen Begegnung aussetzen. Die „*sichere Distanz*“ gewährt der Blick von unten oder ausgehend von einer eigens gebauten Aussichtsplattform. Der Weg dorthin darf nicht zu anstrengend sein.

Die Verwendung von sogenannten „Claude Glasses“[30] verwandelte bereits den Anblick der realen Gebirgslandschaft in Bilder.

Es stellt sich die Frage, ob beim Betrachten von Gemälden mit den entsprechenden Motiven, ohne Erinnerungsmöglichkeiten an physische Erlebnisse, solche ersatzweise in der Vorstellung hervorgerufen werden können, weil die dazugehörigen Beschreibungen vertraut sind? Bleibt einem Betrachter „*die Luft weg*“ oder wird ihm schwindelig? Gibt es überhaupt Körpererinnerungen beim Betrachten von Bildern?[31] Aus dieser Fragestellung resultiert die Überlegung, dass zwischen Sinnesempfindungen und Gefühlen insofern unterschieden werden kann, als dass die Sin nesempfindungen einen unmittelbaren Auslöser benötigen, während die Gefühle auch als erinnerte Gefühle eine starke Ausprägung und Wirkung zeitigen.

Jener Anblick, der denjenigen vom Gipfel aus noch übersteigt, ist die „*Zirkularansicht*“, [32] die den Betrachter in den Mittelpunkt stellt und sowohl in die Weite als auch in die Tiefe eine Totalvision ermöglicht.[33] Horace Bénédict de Saussure hat auf dem Gipfel des Montblanc einen totalen panoramischen Blick erlebt,[34] war jedoch von den Anstrengungen des Gipfelaufstieges derart geschwächt, dass er den Blick gar nicht genießen konnte.[35]

Nichtsdestotrotz verkörpert die Zirkularansicht die Vorstellung gottgleich auf die Welt zu schauen, wenngleich in der Realität kaum eine derartige Klarsicht vorherrscht und die physische Bewältigung nicht jedem Menschen zu Gebote steht. Weiters entspricht etwa das Blatt von Ludwig Pfyffer (Abb. 21) eher einer wissenschaftlichen, sachbetonten Haltung.

Nicht nur aus diesen Gründen verlagern sich die auslösenden Faktoren von komplexen Gefühlen in den Kunstgenuss. Die Künstler der Romantik, allen voran Caspar David Friedrich, entwickeln eine mehrschichtige Bildsprache, die es dem Betrachter erlaubt, seinen subjektiven Vorstellungen und Gefühlen zu folgen und sein Verhältnis zur Größe der Natur mithilfe der Gemälde neu zu ordnen.

In der zeitgenössischen Kunstkritik wird an ein „ … *sublimes Sujet in der Landschaftsmalerei*“ der Anspruch gestellt, „ … *den Naturgegenstand so zu präsentieren, dass der Beschauer die bereits habitualisierte Erfahrung des Erhabenen zu machen imstande ist.*“[36] Auch hier darf kritisch angemerkt werden, dass es sich beim Betrachterpublikum des Öfteren eher um eine nachempfundene, durch unterschiedliche Textgattungen bekannt gemachte bzw. konventionalisierte Erfahrung handeln mag. „*Der Betrachter muß physisch sicher sein, wenn er die erhabene Erfahrung machen will.*“ [37] Im Museum besteht banal formuliert kein Zweifel an der physischen Sicherheit des Betrachters. Das, was selbst den gebildeten Betrachter verunsichern mag, liegt in der mehrsinnlichen Wahrnehmung der künstlerischen Gestaltung des sublimen Sujets. Da in Gemälden C. D. Friedrichs der sichere Anhaltspunkt, etwa einer Rückkehr in das Tal, weggelassen wird, ist der Betrachter den Gefühlen von Einsamkeit und Trostlosigkeit ausgeliefert[38] (Abb. 22). Die grün bemoosten Gesteinsformationen lassen den Blick vergeblich nach einem Weg suchen. In der Mitte des Bildes, einer Hangschräge folgend, errichtet Friedrich eine zerbröckelnde, erodierte steinerne Figuration mit kärglicher Vegetation. Sie verschränkt die Eröffnungsszenerie mit der durch den leichten Nebeldunst geglätteten Mittelzone, aus der sich in mehreren Anläufen der Gipfel des Watzmann erhebt. Immer wieder wandert der Blick von unten nach oben, die Komposition, der Landschaftsausschnitt gestattet kein anderes Ziel.

Indem Friedrich die zeitgenössischen Betrachter durch seine Komposition und Blickperspektive irritiert und die bisher erworbenen Wahrnehmungsmuster nicht zum Ziel führen, ist dieser gezwungen, seine individuellen Assoziationen zuzulassen.[39] In der Kunsttheorie wurde zwischen einer „*pathologischen*“[40] und einer „*ästhetischen Rührung*“ unterschieden. Die Erstgenannte würde bei einem Anblick einer bestimmten Landschaftskonstellation in natura im Betrachter hervorgerufen und die „*nachbildende Kunst*“ wiederholte diese Wirkung bloß. Die Zweite, die weit höher gewertet wurde, habe ihre Ursache in den hervorgerufenen Assoziationen von Ideen.[41] Nach Bettina Hausler missbilligte C. D. Friedrich „ … *jegliche koloristische Effekthascherei, die seiner Ansicht nach den Geist in der Wiedergabe der Natur vermissen ließ.*“ [42]

Die Autorin erwähnt, dass ihm Ludwig Richters Gemälde *„Der Watzmann"* nicht gefallen habe, da er es als „ … *zu idyllisch, zu bunt, zu kleinteilig* [und] *zu vordergründig"* empfunden habe.[43]

Ebenso wie zu Beginn des 19. Jahrhunderts evozieren die Bilder Caspar David Friedrichs aktuell sowohl die *„gewöhnlichen"* Gefühle, die aus der Alltagserfahrung und den Erwartungen, den jeweiligen gesellschaftlichen emotionalen Gepflogenheiten beim Anblick von Gebirgslandschaften resultieren, als auch die *„gehobenen"* Gefühle, die dem Kenner der dahinter liegenden Ideen des Erhabenen bedeutend sind.

Romantische Glücksgefühle oder die Grenzen der Einfühlung

Ab der zweiten Hälfte des 18. Jahrhunderts wird Natur und damit die Landschaft *„zur Auslösung von Gefühlen"* sowohl in der bildenden Kunst als auch in der Literatur verwendet.[44]

„Für die Alpen bedeutete die romantische Landschaftskomposition die Kombination von einem friedlichen, üppig grünenden Tal, das von gewaltigen Bergen umgeben ist."[45] Im Vergleich zu Friedrichs Watzmannbild tritt Ludwig Richter (Abb. 23) gleichsam respektvoll vor dem Anblick des Gipfels zurück. Er verschmilzt gleichsam drei Ansichten, indem er das Vordergrundmotiv aufsichtig, das mittlere Motiv frontalsichtig und das Gipfelmotiv aus der Untersicht darstellt. Er erzählt von einer menschlichen Ebene ausgehend eine *„Landschaftsgeschichte"*, in der nicht mehr ausschließlich der *„erhabenen"* Gipfelzone alle Aufmerksamkeit gewidmet werden muss. Zur Wirkung des Bildes formuliert Hilmar Frank treffend: *„Die Gegend ist besiedelt und bietet sich offen dar, in geheimnisloser Traulichkeit. Das Erhabene verwandelt sich in das Nächstgelegene, in Sonntagsfreiheit und Sommerfrische."*[46]

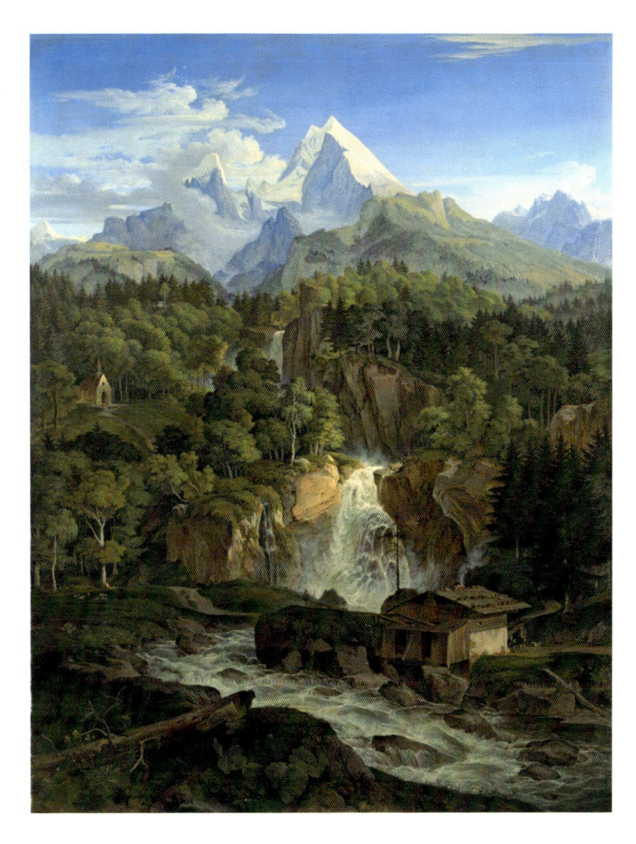

Abb. 23 Adrian Ludwig Richter (1803 – 1884), Der Watzmann, 1824, Öl/Lw, 120 x 93,5 cm, Neue Pinakothek München

Ein ähnlicher Vergleich der gewandelten malerischen Interpretation ergibt sich beim Motiv des Schmadribachfalles. Joseph Anton Koch gestaltete

Abb. 24 Joseph Anton Koch (1768 – 1839), Der Schmadribachfall, 1821/22, Öl/Lw, 131,8 x 110 cm, Neue Pinakothek München

seine Ansichten[47] noch unter der Metaphorik des Erhabenen verknüpft mit dem Freiheitsgedanken.[48] Entsprechend der Leitideen des ausgehenden 18. Jahrhunderts versteht er „ … *die freie Natur als Aufruf zur natürlichen Freiheit.*“[49] Aus der „*Logik*“ des Motives wandert hier (Abb. 24) der Blick von oben nach unten. Von den Gletschern gespeist bündeln sich der Hauptstrom und die ihn begleitenden Rinnsale zu einem gischtenden Wasserfall, der in der Waldzone auftaucht und verschwindet, um im Tal als Gebirgsbach seinen Weg zu suchen. Allerlei Getier und ein Hirte vermitteln zwischen den bisweilen bedrohlichen Naturkräften und dem Wunsch nach vertrauter Sicherheit. Durch diese „*Ablenkungen*“ kündigt sich schon eine Milderung des heroischen Landschaftscharakters und damit blickethischen Anspruches an den Betrachter an.

Anton Hansch malt den Schmadribachfall 1868 [Kat. Nr. 20]. Schon aus der zeitlichen Differenz ist nachzuvollziehen, dass sich die Haltung zur Natur und die malerischen Intentionen von einer heroischen Romantik zu einer besänftigten, dem biedermeierlichen Lebensgefühl entsprechenden Romantik gewandelt hatte. Man könnte von einem „*Stimmungsbild*“ sprechen. Bemooste Steine bilden die mäandernden Uferzonen, links gehen sie in weiche Graspolster über, rechts sind einige Nadel- und Laubbäume auszunehmen, bevor der Wald in einer Nebelschicht verschwimmt. In der Mittelzone ist weit entfernt der Wasserfall zu entdecken, seine Verbindung zum Flusslauf kann nur erahnt werden.

Nach oben gehen die Nebelschwaden in eine Wolkenstimmung über und bilden so einen Kontrast zu den hell leuchtenden verschneiten Gipfeln. Deren Helligkeit spiegelt sich im Flusslauf wider und bindet so die obere Bildzone an die untere. Anton Hansch hüllt die Landschaft insgesamt in dunstige Schleier[50], im Vordergrund erzeugt er damit den Eindruck von kühler Feuchtigkeit, im Mittelgrund verdichtet er sich zu Nebel, die Gletscherzone und die Gipfel rücken trotz Sonnenlicht in die Ferne und werden in die wolkige Atmosphäre aufgelöst. „*Der Blick des Betrach-*

ters lernt bald, von den Einzelheiten abzulassen, sich in dem Ganzen genießend zu ergehen und in diesem Genuß zu beruhigen.“ [51]

Bei näherem Hinsehen können sich im schönsten Alpenidyll dramatische Szenen abspielen. Das Gemälde von Friedrich Gauermann [Kat. Nr. 14] lässt uns an der Verfolgungsjagd zwischen Luchs und Hirsch teilhaben. Aus dem sonnenbeschienenen Platz kommend springen beide in das ungewisse Helldunkel. Der Spiegel des Teichs bleibt davon unberührt, nur die Natter am Ufer symbolisiert den möglichen Tod. Mit großer Kenntnis beschreibt der Maler die geologischen und biologischen Zusammenhänge und lässt den Betrachter über die (grausame) Unabwendbarkeit der Naturgesetze meditieren. Dieses Sujet provoziert eventuell einen Zwiespalt zwischen der Freude an der Naturszenerie und der Befürchtung einer Tiertragödie, indem das konkrete Handlungsende offen bleibt.

Nicht nur Tiere bevölkern die Nebenszenen der Gebirgsansichten. Als Staffagefiguren treten immer wieder Hirten und Sennerinnen, also Einheimische, in Erscheinung. Dies hat nicht nur die Funktion der

Abb. 25 Julius Schnorr von Carolsfeld (1788 – 1853), Das Tal von Chamonix mit dem Mont Blanc, 1848, Öl/Lw, 24 x 42 cm, Belvedere Wien

Abb. 26 Caspar Wolf (1735 – 1783), Die Berge von Lauteraar, 1776, Öl/Lw, 55 x 82,5 cm, Aargauer Kunsthaus Aarau

menschlichen Nähe als Brückenschlag zur Empathie des Betrachters.

Die Alpenregionen fungieren als Rückzugsgebiet von der Alltagswelt und stellen ein Arkadien im Sinne des Goldenen Zeitalters vor.[52] Das in mehreren Auflagen veröffentlichte Lehrgedicht *Die Alpen*[53], das Albrecht von Haller (1708 – 1777) 1729 verfasste, nimmt lange Zeit Einfluss auf eine zivilisations-kritische Haltung der gebildeten Gesellschaftsschicht. „*Das romantische Alpenbild umfasst* […]*nicht nur gefühlsbetonte Naturerfahrung, sondern auch Kultur- und Fortschrittskritik.*“[54] Der Stadtbewohner des 18. Jahrhunderts sieht in der alpinen Landschaft nicht die Gefahren der Naturkräfte und die anstrengenden Arbeitsbedingungen, sein Standpunkt ist ein rein ästhetischer. Die Sitten und Gebräuche der alpinen Bevölkerung symbolisieren die Ideale einer bescheidenen Lebensführung, deren Eigenwilligkeit macht sie zu Protagonisten des Freiheitswillens insgesamt.[55] Diese Topoi setzen sich im Grunde bis in die Gegenwart fort.

Je mehr die Natur durch zivilisatorische Eingriffe und industrielle Ausbeutung beeinträchtigt wird, desto willkommener sind die Bildmotive, die den Eindruck von Unberührtheit und Frische vermitteln. Dazu gehört vor allem das Weiß der Schneelandschaft, das sich vom Graugrün der Vegetationsgrenze unterscheidet und in das Blau des Himmels überleitet.

Eine nochmalige Steigerung der Gefühlslage bietet die Naturerscheinung des Alpenglühens[56] (Abb. 25). Julius Schnorr von Carolsfeld teilt die Bildfläche diagonal in eine schattige grünliche Landschaftshälfte, der er das blassviolett und hellorange changierende Montblanc-Motiv vor einem dunkelnden Himmel beistellt. Der volle Mond ist gerade aufgegangen. Der einsame Wanderer hält inne, um sich an dem Anblick zu erfreuen. Das Gemälde hält eine flüchtige Naturerscheinung für immer fest. Dass sich dieser Anblick nach wie vor großer Beliebtheit erfreut und mit romantischen Gefühlen besetzt ist, verwundert nicht. Der „*Wärme*" des temporär auftretenden Alpenglühens steht die (scheinbare) Ewigkeit der Eiswelt, die den Betrachter dem Gefühl der Bedrohung, von Einsamkeit und Tod aussetzt, gegenüber (Abb. 26). Das romantische Bild bietet für beide Enden der Gefühlsskala (Idylle und Todessehnsucht) Anreize. Gefühlssurrogate bedient in Folge die umfangreiche Kitschproduktion mit den entsprechenden Versatzstücken.

Abb. 27 Anonym: Come to Austria for Winter Sports! Österreichische Verkehrswerbung, Plakat, w1928/29

Abb. 28 Urlaubs-Arena Wildkogel, Neukirchen & Bramberg, Werbefotografie, 2010

Sehnsuchtsorte

Das romantische Alpenbild[57] wird im 19. Jahrhundert in das Medium der Fotografie[58] transferiert. Die Werbeprospekte und Bildbände des 20. Jahrhunderts bleiben den *„schönen"* Sujets treu, da sie den Sehnsüchten des Publikums entgegenkommen.[59] Gerhard Strohmeier erläutert anschaulich die aktuellen internationalen Werbestrategien um den Wintertourismus, die die *„romantische Aufladung"* des Schneemotives zusammen mit den nostalgischen Erinnerungen an eine glückliche Zeit mit modernen Slogans aufputzt.[60] Im Zuge dieser Schilderungen eröffnen sich im wörtlichen Sinn *„Gefühlsräume"*,[61] die nicht nur in der Weihnachtszeit Saison haben.

Die Bildelemente des Plakates aus dem Jahr 1928/29 (Abb. 27) umfassen alle affizierenden Zutaten. Mehr als die Hälfte der Bildfläche wird vom leuchtend weißen Schneefeld eingenommen, auf dem eine junge Skifahrerin kurz Halt macht, um mit ihrem hoch erhobenen Skistock in den *„Himmel"* des Wintersports in Österreich zu weisen. Heimelige Hütten laden zur Einkehr ein, das Gebirgspanorama ist in ein leicht rötliches Licht getaucht. Sich kreuzende Skispuren schaffen einen Raumeindruck im Vordergrund, ebenso der schräge Körperschatten. Die Anlage der Skistöcke symbolisiert gleichermaßen eine „Erdung" als eine Verbindung zum Himmel. So wird der ganze Raum motivisch und symbolisch erfasst. Wer sich dort aufhält, ist rundherum glücklich. Das gebotene Repertoire findet sich in zahlreichen Varianten der Reisemagazine unserer Tage wieder (Abb. 28). Sieht man von den modeabhängigen Accessoires (Kleidung, Skibrille, Helm, Schlitten und Skier) ab, so gilt auch hier die einfache Komposition, in der die Menschen im Vordergrund Schnee, Berg und Himmel miteinander verschränken.

Erinnerungen und Wünsche nach Wiederholung des romantisierenden Glücksgefühls beim Anblick von Gebirgsbildern werden in der Werbung auf direktem Weg evoziert und verbraucht. Einen Mittelweg zwischen Kunstgenuss und kommerziellem Konsum bietet jene Bergfotografie, die zwar Extreme im Sujet vermeidet, jedoch gestalterisch höchste Ansprüche stellt. Einer der bekanntesten österreichischen Berg- und Skisportfotografen war Stefan Kruckenhauser,[62] dessen Begeisterung für die Schönheiten der heimatlichen Berge viele zum Fotografieren motiviert hat.

Abb. 29 Stefan Kruckenhauser (1904 – 1988), Nähe Ulmerhütte, Arlberg, 30er Jahre, Fotografie, Amt der Tiroler Landesregierung Abteilung Kultur, Tiroler Kulturkataster

Das ausgewählte Schwarz-Weiß-Bild (Abb. 29) modelliert gleichzeitig weiche und gratige Schneekörper, die sich ondulierend, um eine gepunktete Spur angeordnet, fast weiterhin zu bewegen scheinen. Der Betrachter gerät in eine fremde Welt, in der die Konsistenz der Materie bis auf einen kleinen Felszacken am rechten Bildrand nicht gesichert ist.

Patriotismus und Heroismus

„Mit dem Aufkommen der Nationalstaaten im 19. Jahrhundert werden die Alpen in den Ländern Mitteleuropas zu wichtigen, Identität stiftenden Symbolen.“ [63] Die patriotischen Gefühle gegenüber den einzelnen Alpenregionen entstehen aus unterschiedlichen Wurzeln.

Abb. 30 Franz Pracher (1825 – 1885), Spitze des Gross-Venedigers. Lithografie um 1841, 27,5 x 32 cm, Alpenverein-Museum Innsbruck

Diese Thematik wird mittels verschiedener Bildgattungen (u. a. Plakat, Flugblatt), meist in kostengünstiger Reproduktion, zunächst mittels lithografischer Techniken verbreitet.

Die Erstbesteigung des Großvenedigers[64] (Abb. 30) beispielsweise, wurde als „ … *vaterländisches Unternehmen gesehen, bei dem man das Haus Österreich überschwänglich hoch leben ließ.*“[65]

Die Lithografie zeigt die Bergsteiger in drei Gruppen hintereinander aufgefädelt, der Kurvatur des Gipfelgrates folgend. Der Wahlspruch ist in die Sonne hineingerückt, die Strahlen des Hauses Österreich breiten sich wohlwollend über die mit Nummern versehenen Gipfel aus.

In Frankreich sollten die Alpinisten nach der Niederlage gegen Preußen 1870/71 dem Motto „ … *durch die Berge für das Vaterland*“ entsprechend, dem Volk moralische Unterstützung bieten.[66]

Zahlreiche Clubs und Alpenvereine werden gegründet. Deutschland wollte sich umgekehrt gerade aus dem Stärkegefühl durch die Nationalstaatsgründung bei Erstbesteigungen hervortun.[67] Der Deutsch-Österreichische Alpenverein (DÖAV) strebte 1871 eine nationalpolitische Wiedervereinigung der Donaumonarchie mit Deutschland an.[68]

Die Schweizer Alpen standen am Beginn der national konnotierten Bedeutungsaufladung.[69]

Im 18. Jahrhundert bot das Bergsteigen in den Schweizer Alpen eine Gelegenheit, um britische Männlichkeit[70] zu repräsentieren und das kollektive Selbstwertgefühl, das durch Kriegsniederlagen beeinträchtigt war, wieder zu heben.

Die Berge werden in Folge in mehrerlei Hinsicht zum Ort der Freiheit stilisiert. Die Distanz zur Zivilisation gestattet eine Befreiung von der gesellschaftlichen Etikette und im Idealfall eine Überschreitung der Standesgrenzen, aber auch eine Überschreitung der ideellen Traditionen.[71]

Abb. 31 Arnold Fanck (1889 – 1974), Der weiße Rausch/Sonne über dem Arlberg, 1931, Filmstill, Matthias Fanck

Die Bezwingung der höchsten Gipfel stellt ebenso einen Sieg über sich selbst dar, da der Bergsteiger an seine physischen Grenzen geht. Die nationale Herkunft der Bergsteiger, denen eine Erstbesteigung gelingt, ist bis heute von Bedeutung und Anlass für Nationalstolz.

Ebenso interessant ist der Wettstreit der Nationalitäten, wenn es darum geht, unter größten Strapazen den Berg selbst, aber auch dessen Eroberungspersonal fotografisch zu dokumentieren. Im Medium der Fotografie manifestiert sich seit ihren Anfängen die heroische Tat der Herstellung des Fotos. Sie entsteht gleichsam unter Lebensgefahr.[72] Solche Fotos werden bestaunt und stellen eine willkommene Einnahmequelle dar. Auch der Tourist möchte seine Bergabenteuer fotografisch festhalten. An diesem Wunsch hat sich bis heute nichts geändert, wenngleich sich die technische Verwirklichung weitaus einfacher als damals bewerkstelligen lässt.

Der technische Fortschritt ermöglicht um 1900 die Herstellung der Ansichtskarte[73] mittels der Fotografie[74]. Motive mit den regionalen Berg-Ikonen werden in alle Welt verschickt. Bis heute vertreten bestimmte Bergmassive ein ganzes Land. Der Großglockner steht als höchster Berg für Österreich, die Zugspitze für Deutschland, der Montblanc für Frankreich oder das Matterhorn für die Schweiz. Die Qualitäten der Bergfotografie reichen vom Kunstwerk bis zur Darstellung einer „*domestizierten Ansichtskarten-Natur*." [75]

Um patriotische Gefühle zu erzeugen, eignet sich im 20. Jahrhundert in hervorragender Weise ein weiteres Medium: der Film. Der Bergfilm musste an Originalschauplätzen gedreht werden.[76] Arnold Fanck[77] bediente in seinen Spielfilmen (Abb. 31) die Rollenklischees des guten heimischen Bergführers, der im Kampf mit dem fremden, moralisch verwerflich handelnden Städter dramatische Szenen besteht. Die Rolle der Frau wird des Öfteren mit der einer Verführerin und damit Schwächung des männlichen Heldentums besetzt. Die „*männlichkeitsverbürgenden Eigenschaften*" (todesmutig, frei, selbstverantwortlich, willensstark) werden „ … *zunehmend kriegerisch aufgeladen und erhalten in der nationalistisch-revanchistischen Einfärbung des Alpinismus eine deutliche politische Dimension.*"[78] Auch wenn diese Aussage von Dagmar Günther auf der Untersuchung von literarischen Dokumenten von Bergsteigern im Deutschen und Österreichischen Alpenverein bis 1930 beruht, so ist diese Haltung auf die beabsichtigte Wirkungsästhetik von Bergfilmproduktionen dieser Zeit übertragbar.

„*In der Schweiz hat dieses Genre auch der nationalkonservativen Selbstvergewisserung gedient. Indes war solch manichäische Weltsicht nicht auf die Schweiz begrenzt, sondern über den gesamten Alpenraum verbreitet.*" [79] In der Zwischenkriegszeit und während des Zweiten Weltkrieges verwenden die deutschen Propagandafilme die Bezwingung des Berges als Metapher für den Sieg, die Heldenhaftigkeit des Bergsteigers zählt zu den typischen Eigenschaften des deutschen Mannes. Verallgemeinernd kann im (Extrem)Alpinismus ein Ausdruck von Männlichkeit sowohl in der gesetzten Handlung als auch in der ihn beschreibenden Sprache gesehen werden.[80] Bezogen auf den Ersten Weltkrieg formuliert Dagmar Günther: „*Wie die Ästhetik des Krieges bildet und bestätigt die Ästhetik des Extremalpinismus den männlichen Geschlechtscharakter in unheroischen Zeiten. Bergsteigen und Krieg sind in der extremalpinistischen Selbstverständigungsliteratur vielfach wechselseitig chiffriert.*"[81]

Der Bergfilm wird in den Rezensionen der Alpinisten in den 1920er- und 1930er-Jahren zahlreicher Fehler, „ … *hochtouristischer Anachronismen, der Effekthascherei und des Handlungskitsches*", der Sensationsgier und unsittlicher „*Korrespondenzen*" zwischen den Geschlechtern geziehen.[82] Da ein Film, um kommerziell erfolgreich zu sein, ein breitgefächertes Publikum ansprechen muss, wird diese Reizmischung auch in der Nachkriegszeit beibehalten. Die hochstehenden Ideale werden einer massenverträglichen Filmästhetik angepasst. Bei vielen Produktionen kann man eher von einem Heimatfilm[83] als von einem Bergfilm sprechen.

Grundsätzlich wird darauf geachtet, die schönen Seiten der alpinen Landschaft, die Kraft und Wildheit der Natur und die Freiheit von den Niederungen des Alltags zu zeigen.

Elegische Gestimmtheit?

„*Mit Trauer ums Verlorene beobachtet man heute nicht nur die reale Zerstörung der Alpen* …"[84] Die Gefühle, die beim Betrachten von alten Ansichtskarten aus musealen Sammlungen oder privaten Andenken im Betrachter angesprochen werden, sind nicht selten mit einem Hauch von Wehmut gefärbt. Die Sicherheit, die das stets wiederholte Klischee einer bestimmten als schön empfundenen Ansicht bietet,[85] weicht der Unsicherheit, der Befürchtung, wie denn diese Landschaft heute aussehen mag. Die „*altmodischen*" Reproduktionstechniken[86] und teilweise noch handkolorierten Exemplare bewirken einen eigenen Reiz und verstärken die Tendenz, bei einem Vergleich mit den durch modernste Techniken hergestellten Produkten zugunsten der Erstgenannten nicht nur wegen der Motive zu entscheiden.

Was hat sich in den Jahrzehnten verändert, dass es immer schwieriger wird, ohne irritierende Elemente die fotografische Abbildung eines ästhetisch ansprechenden Gebirgsblicks[87] zu garantieren?

Der Alpinismus wurzelt in der bürgerlichen Kultur des 19. Jahrhunderts. „*Der Akt des Bergsteigens wird als Akkumulation naturwissenschaftlichen Wissens, als Demonstration menschlicher Allmacht, als Königsweg sittlicher Veredelung und physischer Gesundung gedeutet.*"[88] Die Problematik einer Diskrepanz zwischen dem Wunsch nach einer „ … *flächendeckenden alpinistischen Infizierung der Bevölkerung*"[89] und dem Wunsch des Einzelnen nach Erbauung, Stille und Einsamkeit zeichnet sich sehr früh ab. Weiters ist nicht jeder in der Lage und willens tatsächlich Bergsteiger zu sein.[90] Seilbahnen und andere Transportmittel katapultieren den Städter in kürzester Zeit in ein fremdes Umfeld, in dem er sich unter Umständen unangemessen verhält und Gefahr läuft sich zu verletzen.

Unter dem Stichwort der „kulturellen Modernität"[91] entwickelt sich im 20. Jahrhundert eine Freizeitkultur, deren Anhängermassen nicht mehr den ursprünglichen Idealen Folge leisten können und wollen. Das umfasst nicht nur das Bergsteigen, sondern vor allem den Skisport.

Nicht nur der Massentourismus und die damit einhergehende bauliche Infrastruktur haben zu gravierenden Eingriffen in das Landschaftsbild geführt, sondern auch die Veränderung der Lebensbedingungen der alpinen Bevölkerung insgesamt. Niemand kann von dieser verlangen, dem Publikum zuliebe gleichsam in eine Statistenrolle zu schlüpfen, aus der man nach getaner Arbeit in das wirkliche Leben zurückkehrt.

Die Versprechungen der Werbeprospekte, aber auch die Erwartungen, die durch über Jahrzehnte sozialisierte Bilder von einer heilen Alpenwelt geschürt werden, führen notgedrungen zu einer partiellen Wahrnehmung, die alles Unangenehme ausblendet.

So wie der Fotograf sein Motiv möglichst frei von „Störungen" gestalten kann,[92] möchte der Erholung suchende Betrachter nach wie vor in den Genuss einer einzigartigen Landschaft kommen. Das Schneefeld soll noch keiner vor ihm betreten haben, der Gipfel soll frei von den „Abfällen" der Vorgänger sein. Die Alpen als Sport- und Freizeitarena[93] lassen die Hoffnung auf unberührte Natur nur mehr durch Selbsttäuschung aufrechterhalten.

Liftstützen, Seilbahnstationen und Hotelburgen, durch Übernutzung zerstörte Skihänge ohne Grashalm, Lawinenschutzzäune und Schneekanonen sind Realität. Wer möchte hässliche Eingriffe in die Natur sehen? Wer möchte Gewissensbisse erleiden, wenn unterschiedlichste Bewegungen,[94] politische Beschlüsse[95] und namhafte Persönlichkeiten[96] aufmerksam machen, dass das eigene Verhalten zur ökologischen Beeinträchtigung beiträgt?

Mit der ökologischen Beeinträchtigung untrennbar verbunden ist die Irritierung der auf Schönheit und Harmonie eingestellten Wahrnehmung. Gegenwartskünstlerinnen und -künstler scheuen nicht vor der Realität der unübersehbaren Veränderung der Alpenlandschaften zurück. Im Gegenteil, sie suchen die „nicht länger schönen Orte" mit Absicht auf, sie stellen sich den Massenereignissen und dem nächtlichen Einsatz von Pistenraupen und Schneekanonen.

Nicht nur mittels digitaler Medien werden unverbrauchte Blickweisen geschaffen. Nicht ganz ungefährlich, mag sich die Ästhetisierung auf die kritische Wahrnehmung der phänomenologischen und ideologischen Ausgangsmotive der Kunstwerke verschleiernd auswirken.

Nichtsdestotrotz ist es bemerkenswert, wie akut die Alpenthematik in den letzten Jahren wieder geworden ist. Aktuelle themenspezifische Ausstellungen und künstlerische Aktionen im öffentlichen (Alpen)Raum begegnen uns allenthalben. Sie gestatten kein Versinken in nostalgische Rückschau, ganz im Gegenteil, sie schärfen den Blick und lassen auf die Evokation einer Vielzahl von „gemischten" Gefühlen hoffen, die den Betrachter in die Lage versetzen, Gegensätzliches zu versöhnen.

1 Zelle Carsten, Schrecken und Erhabenheit. Mündigkeit, Selbstgefühl und das aufgeklärte Subjekt am Ende des 18. Jahrhunderts, in: Herding Klaus/Stumpfhaus Bernhard (Hg.), Pathos Affekt Gefühl. Die Emotionen in den Künsten, Berlin 2004, S. 411.

2 Descartes René, Le passions de l' âme, 1649.

3 Le Brun Charles, Sur l'expression générale et particulière, Erstveröffentlichung 1698.

4 Vgl. Kirchner Thomas, >...le chef d'oeuvre d'un muet...< – der Blick der bildenden Kunst auf die Affekte, in: Herding Klaus/Krause-Wahl Antje (Hg.), Wie sich Gefühle Ausdruck verschaffen. Emotionen in

Nahsicht, (2. Aufl.), Taunusstein 2008, S. 194ff.

5 Ebd., S. 197.

6 Vgl. Loquai Franz, Die Alpen. Eine Landschaft und ihre Menschen in Texten deutschsprachiger Autoren des 18. und 19. Jahrhunderts, Augsburg 1996.

7 Vgl. Zelle Carsten, Schönheit und Erhabenheit, in: Pries Christine (Hg.), Das Erhabene. Zwischen Grenzerfahrung und Größenwahn, Weinheim 1989, S. 63f. Carsten Zelle zitiert aus einem Brief von John Dennis aus dem Jahr 1688.

8 Ebd., S. 66. Nach Carsten Zelle bietet John Dennis zwei *„Erklärungen des Vergnügens an schrecklichen Gegenständen, eine rationalistische und eine emotionalistisch-enthusiastische*".

9 Vgl. Schmidt Aurel, Geschichte der Alpen, in: Kunz Stephan/Wismer Beat/Denk Wolfgang (Hg.), Die Schwerkraft der Berge 1774 – 1997, Basel, Frankfurt am Main 1997, S. 248. Joseph Addison war Publizist und veröffentlichte 1705 seine Reiseeindrücke von der Schweiz.

10 Vgl. Pries Christine, Einleitung, in: Pries Christine (Hg.), Das Erhabene. Zwischen Grenzerfahrung und Größenwahn, Weinheim 1989, S. 8f.

11 Vgl. ebd., S. 8f.

12 Vgl. ebd., S. 9f.

13 Vgl. ebd., S. 10. Christine Pries bezieht sich hier auf Kant, Kritik der Urteilskraft.

14 Hofmann Werner, Das gespaltene Pathos der Moderne, in: Herding Klaus/Stumpfhaus Bernhard (Hg.), Pathos Affekt Gefühl. Die Emotionen in den Künsten, Berlin 2004, S. 391.

15 Bätschmann Oskar, Entfernung der Natur. Landschaftsmalerei 1750 – 1920, Köln 1989, S. 254.

16 Oder des Sublimen. Burke Edmund, A philosophical Enquiry into the Origins of our Ideas of the Sublime and the Beautiful, 1757. Vgl.: Das Erhabene als Wahrnehmungsmodell, in: Jost Erdmut, Landschaftsblick und Landschaftsbild. Wahrnehmung und Ästhetik im Reisebericht 1780 – 1820, Freiburg im Breisgau/Berlin 2005, S. 333–347.

17 Kant Immanuel, Kritik der Urteilskraft, 1790. Vgl. Jost 2005, S. 336. *„Idealerweise steht das Subjekt auf einem erhöhten Standort, der die notwendige physische Sicherheit und Distanz gewährt.*"

18 Böhme Hartmut, Das Steinerne, in: Pries Christine (Hg.), Das Erhabene. Zwischen Grenzerfahrung und Größenwahn, Weinheim 1989, S. 126.

19 Stremlow Matthias, Die Alpen aus der Untersicht. Von der Verheissung der nahen Fremde zur Sportarena. Kontinuität und Wandel von Alpenbildern seit 1700, Bern u. a. 1998, S. 58.

20 Böhme 1989, S. 123. „Die Angst beherrschen: das eben meint das Kantische Programm. Das Furchterregende und Beängstigende soll zu einem Purgatorium des Imaginären verwandelt werden: die ‚vorgestellte' erhabene Natur, vor der man als physisches Subjekt klein und schutzlos ist, *weckt* >eine Selbsterhaltung ganz anderer Art<, nämlich die Selbstbefestigung zu einem wahrhaft erhabenen Subjekt, das >eine Überlegenheit über die Natur selbst in ihrer Unermeßlichkeit< in sich findet (Kritik der Urteilskraft, B 105)."

21 Hofmann 2004, S. 391. Werner Hofmann bezieht sich im Weiteren auf die Ausführungen von Friedrich Schiller hinsichtlich des Zwiespalts der Empfindungen, die im Erhabenen zusammentreffen. Schiller spricht von einem *„gemischten*" Gefühl. Vgl. ebd. S. 391f.

22 Vgl. Reichler Claude, Entdeckung einer Landschaft. Reisende, Schriftsteller, Künstler und ihre Alpen, Zürich

2005, S. 30. „*Die Wahrnehmung der Landschaft und der Gebrauch, der von ihr gemacht wird, unterscheiden sich denn auch von Kultur zu Kultur.*“

23 Ebd., S. 23. Im 19. Jahrhundert ändert sich diese Konstellation. „*Wissenschaftliche Betrachtungsweise und literarische Darstellung gehen fortan getrennte Wege.*“

24 Vgl. ebd., S. 28f.

25 Vgl. ebd., S. 29f.

26 Vgl. Felsch Philipp, Laborlandschaften. Physiologische Alpenreisen im 19. Jahrhundert, Göttingen 2007, S. 116. Im extremsten Fall treten Anzeichen von Halluzinationen und Alterationen des Sehsinnes auf.

27 Mosso Angelo, Die Furcht, Leipzig 1889. Dieses Werk verfasste Mosso in den Alpen. Vgl. Felsch 2007, S. 55.

28 Vgl. Felsch 2007, S. 94. „*Nicht künstlerische Einbildungskraft vermittelte länger die malerische Wahrnehmung, sondern ein Zustand körperlicher Erschöpfung* […].“ Philipp Felsch weist darauf hin, dass „*die ästhetische Entdeckung der Farbe und die Anfänge der Sinnesphysiologie*“ sich zu Beginn des 19. Jahrhunderts „*in enger verwandtschaftlicher Beziehung*“ entwickelt haben.

29 Vgl. ebd., S. 125. Felsch bezieht sich auf Heftnotizen Rossos aus seinem Nachlass.

30 Vgl. ebd., S. 135. „Claude Glasses“ sind getönte Handspiegel mittels derer die Landschaft bräunlich getönt, wie auf den Gemälden Claude Lorrains, gesehen werden konnte.

31 Vgl. Reichler 2005, S. 306.

32 Bätschmann 1989, S. 78f. Diese Ansicht entspricht der Ballonfahreraussicht.

33 Vgl. ebd., S. 80.

34 Vgl. Reichler 2005, S. 83.

Vgl. Oettermann Stephan, in: Kunz Stephan/Wismer Beat/Denk Wolfgang (Hg.), Die Schwerkraft der Berge 1774 – 1997, Basel 1997, S. 49. Das erste 360°-Vollrund-Gebirgspanorama stammt von Karl Escher von der Linth (1767 – 1823) 1792 und zeigt die „Circular-Aussicht“ vom Fieudo am Gotthard.

Vgl. Jost 2005, S. 345, 348. Erdmut Jost bezeichnet den Überblick als „*wahrnehmungsästhetisches Pendant*“ des Erhabenen, sein „*bildkünstlerisches Äquivalent*“ sei das Panorama.

35 Vgl. Felsch 2007, S. 137f., 144. Felsch berichtet ausführlich über die Diskrepanz zwischen den Erwartungen Saussures hinsichtlich des „*Gipfelblicks*“ und dessen tatsächlichen Empfindungen.

36 Vgl. Jost 2005, S. 323f. Erdmut Jost bezieht sich in ihren Ausführungen auf den Kunstkritiker Carl Töpfer.

37 Ebd., S. 324.

38 Vgl. ebd. S. 324.

39 Vgl. ebd. S. 324–327. Jost bezieht sich hierbei auf F. W. B. von Ramdohr.

40 Vgl. ebd., S. 330. Im Sprachgebrauch Anfang des 19. Jahrhunderts ist in diesem Zusammenhang mit „*pathologisch*“ nicht etwas Krankhaftes gemeint, sondern im Sinn von leidenschaftlich oder hingerissen sein zu verstehen. Die „*pathologische Rührung*“ zielt auf die „*Erregung eines affektvollen Zustandes in dem Beschauer*“ ab vergleichbar mit einer bloßen >Bewegung der Nerven<“.

41 Vgl. ebd., S. 330.

42 Hausler Bettina, Der Berg. Schrecken und Faszination, München 2008, S. 63.

43 Ebd., S. 60.

44 Vgl. Stremlow 1998, S. 68.

45 Ebd. S. 61.

46 Frank Hilmar, Joseph Anton Koch. Der Schmadribachfall. Natur und Freiheit, Frankfurt am Main 1995, S. 70.

47 Joseph Anton Koch befasste sich zwischen 1793 – 1822 mehrmals mit diesem Motiv.

48 Frank 1995, S. 42. „*Die heroische Landschaft* [...] *wird zum künstlerischen Ausdruck für die Überwindung des Absolutismus.*"

49 Vgl. ebd., S. 7f.

50 Schaffer Nikolaus, Eine Alpensymphonie. Zur Landschaftsmalerei des 19. Jahrhunderts am Beispiel des Alpenmalers Anton Hansch, in: Das Kunstwerk des Monats, Salzburger Museum Carolino Augusteum, Mai 1991, S. 4. Nikolaus Schaffer spricht geradezu von einer „*künstlich wirkenden Dunstmalerei*".

51 Frank 1995, S. 74.

52 Vgl. Stremlow 1998, S. 63.

53 Haller Albrecht von, Die Alpen. Bearbeitet von Harold T. Betteridge, Berlin 1959.

54 Stremlow 1998, S. 126, 165.

55 Vgl. Stremlow 1998, S. 108ff. Johann Gottfried Ebel veröffentlichte 1793 ein Reisehandbuch für die Schweiz. Er sah in den Gebirgskantonen die Freiheitsideale der Französischen Revolution verwirklicht.

56 Vgl. Gugger Beat, Alpenglühen, in: Kunz Stephan/Wismer Beat/Denk Wolfgang (Hg.), Die Schwerkraft der Berge 1774 – 1997, Basel 1997, S. 66. „*Die mit Versatzstücken der >romantischen< Malerei des 19. Jahrhunderts konstruierten Bilder*" mit dem Motiv Alpenglühen werden zum „*Inbegriff des Kitsches.*"

57 Damit ist gemeint, dass die romantische Grundeinstellung und Sicht beibehalten wird, auch wenn der kunsthistorisch und kulturhistorisch definierte Zeitraum der Romantik nicht mehr zutrifft.

58 Vgl. Felsch 2007, S. 149. John Ruskin soll 1849 die erste Fotografie vom Matterhorn gelungen sein. Felsch 2007, S. 148. „*Auguste Rosalie Bisson* [...] [gelang es] *1861, Kollodiumplatten auf dem Gipfel des Montblanc zu belichten.*" Diese Aufnahmen waren wegen ihrer Exaktheit hochgeschätzt, standen jedoch im Kontrast zur „*malerischen*" Auffassung des Gebirgsgenres.

59 Vgl. Stremlow 1989, S. 194ff. Matthias Stremlow bezieht sich u. a. auf Trenker Luis (Hg.), Wunderwelt der Alpen. Europas höchstes Gebirge hat viele Gesichter, Gütersloh 1977.

60 Vgl. Strohmeier Gerhard, in: Natter Tobias (Hg.), Schnee. Rohstoff der Kunst, Ostfildern 2009, S. 26f.

61 Vgl. ebd., S. 27. Gerhard Strohmeier zitiert den Slogan „Soulcountry" der Tirol-Werbung.

62 Vgl. Kaindl Kurt (Hg.), Stefan Kruckenhauser. In weiten Linien ..., Salzburg 2003, Klappentext; Zuehlcke Max/Kruckenhauser Stefan, Das Bergbild mit der Leica, 1938. Schon sein erstes Buch: Du schöner Winter in Tirol, Berlin 1937 belegt seine „*Pionierrolle in der Kleinbildfotografie*".

63 Gugger 1997, S. 65. „*In der Vorgeschichte des Alpinismus hatten patriotische Motive noch keine Rolle gespielt. Erst die Entfesselung des Nationalgefühls in Europa im Zuge der Kämpfe gegen das Hegemonialstreben Napoleons schuf eine Verbindung, die teilweise bis heute anhält* [...]." Grupp Peter, Faszination Berg. Die Geschichte des Alpinismus, Köln u. a., 2008, S. 286.

64 Die aus diesem Anlass gestiftete Fahne wurde erst kürzlich restauriert und wird in: Salzburg Museum. Das Kunstwerk des Monats, Nr. 2/2011, von Urd Vaelske eingehend beschrieben.

65 Grupp 2008, S. 286.

66 Vgl. ebd., S. 288.

67 Vgl. ebd., S. 288f.

68 Vgl. ebd., S. 290.

69 Vgl. Schiller Friedrich, Wilhelm Tell, 1804. In Schillers Drama um den Gründungsmythos der Schweizer Eidgenossenschaft kommt den Bergen in mehrfacher Hinsicht eine hohe symbolische Bedeutung zu. Sie sind *„das Haus der Freiheit"* von Gott gegründet (in Anspielung auf das Haus Habsburg, dessen Abgesandte kommen, um die Schweizer Alpen zu *„vermessen"*). Da im Tal Unfreiheit herrscht, ist es besser, im *„Land der Gletscher zu wohnen"*, die grenzbildenden Felsen schützen vor dem Feind. Auf den Höhenrücken der Berge zeigen die Leuchtfeuer den gelungenen Befreiungsschlag an. Vgl. URL: http://www.mediaculture-online.de/.../berendsohn_schillers-wilhelm-tell.pdf (Stand: 14.04.2011) Berendsohn Walter A., ‚Wilhelm Tell' als Kunstwerk. Struktur- und Stilstudien. Eines der Bühnenbilder der Gebrüder Brückner für das Meininger Hoftheater aus dem Jahr 1876 zeigt das Stauffacher Haus winzig klein vor einer überwältigenden Gebirgskulisse. Abbildung über URL: http://www.museum-digital.de/thue/singleimage.php?imagenr=1239 (Stand: 14.04.2011).

70 Vgl. Felsch 2007, S. 157f.

71 Diese „ideale" Haltung, die in der Literatur des 18. und Anfang des 19. Jahrhunderts propagiert wurde, gerät mit der realpolitischen Situation immer wieder in Konflikt.

72 Vgl. Barthes Roland, Mythen des Alltags, Frankfurt am Main 1996, in: Felsch Philipp, Laborlandschaft. Physiologische Alpenreise im 19. Jahrhundert, Göttingen 2007, S. 155. Der Käufer erwirbt die Fotografie ohne die Anstrengung der Herstellung.

73 Vgl. Wicki Otto, Geschichte der Post- und Ansichtskarten, Bern 1996. Die farbige Ansichtskarte wurde im letzten Viertel des 19. Jahrhunderts lithografisch hergestellt.

74 Frizot Michel (Hg.), Neue Geschichte der Fotografie, Köln 1998, S. 151. *„Doch erst die Erfindung der Autotypie schuf die Voraussetzung zur Verbreitung haltbarer fotografischer Abzüge, seit den 1890er Jahren vor allem als Ansichtskarten."*

75 Vgl. Günther Dagmar, Alpine Quergänge. Kulturgeschichte des bürgerlichen Alpinismus (1870 – 1930), Frankfurt am Main/New York 1998, S. 134. Dagmar Günther weist auf den kritischen Text „Alpen ohne Photographie" von Ernst Bloch hin.

76 Vgl. Felsch 2007, S. 156; Vgl. Grupp Peter, Faszination Berg. Die Geschichte des Alpinismus, Köln u. a. 2008, S. 348.

77 Fanck Arnold, Wunder des Schneeschuhs, 1920, Der heilige Berg, 1927, Die weiße Hölle vom Piz Palü, 1929. Dr. Arnold Fanck war ein Freiburger Geologe, der als Regisseur mit Bergsportfilmen Karriere machte. Vgl. Günther 1998, S. 133; Vgl. Bogner Thomas, Zur Rekonstruktion filmischer Naturdarstellung am Beispiel einer Fallstudie. Natur im Film *„Der heilige Berg"* von Dr. Arnold Fanck, phil. Diss. Hamburg 1999; Vgl. Schaub Martin, in: Kunz Stephan/Wismer Beat/Denk Wolfgang (Hg.), Die Schwerkraft der Berge 1774 – 1997, Basel 1997, S. 133–139. Martin Schaub gibt einen Überblick zum Schweizer Filmschaffen in diesem Genre bis in die 1990er-Jahre.

78 Günther 1998, S. 344ff.

79 Rémy Pithon vgl. zitiert von Grupp 2008, in: Ebd., S. 348.

80 Vgl. Günther 1998., S. 155–276. Dagmar Günther hat sich ausführlich mit den „Geschlechtercodierungen der extremalpinistischen Kultur" befasst und deren *>männliche<* Rhetorik untersucht.

81 Ebd., S. 341f. *„Die Sprache der alpinistischen Literatur ist geprägt von den Anleihen aus der Welt des Krieges. Es geht um Kampf, Angriff, Sieg oder Niederlage* [...]". Grupp 2008, S. 301. Vgl. ebd., S. 306. Die *„klischeehafte kriegerische Rheto-*

rik" setzt sich in der „*durchschnittlichen alpinistischen Erlebnisliteratur*" fort.

82 Vgl. Günther 1998, S. 132–149.

83 Vgl. Grupp 2008, S. 350. Luis Trenker hatte auf dieses Genre großen Einfluss bis zu den Remakes der letzten Jahre.

84 Böhme Hartmut, Kontroverspredigt der Berge, in: Kunz Stephan/Wismer Beat/Denk Wolfgang (Hg.), Die Schwerkraft der Berge 1774 – 1997, Basel 1997, S. 232.

85 Vgl. Holzer Anton, Die Bewaffnung des Auges. Die Drei Zinnen oder eine kleine Geschichte vom Blick auf das Gebirge, Wien 1996, S. 11, 62.

86 Vgl. auch die bibliophile Veröffentlichung von handkolorierten Glasdiapositiven für Vortragszwecke. Brandstätter Christian, Stifter Christian H. (Hg.), Die Welt von *gestern* in Farbe. Mythos Alpen, Wien/München 2010.

87 Hierin steckt das Erbe einer vermeintlichen Echtheitsgarantie, wovon das Publikum in den Anfängen der Fotografie überzeugt war.

88 Günther 1998, S. 336.

89 Ebd., S. 338.

90 Vgl. Böhme 1997, S. 231–233. „*Angesichts der perfekten technischen Erschliessung der Gebirge ist es heute unvorstellbar, dass die Schönheit der Gipfel sich nicht anders preisgeben soll als durch ausdauerndes Training, höchst Selbstkontrolle und asketische Bändigung des inneren Schweinehunds, der auf Lust ohne Last aus ist.*"

91 Vgl. ebd., S. 339.

92 Vgl. Zängl Wolfgang, Fotografieren in den Alpen oder: das Fürchten lernen, in: Hamberger Sylvia u. a., Schöne neue Alpen. Eine Ortsbesichtigung, München 1998, S. 123–126. „*Fotografieren heißt immer schon: auswählen, tricksen, vertuschen – mit Büschen Autos abdecken und mit Bäumen Stromleitungen, mit alten Häusern neue Häuser verstecken* […]. *Im Sucherausschnitt trennten die Idylle oft nur Millimeter vom Horror.*"

93 Vgl. Günther 1998, S. 358.

94 Z. B. Mountain Wilderness.

95 Haßlacher Peter, Stand und Perspektiven der Alpenkonvention, in: Hamberger, 1998, S. 214f .Wie beispielsweise die Alpenkonvention (Übereinkommen zum Schutz der Alpen, 1995 in Kraft getreten).

96 Wie z. B. Reinhold Messner.

Totaler Blick mit Schwindelfaktor

Die hochalpine Aussichtsplattform als aktuelle Variante klassischer Blickregie

Wolfgang Kos

„Ich brauche Wildbäche, Felsen, Tannen, dunkle Wälder, Berge zum Hinauf- und Hinabwandern – und Abgründe neben mir, die mich ängstigen. Denn das Seltsame daran, dass ich Abgründe mag, ist, dass sie mich schwindlich machen und dass ich dieses Schwindelgefühl sehr genieße, vorausgesetzt, ich stehe auf sicherer Stelle.“

Jean Jacques Rousseau 1787

Typisch für Moden ist, und darin unterscheiden sich Moden der Landschaftswahrnehmung nicht von anderen, dass sie sich schnell fortpflanzen und hastig imitiert werden. 2007 wurde 1220 m über dem Grand Canyon eine „Sky Walk“ genannte spektakuläre hufeisenförmige Aussichtsplattform errichtet, die 25 m in den Luftraum hinausragt. Mithilfe von 450 Tonnen Stahl und in Kombination mit Besucherzentrum und Filmtheater sollte „die natürliche Schönheit“ der berühmten Schlucht „neu erlebbar“ werden. Sofort griffen Touristikstrategen und Erlebnisdesigner in aller Welt die Idee auf, mittels einer über dem Abgrund schwebenden Landschaftsprothese Fern-, Rund- und Tiefblicke neu zu inszenieren. (Abb. 32)

Allein in den Ostalpen wurden in den vergangenen drei Jahren in schwindelerregender Höhe ein halbes Dutzend mehr oder weniger exzentrisch auskragender Aussichtsplattformen errichtet.

Die „5Fingers“ am Krippenstein im Salzkammergut ragen „in Form einer Hand 500 m über Grund aus der Wand hinaus“. (Abb. 33)

Der „Sky Walk“ gleich neben der Bergstation der Dachsteinseilbahn „klebt oberhalb der 250 m senkrecht abfallenden Felswand des Hunerkogels in 2700 m Höhe am Berg“. (Abb. 34)

Die x-förmig verschränkte Aussichtsplattform „AlpspiX“, die neues Publikum auf das Zugspitzmassiv locken soll, ragt 13 m weit ins Leere – bis zum Talboden des Höllentals, das wirklich so heißt, beträgt die Luftlinie einen Kilometer. (Abb. 35)

Solche horizontalen und vertikalen Maßangaben fehlen in keinem Promotiontext. Auch die in 3210 m Höhe errichtete Gipfelplattform „Top of Tyrol“, eine Kreation der Stubaier Gletscherbahnen, verspricht „freies Schweben über den Bergen“. (Abb. 36) Im Juni 2011 wurde schließlich am Dach der Kitzsteinhorn-Gipfelstation, „am hochsten Punkt im Salzburger Land, der für jedermann leicht erreichbar ist“, eine als „Top of Salzburg“ bezeichnete Panorama-Plattform der Öffentlichkeit vorgestellt. (Abb. 37) Auch diesmal wird im Pressetext betont, dass die Konstruktion „über dem Abgrund“ ragt und „scheinbar frei“ schwebt.

In einschlägigen Werbe- und Pressetexten ist vom „Gefühl von Freiheit“ ebenso die Rede wie von ei-

Abb. 32 Grand Canyon Skywalk

nem „Sprungbrett ins Nichts". Natürlich wird ebenso das Panorama angepriesen („Fernsicht – so weit das Auge reicht"), sogar ein Innehalten wird empfohlen, um „die Schönheit und Ruhe der Tiroler Bergwelt" zu genießen. Doch de facto ist die schöne Aussicht nur ein Nebenaspekt – als eigentliche Sensation gilt das Ganzkörpererlebnis im Niemandsland „zwischen Himmel und Erde".

Auf der Homepage der LAAC Architekten, die „Top of Tyrol" subtil in Szene gesetzt haben, findet sich der Begriff „active landscape". Die Landschaft wird inszeniert und aktiviert, das Publikum darf passiv bleiben, die Animation der Sinne ist vorprogrammiert. Doch es sei davor gewarnt, in dieser Konsumhaltung eine Pervertierung der Landschaftswahrnehmung zu sehen. Denn trotz ihres Neuigkeitswerts stehen die Gipfelplattformen in einer Tradition, die sich über Foto-Point, szenische Alpenstraße, Wasserfallsteg, Aussichtswarte, Hotelterrasse und idyllische Aussichtsbank über 200 Jahre zurückverfolgen lässt.

[Abb. S. 98] All diesen Hilfskonstruktionen und Tourismusklassikern gemeinsam ist, dass zumindest bei Schönwetter Erlebnisgarantie gegeben ist.

Die moderne Entdeckung der Landschaft begann im 18. Jahrhundert. Auch die bislang abgelegenen Alpen wurden von erlebnishungrigen Städtern als sehenswürdig empfunden und mit den Augen erobert. Verlässlichere Landkarten und eine aufgeklärte, sekularisierte Weltsicht waren Vorbedingungen. Entscheidend dafür, dass alltagsferne Ideallandschaften in benützbare Reallandschaften uminterpretiert wurden, war aber ein neues Konzept der Landschaftsaneignung, das sich aus Leitbegriffen wie „sublim", „erhaben" oder „pittoresk" entwickelte. Neu war, dass der Blick in die Landschaft mit zweckfreier Genussabsicht und subjektivem Gefühl kombiniert war. Dazu kam eine gewisse Dosis Schrecken angesichts schroffer Felsspitzen und grauenerregender Abgründe. Der ebenfalls in der Romantik populär gewordene Begriff „schaurig-schön", der auf das englische „delightful horror" zurückgeht, benennt diese subtile Balance zwischen voyeuristischem Nervenkitzel und idyllischer Schönheit, zwischen Irregularität und Harmonie. Damit war die Kulturtechnik des touristischen Blicks erfunden, die ebenso folgenreich war wie die zeitgleich erfundene Dampfmaschine und im Prinzip bis heute nach denselben Regeln funktioniert. Wir alle haben diese Regieanweisungen internalisiert und automatisiert, ob wir im Urlaub knipsen oder vom Sky Walk aus die Alpenszenerie konsumieren.

Aus neuen Ideen wurden schnell konkrete Befestigungsmaßnahmen. Was mit dem Anlegen von bequemen Wegen zu Aussichtspunkten mit Schönheitsgarantie begonnen hat, wurde mit der serienmäßigen Errichtung von blicksicher in die Landschaftskulisse gesetzten Terrassen (zum Beispiel beim Bau von Hotels mit Namen wie „Bellevue" oder „Alpenblick") perfektioniert. Auch die Aussichtsplattformen folgen diesem Designschema: ein kleine ebene und zumeist künstlich hergestellte Fläche, von der aus sich das landschaftliche Geschehen wie eine Theaterbühne wahrnehmen lässt. Mit dem Theater gemeinsam ist, dass Aussichtspunkte soziale Orte sind, die Gesprächsstoff liefern und wo man in der Regel nicht einsam ist. Immer ist man Publikum, ob im Parkett oder diskret in der Loge, am Balkon oder im Chalet mit Panoramaglas. Bei der traditionellen Aussichtsterrasse, vor allem dann, wenn man das Schauen mit Kaffee und Plaudern kombinierte, lag für die bürgerlichen Alpengäste ein gewisser Reiz in der Unverbindlichkeit der

Abb. 33 Aussichtsplattform 5Fingers, Hoher Krippenstein, Obertraun

Abb. 34 Dachstein Sky Walk

Interaktion. Man hielt die Erhabenheit der Berge in gewisser Weise auf Distanz: Landschafts-„Liebelei" statt tiefer Gefühlsdramatik.

Genau genommen ging und geht es um eine Grenzlinie, üblicherweise markiert durch die Oberkante eines Geländers. Sie erlaubt passiven Genuss und schützt vor dem zeitraubenden Dialog mit der Natur (dafür sind ebenso standardisierte „sanfte" Wellnessangebote wie Kräuterwanderungen oder Wasserfallmeditation buchbar).

Eine Besonderheit, wenn auch im Vergleich mit Aussichtswarten, Eisenbahnüberquerungen „jäher Abgründe" oder dem Seilbahnblick auf Tannenwipfel keine ganz neue, ist die Bedeutung, die bei der Insze-

Abb. 35 Aussichtsplattform AlpspiX, Zugspitze

Abb. 36 Gipfelplattform Top of Tyrol, Stubaier Gletscher

nierung von „Sky Walks“ dem senkrechten Tiefblick zukommt. Der gewonnene Schauwert ist gering, geht es doch vor allem um das Auslösen eines vagen, mulmigen Spannungsgefühles (vom „Nervenkitzel“ ist in den Werbetexten die Rede) – ganz im Sinn der Idee des „delightful horror“. Es gilt der grundlegende Vertrag des Tourismus: Was gefährlich wirkt, muss gefahrlos sein.

Der Sicherheitskoeffizient ist auf 3000 m Seehöhe nicht geringer als bei der Hochschaubahn im Vergnügungspark.

Als man begann in die Intimzone der Alpen vorzudringen, schaute man sehnsuchtsvoll von unten nach oben, bald aber von halber Höhe zugleich nach oben und unten. Oberhalb waren die Gipfel und Gletscher, unter die silbrig schimmernden Alpenseen. Als Aussichtsberge dienten nach dem Vorbild des Rigi (Abb. S. 65), der mit dem Vierwaldstättersee als Vordergrund oder Orchestergraben und den Schneegipfeln des Berner Oberlandes idealtypisches Landschaftstheater bietet, bis weit ins 20. Jahrhundert vor allem knapp oberhalb der Waldgrenze gelegene Grasberge mit Almlandschaft. Auf solche strategisch perfekt situierte mittlere Höhen an der Schnittstelle zwischen Ebene und Hochgebirge führten auch die frühen Seilbahnen der 20er- und 30er-Jahre, die mit den neuen Aussichtsplattformen gemein hatten, dass sie fast ausschließlich der „panoramatischen“ Schaulust (mit Münzeinwurf), dem schnellen Fotografieren und der deftigen Jause dienten.

Natürlich protestierten damals schon die Leistungsalpinisten und Authentizitäts-Fundamentalisten gegen das ohne ehrliche Anstrengung und ohne Bergausrüstung ermöglichte Gipfelerlebnis.

Das exponierte Schwindelgefühl, das die Aussichtsplattformen versprechen, wird dadurch verstärkt, dass dank Lattenrost oder Plexiglas der Boden durchsichtig ist, wodurch erst der Eindruck entsteht, sich über gähnender Leere zu bewegen. Diesen Effekt setzten Freizeitregisseure schon in den 1990er-Jahren ein, zum Beispiel bei den mit durchsichtigem Boden ausgestatteten Seilbahngondeln der Schweizer Titlisbahn. Man unterschätzte allerdings, wie schnell Skistöcke das Kunststoffglas zerkratzen und dass in gut gefüllten Kabinen der Blick nach unten nur bis zur Körpermitte reicht. Besser funktioniert der Trick bei Kleingondeln mit Sitzbank; neuerdings gibt es sogar rotierende Gondeln mit transparentem Boden.

Abb. 37 Kitzsteinhorn, Gipfelwelt 3000, Top of Salzburg

Die Alpen im Salon

Zur Entstehungsgeschichte der Schweizer Panoramatapeten

Astrid Sigrun Patricia Ducke

Wanddekorationen waren seit jeher von Bedeutung. Ob Fresken, Wandteppiche oder bunte Holzvertäfelungen, stets dienten sie dazu, die Wand als solche zu verkleiden oder sie als willkommenen Bildträger zu nutzen.

Kurz vor Ende des 18. Jahrhunderts bereicherte eine Neuentwicklung die Wandgestaltung: die Panoramatapete. Durch dieses Medium gelang es, die immer begehrteren „exotischen" Alpen im Großformat nach Hause zu holen. Im Unterschied zu Gemälden mit Panoramadarstellungen bieten Panoramatapeten die Illusion einer Zimmerreise in eine andere Welt.[1]

Im öffentlichen Raum hinterließ der um sich greifende „Run" auf die Bergwelt, der im 18. Jahrhundert seinen Anfang nahm, Spuren in Bühnenbildern sowie den neuen Medien der Panoramen und Dioramen. Alle drei Gattungen transferierten die Bergwelt in die Stadt. Diorama und Panorama ließen die Gipfel der Alpen gar zum Greifen nahe erscheinen. Das somit wachgerufene, verbreitete Interesse an der Bergwelt bildet die Grundlage für die Entwicklung und den Siegeszug der Schweizer Panoramatapete. Im Folgenden soll die Entstehungsgeschichte dieses kulturhistorischen Phänomens aufgezeigt werden.

360° – Als das Panorama einen Rundumblick in die Alpen ermöglichte

Die Faszination für die Alpen hatte sich rasch in einer neuen Gattung der Malerei, dem Panorama niedergeschlagen. Die Möglichkeit, andere Länder und Gegenden auf bequeme Weise kennen zu lernen, machte den Reiz der Panoramen aus. Diese Attraktion wurde bevorzugt auf Jahrmärkten präsentiert und hinterließ ein begeistertes Publikum.[2]

Das Patent zu der neuen Bildform des Panoramas meldete Robert Baker am 17. Juni 1787 in London an, am 3. Juli 1787 trat es in Kraft. Detailliert beschrieb Baker alle Merkmale seiner Erfindung, die zur Illusion führen sollten. Etwa einen dunklen Gang, um Abstand zur Außenwelt zu schaffen, das Abdecken des oberen Randes oder die Forderung nach natürlichem Licht.[3] Aufgrund der Präsentation in Rotunden wird der Betrachter von einer Gesamtraumdarstellung umgeben.

Während Panoramen in den Metropolen von England und Frankreich sehr große Ausmaße erzielten, blieben die Dimensionen in Deutschland, der Schweiz und Österreich beschränkt. Es fehlte an Massenpublikum. Kleinere Panoramen und Dioramen konnten einfacher und günstiger hergestellt, der Ausstellungsort schneller gewechselt werden.[4]

In der ersten Blüte zwischen 1800 und 1830 erfreuten sich Panoramen mit Ansichten von Städten und Landschaften großer Beliebtheit. Daher überrascht es wenig, im ältesten erhaltenen Panorama der Welt die Stadt Thun im Berner Oberland zu sehen. Thun, eine Station der Grand Tour und als solche bereits in den Köpfen der Menschen präsent, ist eines der wenigen echten Schweizer Panoramen in einer Masse panoramaähnlicher Werke.[5]

Marquard Fidelis Wocher (1760 – 1830)[6] und Jakob Biedermann (1763 – 1830)[7] arbeiteten an dem 7,5 x 39 m großen Bild von 1809 bis 1814 in einer Rotunde in der Sternengasse in Basel. Als „Signatur" setzten sich die Künstler selbst in ihr Werk.[8] Die Gebirgszüge der Schweizer Alpen waren zu diesem Zeitpunkt nicht nur bekannt, sondern en vogue. Das Panorama sollte den Tourismus zusätzlich ankurbeln.

Im Vordergrund des Werkes ist die Stadt Thun an der Aare zu sehen. Liebe zum Detail lässt das Alltagsleben von damals in allen Facetten wieder aufleben. Hinter der belebten Stadt erscheinen der Thunsee und die Berner Alpen. Nach Wochers Tod 1830 wechselte das Werk mehrmals den Besitzer, bis es 1957 von der Gottfried-Keller-Gesellschaft der Stadt Thun geschenkt wurde.[9]

Künstler luden durch die Wahl ihres Beobachtungspunktes das Publikum ein, von genau diesem Ort die Idylle zu erfahren. Ideale Aussichtspunkte verfügten über eine Absicherung, beispielsweise ein Geländer, der Weg dorthin sollte nicht zu anstrengend sein. Dem lange Zeit lediglich Schauer auslösenden und gemiedenen Hochgebirge wollte man nun zwar näher kommen, ein Genuss konnte aber nur durch die gebannte Natur erzielt werden.

Die Verbindlichkeit des Blickwinkels unterdrückt die künstlerische Freiheit, denn das vom Maler Gezeigte sollte vom Betrachter an Ort und Stelle überprüfbar sein.[10] Wocher ging so weit, sich alle Veränderungen im Stadtbild von Thun von Beginn seiner Studien an bis zur Fertigstellung des Panoramas mitteilen zu lassen. Der dokumentarische Wert der Panoramamalerei beruhte auf eben diesem Realismus.[11]

Handhabung der Perspektive, Schwankungen von Luftfeuchtigkeit und Temperatur, aber auch die Arbeitsteilung der Künstler führten immer wieder zu Problemen in der Produktion von Panoramen.[12] Nicht alle Panoramen entsprachen einer hochwertigen künstlerischen Gestaltung. Hohe finanzielle Einsätze legten jedoch die Beteiligung anerkannter Künstler nahe. In Deutschland haben sich Karl Friedrich Schinkel und Carl Wilhelm Gropius zeitweise mit dieser Bildgattung beschäftigt.[13]

Die Eröffnung des Salzburg Panoramas (Abb. 38) von Johann Michael Sattler (1786 – 1847), Friedrich Loos (1797 – 1890) und Johann Josef Schindler (1777 – 1836) am 20. April 1829 fällt in die Spätzeit der ersten Hochkonjunktur und steht für eine gelungene Arbeitsteilung der Künstler, die zweifellos ein Gesamtkunstwerk schufen.
Von den Türmen der Festung blickt der Betrachter über die Stadt mit ihren Sehenswürdigkeiten. In der Ferne bilden die schneebedeckten Gipfel der Alpen

Abb. 38 Johann Michael Sattler (1786 – 1847) unter Hilfe von Friedrich Loos/Landschaft (1797 – 1890) und Johann Josef Schindler/Figuren-Staffage (1777 – 1836), Panorama von Salzburg, 1826 – 1829, Öl/Leinwand, 4,82 x 25,8 m = ~ 125 m², Salzburg Museum, Detail

einen reizvollen Rahmen für die in grüne Wiesen und Felder eingebettete Stadt. Die zehn Jahre dauernde Tournee der Familie Sattler quer durch Europa machte Salzburg bekannt und nährte den Wunsch, eines Tages selbst durch diese Stadt und ihr Umland zu wandeln.[14]

Später weicht die Wiedergabe einer von idyllischer Gebirgslandschaft umgebenen Stadt der Darstellung heroisch geführter Kriege, wie im 1896 entstandenen Panorama der Schlacht am Bergisel 1809, das von Michael Zeno Diemer (1867 – 1939) und seinem Team ausgeführt wurde. Die Alpen als Kulisse für den pat-

Abb. 39 Franz Niklaus König (1765 – 1832), Der Rigi-Kulm, um 1810, Aquarell/Transparentpapier, 845 x 1190 mm, Kunstmuseum Bern, Bernische Kunstgesellschaft, Bern

riotischen Freiheitskampf sind hier aber nicht Thema der Betrachtung.[15]

Illusionistische Reise durch die Schweizer Bergwelt – Unterhaltung mittels Diorama

Neben Panoramen boten Dioramen eine besondere Art der Unterhaltung. Vergleichsweise teure Eintrittskarten ermöglichten nur einer beschränkten Klientel den Besuch dieser Vorführungen.[16]

Die Erfindung des Dioramas geht auf den Pariser Bühnenmaler Louis-Jacques-Mandé Daguerre (1787/1789 – 1851) und Charles-Marie Bouton (1781 – 1853) zurück. In Paris gestalteten sie für ihren am 11. Juli 1822 eröffneten, über 300 Besucher fassenden, drehbaren Zuschauerraum, 14 x 22 m große Dioramen. Die Motive wechselten nach 15 Minuten. Atemberaubende Landschaften aus der Alpenregion, besonders der Schweiz, erfreuten sich großer Beliebtheit. Die Illusion einer Reise ins Gebiet des Mont Blanc verstärkte Daguerre 1832 durch aus Chamonix importierte Bäume, Ziegen, ein kleines Chalet und Alphornbläser.[17] Die optischen Eindrücke erfuhren durch Klang und Geruch eine Vervollkommnung. Ablauf von Jahreszeiten und Wechsel von Tag auf Nacht fanden Nachahmung.[18]

Die Ursprünge des Dioramas liegen nicht im Panorama. Eine Verbindung besteht zu Philippe-Jacques de Loutherbourgs (1740 – 1812) „Eidophusikon"[19] um 1782. Variation der Beleuchtung und Bewegung mechanischer Teile führten bereits bei Loutherbourg zur Illusion eines räumlichen wie zeitlichen Wechsels.[20]

Prototypen der Dioramen sind nach Comment die „Diaphanoramen" von Franz Niklaus König (1765 – 1832), Schüler von Marquard Wocher und Sigmund Freudenberger (1745 – 1801),[21] aus den Jahren 1810 – 1815. Um die benötigte Transparenz zu erreichen, arbeitete er mit Wasserfarben auf dünn geschabtem, geöltem Papier. König beeindruckt mit seinen Werken des Rigi[22] (Abb. 39) und der Wilhelm-Tell-Kapelle am Vierwaldstättersee (Abb. 40) in der Schweiz.[23] Die beiden Transparentgemälde geben mit einer Ansicht aus den Alpen sowie einer Mondscheinlandschaft jene Motive wieder, durch die König in der Schweiz, Deutschland und Frankreich seinen Namen um 1822 bekanntmachte.[24]

Abb. 40 Franz Niklaus König (1765 – 1832), Tellskapelle am Vierwaldstättersee, um 1810, Aquarell/Transparentpapier, 840 x 1185 mm, Kunstmuseum Bern, Bernische Kunstgesellschaft, Bern

In Deutschland befasste sich Karl Friedrich Schinkel (1781 – 1841) mit „perspektivisch-optischen Schaubildern". Schinkel arbeitete für die Fabrik von Wilhelm Gropius, dessen Sohn Carl Wilhelm Gropius (1793 – 1870) sich ebenfalls den Dioramen zuwandte, ab 1810 als selbstständiger Unternehmer. Er führte aber auch Dioramen und Bühnenbilder nach Schinkels Entwürfen aus.[25] Eines der Weihnachtsbilder Schinkels aus dem Jahr 1808 ist mit „Alpenfest in Interlaken" bezeichnet und greift die Schweiz-Begeisterung der Zeit auf. Bei dem ca. 3,30 x 4,00 m großen Werk ist der perspektivische Blickpunkt genau festgelegt. Mehr als 800 Figuren beleben die Szene. Entscheidend ist die effektvolle, oft transparente Beleuchtung.[26]

Abb. 41 Karl Friedrich Schinkel (1781 – 1841), Entwurf zu Hermann und Thusnelda – Gebirgsstraße, Zeichnung/Feder in Braun, aquarelliert, Bleistift, 335 x 521 mm, Kupferstichkabinett, Staatliche Museen zu Berlin

Wenn der Mensch nicht zum Berg kommt, kommt der Berg auf die Bühne – Bühnenbilder mit alpinem Bezug

Im Unterhaltungssektor boten Bühnenbilder eine Möglichkeit, Menschen mit dem Virus „Berg" zu infizieren. Karl Friedrich Schinkel wandte sich in den Jahren 1815 – 1829 dem Theater zu.[27] Seine Dioramen sind als Vorstufe der Bühnenmalerei zu sehen. Insgesamt hinterließ er über hundert Entwürfe für Bühnendekorationen, drei Viertel entstanden zwischen 1815 und 1820.[28] Schinkel forderte 1813 in dem an August Wilhelm Iffland (1759 – 1814), dem Direktor des Nationaltheaters am Gendarmenmarkt, gesandten Vorschlag zur Umgestaltung des Bühnenraumes eine entrümpelte Bühne mit symbolischem Hintergrundbild.[29] Im Detail eines Schaublattes von 1813 beschäftigte er sich mit einer Dekoration im Stil einer Alpenlandschaft, die keinem bestimmten Stück zugeordnet werden kann.[30] Ob die Dekoration „Schweizer See mit einer alten Kirche im Vordergrund und Grabkapelle" (1817) auf der Bühne umgesetzt wurde, ist nicht geklärt. Beide Entwürfe geben einen von aufragenden Gebirgszügen umgebenen See wieder, variieren aber in den architektonischen Elementen.[31]

Ab 1818 erforderten die Arbeiten am neuen Schauspielhaus in Berlin Schinkels ganze Aufmerksamkeit. Er entwarf zwar weiterhin Bühnenbilder, Ausführende waren nun seine Mitarbeiter.[32] Diese Arbeitsteilung ist für fünf Dekorationsentwürfe, der Berliner Erstaufführung der Oper „Hermann und Thusnelda" (1819)[33], aus der Feder eines der am meisten gespielten Autoren der damaligen Zeit, August Friedrich Ferdinand von Kotzebue (1761 – 1819)[34], nachgewiesen. Sämtliche Dekorationen des Stückes gehen auf Zeichnungen Schinkels zurück. Ausführende Bühnenmaler, der in diesem Zusammenhang relevanten fünften Dekoration [3. Akt, 1. Szene], waren Friedrich Wilhelm Köhler und Johann Carl Jacob Gerst (1792 – 1854).[35]

Obwohl die Oper von den Gegensätzen der Römer mit ihrem Anführer Varus gegen die Germanen, denen Hermann an der Spitze voranschreitet, erzählt,[36] wählte Schinkel weder die Landschaft des Teutoburger Waldes noch hält er sich an die Szenenangabe „Wald und Brücke". Seine Gouache führt dem Betrachter eine Gebirgslandschaft vor Augen. (Abb. 41) Eine Straße windet sich durch die steil aufragenden Felswände. Im Hintergrund erstrahlen die Gipfel der Berge in leuchtend weißem Schnee.

Ulrike Harten wertet den Entwurf als eine Erinnerung Schinkels an die Landschaft des Salzkammergutes.[37] Tatsächlich bereiste Schinkel diese Gegend im August 1811 in Begleitung seiner Frau. Sein Interesse galt neben Gmunden mit dem Traunsee auch Berchtesgaden und besonders Salzburg. Er lernte das Salzachtal mit Pass Lueg sowie Gastein kennen, unternahm Ausflüge in die Berge und fertigte neben einigen Gemälden große Federzeichnungen an, die durchaus Ähnlichkeit mit seiner späteren Theatermalerei aufweisen.[38] Ein Vergleich des Dekorationsentwurfes „Wald und Brücke"[39] aus „Hermann und Thusnelda" mit der Federzeichnung des Pass Lueg aus dem Jahr 1811.[40] (Abb. 42) rückt die Bühnendekoration in Richtung Gebirgswelt des Salzburger Landes. Die Figurenstaffage der Federzeichnung erinnert an den

Kampf gegen die Franzosen, der 1805 und 1809 am Pass Lueg stattfand. Die Ähnlichkeiten im Aufbau des Bühnenbildes in „Hermann und Thusnelda" können als Reminiszenz des Kampfes gesehen werden.[41] Zusätzlich enthält der Bezug zum Thema des Kampfes eine mögliche Erklärung für die freie Interpretation Schinkels von „Wald und Brücke".

Abb. 42 Karl Friedrich Schinkel (1781 – 1841), Pass Lueg in Salzburg, 1811, Feder/Tusche, 740 x 551 mm, Kupferstichkabinett, Staatliche Museen zu Berlin

Eine weitere prägende Wirkung ging von Friedrich Schillers (1759 – 1805) letztem vollendeten Theaterstück „Wilhelm Tell" aus, dessen Uraufführung am 17. März 1804 im Hoftheater zu Weimar stattfand. Der Mythos spielt am Vierwaldstättersee und das, obwohl Schiller selbst die Schweiz nie gesehen hatte. Dennoch gelang es ihm, die im ausgehenden 18. Jahrhundert durch literarische Texte bekannte und sich zum Reiseland entwickelnde Schweiz zur „Landschaft Tells" zu machen. Schiller beabsichtigte die Originalschauplätze des Dramas zu besuchen, seine gesundheitliche Situation sprach dagegen. Er griff auf die Reiseberichte seines Freundes Johann Wolfgang Goethe (1749 – 1832) zurück, der die Schweiz mehrfach bereist hatte.[42]

Der Landschaftsmaler und Bühnenbildner Carl Ludwig Kaaz (1773 – 1810), der Goethe in der Fertigung von Zeichnungen und Malereien unterrichtet hatte, erhielt den Auftrag, die Schweizer Gebirgswelt in Szene zu setzen.[43] Dieser arbeitete laut Weimarer Inspektionsbuch fünfzehn Bühnenbilder aus. Bedauerlicherweise hat sich nur eine einzige Dekoration in Form einer kolorierten Aquatintaradierung [Zeichner Christian Müller, Stecher Christian Gottlob Hammer] erhalten. Das Bild führt den vom Sturm aufgewühlten Vierwaldstättersee vor Augen, an dessen Ufern die Berge aufragen. Schneebedeckte Gipfel erscheinen im Hintergrund. Im Vordergrund ist Tell zu sehen, der sich während eines Sturms aus Gesslers Schiff ans Ufer retten konnte [4. Akt, 1. Szene].[44] (Abb. 43)

Bei seinem letzten Aufenthalt in Weimar versprach Kaaz dem Kupferstecher Carl Müller, zu den kolorierten Blättern mit Szenen aus Schillers Trauerspielen

Gemälde zu liefern. Bevor Kaaz verstarb vollendete er die Szene am Vierwaldstättersee, zu dem er früher selbst Skizzen angefertigt hatte. Ähnlich dem Hintergrund des Bühnenbildes von Schinkel beschäftigt sich der „Tell" mit dem Thema von Freiheitskampf in der Bergwelt.[45]

Schweizer Berge für das traute Heim – Panoramatapeten und der Gipfelsturm im privaten Bereich

Mit Inflationsgeld oder wertlos gewordenen Aktien könne man sich die Wände tapezieren, sind heute oft zitierte Worte, die verdeutlichen, wie wenig geschätzt Tapeten in der Regel sind. Künstlerische Tapeten sowie die Beschäftigung namhafter Künstler mit dieser Art des Wandschmuckes entwickeln sich langsam zum Thema der Forschung.[46]

Mitte des 18. Jahrhunderts traten Papiertapeten, anstelle von Stoff- und Ledertapeten, ihren Siegeszug in Europa an. Die Erfindung der Maschine zur Herstellung endloser Papierrollen 1798 erleichterte deren Erzeugung.[47]

Im Gegensatz zu regulären Tapeten mit Musterwiederholungen ist ein Charakteristikum von Bildtapeten, dass die Landschaftspanoramen ohne Wiederholung von Szenen oder Motiven produziert wurden. Panoramatapeten ohne Rapport eines Musters geben wie ein Gemälde jedes Detail nur einmal wieder.[48] Diese aus Frankreich stammende Sonderform hatte ihre Blüte zwischen 1800 und 1860, sie wurde fast ausschließlich in ihrem Heimatland erzeugt.[49]

Abb. 43 Christian Müller (Zeichner), Christian Gotthold Hammer (Stecher), nach einem Gemälde von Karl Ludwig Kaaz (Bühnenbildner) anlässlich der Uraufführung 1804: Wilhelm Tell, [IV. Akt, 1. Szene], kolorierte Aquatintaradierung, Stiftung Weimarer Klassik und Kunstsammlungen

Nach 1830 nahm die künstlerische Qualität ab. Größte Produktivität in der Herstellung von Panoramatapeten erzielten Zuber in Rixheim/Elsaß und Dufour in Paris.[50] Tapetenmanufakturen bauten mit Bildtapeten einen direkten Bezug zu dem Jahrmarktsspektakel der Zeit um 1800 auf – dem Panorama. Ähnlich den begehbaren Rotunden setzten die Tapeten auf perspektivische und Sinne täuschende Wirkung. Die gelungene Darstellung von Nähe und Ferne verstärkte die Illusion der Scheinwelt. Eine Bildtapete bedeckt die ganze Wand und löst diese durch die Landschaftsdarstellung förmlich auf.[51] Die Herstellung von Panoramatapeten war überaus aufwendig und stellte eine organisatorische wie künstlerische

Meisterleistung dar. Um auf bis zu 32 Bahnen den Eindruck eines Gemäldes entstehen zu lassen, musste jede einzelne Figur und Farbe in Holz geschnitten werden. Für eine vollständige Tapete benötigte man bis zu 4000 Holzmodel, ihre Ausarbeitung dauerte oft Jahre. Einmal produziert, konnten sie jahrzehntelang in Verwendung bleiben. Der Nachdruck einiger Dekore ist bis heute möglich.

Manufakturen, die sich der Produktion von Bildtapeten verschrieben hatten, legten großen Wert auf gut ausgebildete Formstecher. Diese versahen die Holzmodel mit Passmarken, um in der Tapete keine Ansatzspuren zu hinterlassen.[52] Eine sichtbare Fehldruckstelle in einer Tapete mit „Schweizer Motiv" – Lauterbach vermutet die „Grande Helvétie"[53] – beschreibt Gottfried Keller in seiner Novelle „Das verlorene Lachen" aus dem Zyklus „Die Leute von Seldwyla".[54]

Papiertapeten wurden bis um 1830 nicht direkt auf den Putz geklebt, sondern mit Leinwand doubliert auf einen Rahmen gespannt an den Wänden angebracht. Daraus ergab sich ein schwunghafter Handel mit gebrauchten Tapeten.[55]

Die Schweiz hatte sich um 1800 vom Durchzugsland in den Süden zum modischen Reiseziel entwickelt. Die schwärmerische Verehrung kannte keine Grenzen.[56] Es verwundert nicht, dass Pierre Antoine Mongin (1761 – 1827) 1802 für die im Elsaß beheimatete und bis heute existierende Tapetenmanufaktur Zuber eine Panoramatapete mit Schweizer Motiven entwarf: die „Vues de Suisse". 1024 hölzerne Druckmodel ergeben in mit 95 Farben gedruckter Form sechzehn Bahnen von 67,5 cm Breite.

Das Genre der Panoramamalerei mit dem Ziel der möglichst genauen Landschaftsabbildung stellte eine beliebte Aufgabe der Schweizer Künstler in den letzten Jahrzehnten des 18. Jahrhunderts dar. Die Arbeitsweise Mongins für die „Vues de Suisse" verblüfft umso mehr, denn für seine Entwürfe unternahm er zum Zwecke genauester Naturstudien keineswegs eine Reise in die Schweiz. Jean Zuber überreichte Mongin stattdessen zeitgenössisches Bildmaterial mit der Aufgabenstellung eine Panoramatapete zu gestalten.[57] Zuber schrieb in einem Brief an Mongin über den Furkagletscher[58] von „Loutersburg"[59]. Mongin übernahm Details seiner Vorlagen, so etwa von Philippe Jacques Loutherbourg (1740 – 1812), sehr präzise, setzte sie jedoch wie im Baukastensystem zusammen. Das durch Willkür entstandene Potpourri heterogener Teile erinnert an die spätbarocke Tradition des Capriccios. In den „Vues de Suisse" ergaben sich Bildkompositionen wie das Matterhorn neben dem Furka-Gletscher. Die Trachtenfiguren von Josef Reinhard (1749 – 1826/1829), Radierungen des Brienzer Sees von Samuel Weibel (1771 – 1846) und das grafische Blatt „Maison de Paysan du Canton Berne" (1796) von Heinrich Rieter (1751 – 1818) sind weitere Vorlagen für „Vues de Suisse".[60] (Abb. 44)

Für ihre technische Kunstfertigkeit erhielt die Tapete im Rahmen der ersten Industrieausstellung in Paris 1806 die Silbermedaille.[61] Die Auszeichnung machte die Panoramatapete zum Prestigeobjekt ihrer Manufaktur, wertete das gesamte Repertoire auf und trug zum Siegeszug der Bildtapeten von Europa über Nordamerika bis nach Australien bei. Eine Ausschmückung der eigenen Räumlichkeiten mit Tapeten konnte sich

Abb. 44 „Vues de Suisse“: Bahnen 10–16: Bauernhaus, Matterhorn, Kindstaufe, Teufelsbrücke im Park Hotel Herrenhaus, Fürstenlager, Bensheim, Deutschland

zwar nicht jedermann leisten, jedoch fand diese Art der modischen Raumausstattung rege Verbreitung: Panoramatapeten sind in Schlössern, Palais und Bürgerhäusern, selbst in Bauernhäusern nachgewiesen.[62] Familie und Gäste nutzten das „Tapetenzimmer“ oft nur für besondere Anlässe. Eine spärliche Möblierung ermöglichte den vollen Genuss der Illusion.[63] (Vgl. Abb. 45)

1814 bis 1865 produzierte Zuber eine weitere Bildtapete mit Schweizer Ansichten, „La Grande Helvétie“. Für den Entwurf zeichnete erneut Mongin verantwortlich, wobei er Vorlagen von Sigmund Freudenberger (1745 – 1801) und Franz Niklaus König (1765 – 1832)[64] verwendete. 1806 bereiste Mongin für mehrere Monate das Berner Oberland. Das Erlebnis der echten Natur diente ihm als Inspiration, dennoch ist auch diese Tapete kein getreues Abbild der Schweiz. Nach Zubers Bildbeschreibung handelt es sich um eine Charakterisierung der Landschaft. Alle der Schweiz zugeschriebenen markanten Merkmale, wie die schier unendlichen Gletscherregionen, majestätischen Berggipfel, kristallklare Seen etc. sollten Darstellung finden. Forderte die Gattung des Panoramas eine möglichst genaue Wiedergabe der Realität, fügte die Panoramatapete lediglich die wichtigsten Sehenswürdigkeiten additiv aneinander. Dem Weg zu diesen prägnanten Blickpunkten kam keine Bedeutung zu, daher empfand das Publikum oft nur die aus Abbildungen bekannten Gegenden als optischen Reiz.[65]

Abb. 45 Wilhelm Rehlen, Salon der Prinzessinnen Sophie und Marie im Südlichen Pavillon von Schloss Nymphenburg, 1820, Wittelsbacher Ausgleichfonds, München, WAF

Größentechnisch übertrifft diese Tapete ihre Vorgängerin um vier Bahnen (20 Bahnen zu 67 cm Breite). Selbst der Lichteinfall wird berücksichtigt, in den Bahnen 1–10 fällt das Licht von rechts, bei Bahn 11–20 von links auf die Landschaft. Je nach Raumsituation empfiehlt Zuber seinen Käufern eine Bordüreneinfassung für geringere Raumhöhen, bei höheren Räumen Säulendekor. Supraporten mit Schweizer Motiven rundeten das Angebot ab.[66] Die Vervollkommnung von Panoramatapeten mittels Einfassung mit Fries und Pilastern, wurde in einem Aquarell von Wilhelm Rehlen (um 1795 – 1831), das um 1820 entstanden ist, festgehalten. (Abb. 45) Rehlen zeigt den Salon der bayerischen Prinzessinnen Sophie und Marie im südlichen Pavillon von Schloss Nymphenburg in München. An den Wänden fallen – inzwischen verschwundene – Bahnen der „La Grande Helvétie" auf.[67] An den Erfolg der „Vues de Suisse" konnte ihre Nachfolgerin nicht anknüpfen.[68]

1818 kam die „Kleine Helvétie" auf den Markt. Vier Bahnen (0,80 x 2,50 m) gaben, vor vereinfachtem Hintergrund, identische Motive der „La Grande Helvétié" wieder.[69]

Die große Beliebtheit der Schweiz schlägt sich in einer weiteren Tapete aus dem Hause Zuber nieder. Für „Wilhelm Tell" verwendete die Manufaktur den landschaftlichen Hintergrund der „La Grande Helvétie". Die Figurenstaffage soll mit der Hand aufgetragen worden sein.[70]

Die viermalige Wahl der Schweiz als Tapetenmotiv ist ein Hinweis auf die Vorreiterrolle dieses Landes im Tourismus. Die Vermarktung österreichischer Gebirgslandschaften erfolgte daher um 1800 mittels Analogprädikatisierung. Das Reiseziel hieß: „Die österreichische Schweiz".[71] Allein die Nennung des im Trend liegenden, ultimativen Ziellandes sollte die Zahl der Reiselustigen im eigenen Land vervielfachen.

Die Landschaft der Schweiz ist ebenso in den 30 Bahnen der „Helvétie in Camaieu" oder „Helvétie in Grisaille" zu sehen. Möglicherweise stammte diese Tapete aus dem Hause Dufour, dem eine Vorliebe für monochrome Farbgebung zu eigen war.[72]

Manufakturen wollten ihr Können unter Beweis stellen. Sie versuchten, mittels Panoramatapeten Kunst mit industrieller Fertigung zu verknüpfen. Der Status des Kunstgewerbes sollte durch jenen der schönen Künste ersetzt werden. Tapetenmalerei auf Papier war neben der gedruckten Variante durchaus üblich. Die Beliebtheit der gedruckten Variante erklärt sich aus der Faszination der technischen Machbarkeit jener Zeit.[73] Panoramatapeten schmückten die Wände, erfreuten ihre Betrachter und weckten durch die ins eigene Heim transferierte Landschaft das Interesse für fremde Kulturen, in unserem Fall die Schweiz. Nebenbei boten die Landschaften reichlich Stoff zur Unterhaltung, so zum Beispiel die Möglichkeit, von paradiesischen Zuständen zu träumen, während außerhalb die Instabilität der Zeit um sich griff.[74]

Der Wunsch der Tapetenmanufakturen, ihre Produkte im Bereich der Schönen Künste zu etablieren, ging nicht in Erfüllung. Die Qualität der Panoramatapeten ging stetig zurück, bis diese Sonderform schließlich zum Erliegen kam.

Panoramatapeten hinterließen eine prägende Wirkung. Speziell die aufwendig hergestellten Exemplare mit den Landschaftsdarstellungen der Schweiz. Zu einer Zeit, in der die Werbung langsam erblühte, stellten die Tapeten eine frühe Form des Imageträgers dar, führten sie doch die bekanntesten und somit bildwürdigen Ansichten des Landes vor Augen.

Ein Rückgriff auf die positive Breitenwirkung großflächiger Landschaftstapeten vollzog sich anlässlich der Weltausstellung in Paris 1937. Oswald Haerdtl (1899 – 1959) entwarf, angeregt durch das 1935 in Brüssel von der Schweiz präsentierte und viel beneidete Konzept, den Österreichpavillon. Für den Bereich Fremdenverkehr setzte Haerdtl auf ein Riesenmodell des Großglocknermassives (Abb. 46). Robert Haas

(1886 – 1960) und Günther Baszel (1902 – 1973) führten das 30 x 10 m große Alpenstraßenpanorama aus. Anders als Panoramen in einer Rotunde oder Bildtapeten an vier Wänden eines Raumes, beeindruckte der Großglockner durch eine über drei Wände führende konkave Wölbung, die vierte Wand bestand aus einer gläsernen Front. Das Fotopanorama entwickelte sich zu einem der Highlights der Ausstellung[75] und steht als solches für die anhaltende Faszination der Alpen im öffentlichen Raum.

Abb. 46 Oswald Haerdtl, Raum der Industrie und Technik, Weltausstellung Paris 1937, Österreichpavillon

1 Nouvel-Kammerer Odile, Der weite Himmel, Bildtapeten aus Frankreich, in: Hoskins Lesley (Hg.), Die Kunst der Tapete, Geschichte, Formen, Techniken. Stuttgart/London 1994, S. 94.
2 Marx Erich/Laub Peter (Hg.), Das Salzburg-Panorama von Johann Michael Sattler, Bd. 1. Das Werk und sein Schöpfer. Salzburg 2005, S. 7–9,15.
3 Comment Bernhard, Das Panorama. Berlin 2000, S. 7–8,23,257; Marx/Laub 2005, S. 8–9; Rombout Ton (Hg.), The Panorama Phenomenon, The world round! Den Haag 2006, S. 12; Storch Ursula (Hg.), Zauber der Ferne, Imaginäre Reisen im 19. Jahrhundert. Weitra 2008, S. 16,80.
4 Comment 2000, S. 52–53.
5 Ebd., S. 53,106–107, Abb. 60.
6 ThB. [=Thieme-Becker] 36. Bd., S. 160–161.
7 ThB. 4. Bd., S. 6–7.
8 Rombout 2006, S. 14–15,31, Abb. S. 15. Dass Künstler sich selbst in ihr Werk setzten war ein durchaus ublicher Vorgang.
9 Ebd., S. 6,30–31.
10 Kos Wolfgang, Das Malerische und das Touristische, Über die Bildwürdigkeit von Motiven – Landschaftsmoden im 19. Jahrhundert, in: A.KAT. Salzburg 1995, Faszination Landschaft – Österreichische Landschaftsmaler des 19. Jahrhunderts auf Reisen. Salzburg 1995, S. 7–9.
11 Comment 2000, S. 84–85.
12 Ebd., S. 17–18.
13 Börsch-Supan Helmut, Bild-Erfindungen, Karl Friedrich Schinkel Lebenswerk. Bd. XX. Denkmäler Deutscher Kunst. München/Berlin 2007, S. 661; Haus Andreas, Karl Friedrich Schinkel als Künstler, Annäherungen und Kommentar. München/Berlin 2001, S. 93–94, Abb. 83; Marx/Laub 2005, S. 13.
14 Marx/Laub 2005, S. 15,21,26–27. Die Präsentation in 300 verschiedenen Orten wurde durch eine transportable Rotunde aus leichten Stützbalken, Brettern und einem Kupferdach ermöglicht.
15 Comment 2000, S. 66,153ff.,258, Abb. 79; Rombout 2006, S. 5,42–43.
16 Storch 2008, S. 17,112.
17 Comment 2000, S. 57–59; Storch 2008, S. 17,112; ThB. 4. Bd., S. 472; ThB. 8. Bd., S. 268–269. Neben dem Eröffnungsdatum 11. Juli 1822 wird ebenso berichtet, dass die Diorama-Vorführungen von Daguerre/Bouton bereits im Jahr 1821 erfolgt sind.
18 Comment 2000, S. 57–59. Etwa im Diorama mit Alpenszene und Chalet in der Doppelillustration von Morgen und Nacht von Daguerre. Louis-Jacques-Mandé Daguerre (1789–1851), Doppelillustration der beiden Extreme (Morgen und Nacht) eines Dioramas mit Alpenszene und Chalet. Harry Ransom Humanities Research Center, University of Texas, Austin (Gernsheim Collection), abgebildet in: Comment 2000, S. 59, Abb. 35–36.
19 [gr.: eidos = Aussehen, Wesen; physis = Natur-, Körperbeschaffenheit]. Zitiert nach: Zwahr Anette (Red.), Der Brockhaus in fünf Bänden. 1. Bd. (8. neu bearbeitete Aufl.), Mannheim 1993, S. 683; Zwahr Anette (Red.), Der Brockhaus in fünf Bänden. 4. Bd. (8. neu bearbeitete Aufl.), Mannheim 1994, S. 228.
20 Comment 2000, S. 57,61; Joppien Rüdiger, Die Szenenbilder Philippe Jacques de Loutherbourgs, Eine Untersuchung zu ihrer Stellung zwischen Malerei und Theater. [Diss. phil.], Köln 1972, S. 8–9,342;
Stadler Wolf/Wiench Peter, Lexikon der Kunst in zwölf Bänden. Malerei Architektur Bildhauerkunst. Bd. 7. Erlangen 1994, S. 328.

21 ThB. 12. Bd., S. 430–431; ThB. 21. Bd., S. 159–160.

22 Der Rigi ist ein Gebirgsmassiv der Schweizer Voralpen.

23 Comment 2000, S. 61.

24 ThB. 21. Bd., S. 159.

25 Börsch-Supan 2007, S. 660–661; Haus 2001, S. 92; Pirchan Emil, Bühnenmalerei, Das Malen von Theaterdekorationen. Wien 1946, S. 8; Szambien Werner, Karl Friedrich Schinkel, Aus dem Französischen von Monica Popitz. Basel 1990, S. 136; ThB. 30. Bd., S. 77.

26 Haus 2001, S. 94; ThB. 30. Bd., S. 78; 87 Jahre später mündeten die Projektionskünste von Diorama und Laterna magica im Kino. Zitiert nach: Comment 2000, S. 62.

27 Baumgartlinger Margit, Die Entwicklung der Theatermalerei. Salzburg 1985, S. 183; Harten Ulrike, Die Bühnenentwürfe, Karl Friedrich Schinkel, Lebenswerk. Denkmäler deutscher Kunst. Bd. XVII. München/Berlin 2000, S. 50ff.; Szambien 1990, S. 15.

28 Bergdoll Barry, Karl Friedrich Schinkel, Preußens berühmtester Baumeister. München 1994, S. 28; Börsch-Supan Helmut, Karl Friedrich Schinkel: Bühnenentwürfe. Stage Designs. Bd. 1. Kommentar. Berlin 1990, S. 8,24,26,40; Szambien 1990, S. 15; Zadow Mario: Karl Friedrich Schinkel. Berlin 1980, S. 11.

29 Bergdoll 1994, S. 26,28; Haus 2001, S. 133–134; Zadow 1980, S. 105,107.

30 Möglich ist eine Verwendung zum allgemeinen Gebrauch, da zwei Gebirgsgegenden in einer Liste von 60 mehrfach zu bespielenden Bühnenbildern enthalten sind.

31 A.KAT. Berlin 1981, Karl Friedrich Schinkel. Werke und Wirkungen. Martin-Gropius-Bau, Berlin. S. 206, VIII, 036, Abb. VIII, 036 S. 199; Bergdoll 1994, S. 26,28,130, Abb. S. 29; Biermann Franz Benedikt, Die Pläne für Reform des Theaterbaus bei Karl Friedrich Schinkel und Gottfried Semper. Schriften der Gesellschaft für Theatergeschichte. Bd. 38. Berlin 1928, S. 36–37, Abb. 26; Harten Ulrike, Die Bühnenentwürfe, Karl Friedrich Schinkel, Lebenswerk. Denkmäler deutscher Kunst. Bd. XVII. München/Berlin 2000, S. 45,112,117,454–455, Abb. 19, Abb. S. 115, Kat. Nr. 7, Abb. S. 454; Haus 2001, S. 135, Abb.

32 Szambien 1990, S. 25.

33 Zadow 1980, S. 217.

34 Gebhardt Armin, August von Kotzebue, Theatergenie zur Goethezeit. Marburg 2003, S. 5,11.

35 Harten 2000, S. 319–321; Ibscher Edith, Theaterateliers des deutschen Sprachraums im 19. und 20. Jahrhundert. [Diss. phil.] Frankfurt am Main 1972, S. 40; ThB. 13. Bd., S. 119,484; Zadow 1980, S. 217.

36 Harten 2000, S. 320.

37 Harten 2000, S. 326–327, Kat. Nr. 72.

38 A.KAT. Salzburg 1959, Romantik in Österreich. Salzburg 1959, S. 74; Fuhrmann Franz, Salzburg in alten Ansichten, Das Land. Salzburg, Wien 1980, S. 356; Schwarz Heinrich, Salzburg und das Salzkammergut. Eine künstlerische Entdeckung der Stadt und der Landschaft in Bildern des 19. Jahrhunderts. (4. Aufl.) Salzburg 1977, S. 13,297; Zadow 1980, S. 21,213.

39 Harten 2000, S. 313, Farbtafeln Kat. Nr. 72; der Entwurf „Wald und Brücke“ ist in der Literatur ebenfalls unter der Bezeichnung „Wald mit einer Holzbrücke“ sowie „Gebirgsstraße“ bekannt.

40 Börsch-Supan 2007, S. 321, Abb. 185, S. 322, Kat. Nr. 185; A.KAT. Salzburg 1959, S. 75, Kat. Nr. 206, Abb. 20; Fuhrmann 1980, S. 288–289, Kat. Nr. 104, Abb. T. 46; Schwarz 1977, S. 297, Abb. Kat. Nr. 9.

41 Fuhrmann 1980, S. 288–289; Schwarz 1977, S. 13.

42 Jung Otto, Der Theatermaler Friedrich Christian Beuther (1777 – 1856) und seine Welt. 1. Bd. Emsdetten/Westf. 1963, S. 66; Safranski Rüdiger, Goethe und Schiller, Geschichte einer Freundschaft. München 2009, S. 9,13,72,201–203,283. Goethes Schweizer Reisen in den Jahren 1775, 1779 und 1797 blieben in Form eines Tagebuches sowie durch Briefe erhalten. Zitiert nach: Goethe Johann Wolfgang, Schweizer Reisen. Johann Wolfgang Goethe dtv-Gesamtausgabe Bd. 28. München 1962, S. (212).

43 Geller Hans, Carl Ludwig Kaaz, Landschaftsmaler und Freund Goethes 1773 – 1810. Berlin 1961, S. 5–6,30.

44 Fischer-Dieskau Dietrich, Goethe als Intendant, Theaterleidenschaften im klassischen Weimar. München 2006, S. 326, Abb. Weimarer Bühnenbild zu Schiller „*Wilhelm Tell*", Abb. zw. S. 248 u. 249; Knudsen Hans, Goethes Welt des Theaters, Ein Vierteljahrhundert Weimarer Bühnenleitung. Berlin 1949, S. 108, Abb. S. 107; Piatti Barbara, Tells Theater, Eine Kulturgeschichte in fünf Akten zu Friedrich Schillers Wilhelm Tell. Basel 2004, S. 24–25,305.

45 Geller 1961, S. 8,28,30, Abb. 25; 1800 plante Kaaz ein Schweizer Panorama. Erneut ein Hinweis auf die Mode „*Schweiz*" sowie die Beschäftigung der Künstler mit verschiedenen Gattungen der Zeit: Geller 1961, S. 38.

46 Hapgood Marilyn Oliver, Tapeten berühmter Künstler, Von Dürer bis Warhol. Weingarten 1992, S. 8–9. Eine Betrachtung von Anfängen und Blüte im Jugendstil würde an dieser Stelle zu weit führen.

47 Hager Luisa, Alte Wandbespannungen und Tapeten. Darmstadt 1956, S. 25; Kröll Christina, Geschichten auf Tapeten, in: Goethe-Museum Düsseldorf (Hg.): Geschichten auf Tapeten. Anmerkungen 24, (27.11.1980–11.01.1981). Düsseldorf 1980, o. S.; Leiß Josef, Vom Handdruck zum Maschinendruck, in: Olligs Heinrich (Hg.), Tapeten. Ihre Geschichte bis zur Gegenwart. Bd. III. Technik und wirtschaftliche Bedeutung. Braunschweig/Köln 1969, S. 34.

48 Hager 1956, S. 24–25; Hapgood 1992, S. 33; Hutzenlaub Hildegard, Historische Tapeten in Hessen von 1700 bis 1840. [Diss. phil.] Frankfurt am Main 2004, S. 29; Thümmler Sabine, Die Geschichte der Tapete, Raumkunst aus Papier. Aus den Beständen des Deutschen Tapetenmuseums Kassel. Eurasburg 1998, S.102; Thümmler Sabine, Tapetenkunst, Französische Raumgestaltung und Innendekoration von 1760 – 1960. Sammlung Bernard Poteau. Staatliche Museen Kassel 2000, S. 190; Lauterbach Iris, Gartenkunst, in: Hölz Christoph (Hg.), Interieurs der Goethezeit, Klassizismus, Empire, Biedermeier, Mit einem Sonderteil Klassisches Ambiente heute. Augsburg 1999, S. 206; Nouvel-Kammerer Odile 1994, S. 94–95; Olligs Heinrich (Hg.), Tapeten, Ihre Geschichte bis zur Gegenwart, Fortsetzung Tapeten-Geschichte Bd. II. Braunschweig/Köln 1970, S. 187.

49 Hapgood 1992, S. 33; Hutzenlaub 2004, S. 30; Lauterbach 1999, S. 206; Leiß 1969, S. 43; Nouvel-Kammerer 1994, S. 95; Olligs 1970,S. 188; Thümmler 1998, S. 102.

50 Lauterbach 1999, S. 206; Olligs 1970, S. 188,225–226; Thümmler 1998, S. 106.

51 Hutzenlaub 2004, S. 29–30; Kröll 1980, o. S., Lauterbach 1999, S. 206; Olligs 1970, S. 188,223.

52 Ehret Gloria, Historische Papiertapeten, Geschichte, Entwicklung, Preise. Stilkunde, in: WELTKUNST. 05/2009, S. 53; Hapgood 1992, S. 34; Hutzenlaub 2004, S. 30; Leiß 1969, S. 38–39,42–43; Nouvel-Kammerer 1994, S. 96; Olligs 1970, S. 187,221,226; Thümmler 1998, S. 102.

53 Lauterbach 1999, S. 208.

54 *„Auch standen Soldaten gereiht mit weißen Hosen und schönen Tschakkos; bei einer ganzen schnurgeraden Reihe war das linke Wänglein ein wenig neben die gehörige Stelle abgesetzt oder gedruckt durch den Tapetendrucker, was der kommandierende Oberst mit seinem großen Bogenhut und ausgestrecktem Arm eben zu mißbilligen schien; denn die halbwegs neben den leeren Backen stehenden roten Scheibchen waren anzusehen wie der aus der Mondscheibe tretende Erdschatten bei einer Mondfinsternis.“* zitiert nach: Böning Thomas (Hg.): Gottfried Keller. Die Leute von Seldwyla. Frankfurt am Main 1989, S. 560–561; Keller Gottfried: Das verlorene Lachen. Novelle. Stuttgart 1970, S. 65.

55 Ehret 05/2009, S. 53. Kellers Novelle erwähnt eine Panoramatapete mit Schweizer Ansichten aus zweiter Hand. *„Der Saal, in welchem sie sich befanden, war groß, aber sehr niedrig und mehr dunkel als hell, und seltsam verziert. Denn der Wirt hatte aus einem größeren Hause eine abgelegte Tapete gekauft und seinen Saal damit austapeziert. Dieselbe stellte eine großmächtige und zusammenhängende Schweizerlandschaft vor, welche um sämtliche vier Wände herumlief und die Gebirgswelt darstellte mit Schneespitzen, Alpen, Wasserfällen und Seen. Da aber der Saal, für welchen dieses prächtige Tapetenwerk früher bestimmt gewesen, um die Hälfte höher war als der Raum, in welchen es jetzt verpflanzt worden, so hatte zugleich die Decke damit bekleidet werden können, also daß die gewaltigen Bergriesen, nämlich die Jungfrau, der Mönch, der Eigner und das Wetterhorn, das Schreck- und das Finsteraarhorn, sich in der halben Höhe umbogen und ihre schneeigen Häupter an der Mitte der niedrigen Zimmerdecke zusammenstießen, wo sie jedoch von Dunst und Lampenruß etwas verdüstert waren.“* Zitiert nach: Böning 1989, S. 560–561; Keller 1970, S. 64–65.

56 Lauterbach 1999, S. 207–208; Olligs 1970, S. 262; Piatti 2004, S. 56.

57 Nouvel-Kammerer 1994, S. 102; Olligs 1970, S. 262; Thümmler 1998, S. 105.

58 Furkagletscher = Rhonegletscher.

59 Gemeint ist der Maler Philippe Jacques Loutherbourg (1740 – 1812), der auf einer Reise 1787 die Schweiz kennen lernte. Zitiert nach: Hutzenlaub 2004, S. 75; Joppien 1972, S. 10.

60 Hutzenlaub 2004, S. 77–78,88,321,326-328; Olligs 1970, S. 262; Thümmler 1998, S. 105–106.

61 Nouvel-Kammerer 1994, S. 104; Thümmler 1998, S. 105.

62 Herzfeld 1994, S. 113; Lauterbach 1999, S. 204,207; Olligs 1970, S. 221.

63 Olligs 1970, S. 222; Nouvel-Kammerer 1994, S. 95.

64 König beschäftigte sich oft mit der Darstellung der Trachten der 22 Schweizer Cantone. Etwa in: König Franz Niklaus, Alte Schweizer Trachten, Faksimilereprodukion der *„Neuen Sammlung von Schweizertrachten aus den 22 Cantonen“*. Zürich 1816. Montana 1924; König Franz Niklaus, Collection de costumes suisses: tirés du cabinet de Mr. Meyer d'Aarau=Schweizer Trachten. Nachdruck. Zürich 1984.

65 Kos 1995, S. 14–15.

66 Hutzenlaub 2004, S. 70,75,235ff.; Olligs 1970, S. 264–266. Es gibt die Vermutung, Mongin habe sich, ähnlich Wocher im Panorama von Thun, selbst in der ersten Bahn der *„Helvétie“* verewigt. Zitiert nach: Hutzenlaub 2004, S. 247–248, B 44, Abb. 202.

67 Hutzenlaub 2004, S. 236; Lauterbach 1999, S. 206, Abb. S. 207; Nouvel-Kammerer 1994, S. 95, Abb. 130; ThB. 28. Bd., S. 94. Die komplette Tapete oder einzelne Bahnen haben sich in Deutschland, den Niederlanden, der Schweiz, Italien, Belgien, Frankreich, Schweden und Polen erhalten. Zitiert nach: Hutzenlaub 2004, S. 235–236.

68 Ebd., 2004, S. 284.

69 Ebd., S. 284.

70 Olligs 1970, S. 266.

71 Kos 1995, S. 10.

72 Hutzenlaub 2004, S. 275–287, Abb. B 48, Abb. 218–229; Olligs 1970, S. 266.

73 Kröll 1980, o. S.; Nouvel-Kammerer 1994, S. 12; Thümmler 1998, S. 102.

74 Ehret 05/2009, S. 53; Nouvel-Kammerer 1994, S. 104,113.

75 Felber Ulrike/Krasny Elke/Rapp Christian, smart Exports, Österreich auf den Weltausstellungen 1851 – 2000. (1. Aufl.) Wien 2000, S. 131–136, Abb. S. 135 „*Raum der Industrie und Technik mit dem Alpenstraßenpanorama*", Abb. S. 136 „*Raum der Industrie und Technik*".

„Für den wahren Alpinisten ist doch nur das Beste gut genug!"

Gustav Jahn und Mizzi Langer-Kauba – Illustrationen für Wiens führendes Touristen-Fachgeschäft

Wolfgang Krug

„Der Gott des Bergsteigers hat zweierlei Gesicht, das eine blickt scharf, kühn; sucht mit dem Blick schroffe Felsmauern, ragende Türme, schwindelnde Grate, und steile, blinkende Eiswände, es sucht Kampf und Gefahr als Selbstzweck. Das ist die Seite, für die wir keine bessere Bezeichnung als die sportliche besitzen. Nach dieser Richtung hat sich besonders das Bergsteigen der Neuzeit stark entwickelt. Das zweite Gesicht des Januskopfes blickt klar und ruhig, abgeklärt. Seine Augen trinken die Schönheit der Alpenwelt nah und fern, sie freuen sich am edelgeformten Berge, am bizarr gestalteten Felsgrat, sie bewundern den zerberstenden Eissturz, die fein geschwungene Linie des leuchtenden Firngrates, und ruhen aus auf grünen sammtweichen Matten, oder spiegeln sich in den blaugrünen Fluten eines Bergsees."[1]

Die Zeit, da man die Berge als Unheilbringer fürchtete war vorbei, längst empfand man sie nicht mehr als Bedrohung. Sie waren atemberaubende Kulisse für den Schöngeist und Trainingsgerät für den Gesundheitsbewussten, Herausforderung für den Bergsportler oder vielfach auch nur gesellschaftliches Ereignis. Aus den Pionierleistungen einzelner wagemutiger Individualisten begann sich gegen Ende des 19. Jahrhunderts aus bürgerlichen Kreisen heraus eine Massenbewegung zu formieren – die Geburtsstunde des modernen Tourismus war angebrochen. Die Gründung einer Reihe von Vereinen zeugt von dem enormen Aufschwung, den der Trend innerhalb nur weniger Jahrzehnte durchlebte. Neue Verkehrswege und Bahnverbindungen sorgten bald für bessere Erreichbarkeit, Hotels und Berghütten für die Bequemlichkeit der Reisenden. Noch waren Bergabenteuer nicht für jeden leistbar, noch waren sie primär wohlhabenden Schichten vorbehalten. Eine Tour in die Alpen war chic und sie hatte elitären Touch. Nicht immer stand dabei der alpine Gedanke im Vordergrund. Die Gebirgskulisse wurde oft nur benützt, um vor ihr zu promenieren und zu präsentieren, um Geschäfte abzuschließen und Politik zu machen. Auf der anderen Seite war es der Wunsch nach Verbundenheit mit der Natur, nach mentaler Erbauung und physischer Stärkung, der in die Berge lockte. Eine Bergpartie war nicht zuletzt eine der sonst seltenen Gelegenheiten, Freizeit zu einem gemeinschaftlichen Erlebnis für Mann und Frau werden zu lassen. Dem aufkommenden sportlichen Ehrgeiz, neue, schwierigere Wege und Kletterrouten in kürzerer Zeit und womöglich im Alleingang zu meistern, begegnete man noch mit Distanz und Skepsis.

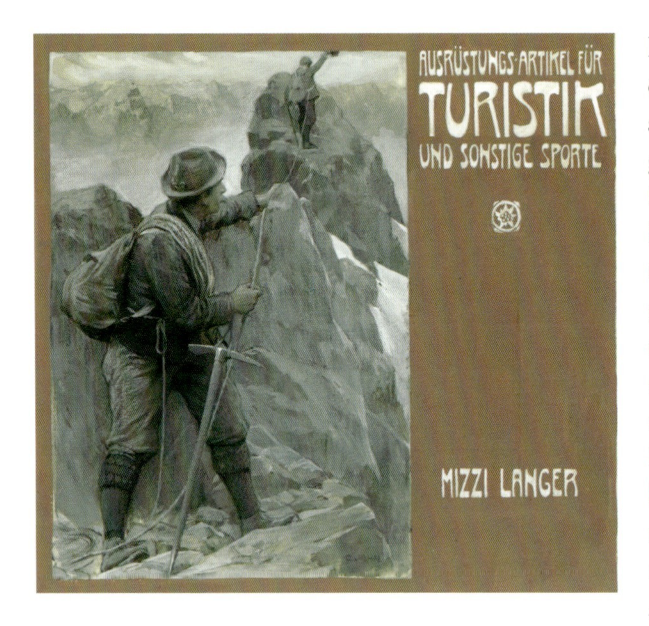

Abb. 47 Gustav Jahn, Titelbild, um 1898, Gouache, Bleistift/Zeichenkarton, ca. 315 x 315 mm, Peter Stüber, Wien

Mizzi Langer – eine junge Geschäftsfrau und ihre Geschäftsidee

Das immer populärer werdende Freizeitvergnügen brachte eine große Nachfrage nach Bedarfsartikeln mit sich. Die Sortimentspalette im Bereich der Ausrüstung für Bergsteiger änderte sich entsprechend rasch. Die Gegenstände und Produkte waren oft noch in Erprobung, technische Hilfsmittel wurden erfunden, bessere Materialien entwickelt und laufend Neuheiten auf den Markt gebracht. Eines der ersten Touristen-Fachgeschäfte in Wien, jenes von Mizzi (Maria) Langer (1872 – 1955), wurde am 22. Jänner 1896 im 7. Bezirk in der Kaiserstraße 11 eröffnet.[2] Mizzi Langer hatte eine Marktlücke mit Zukunftspotential erkannt und das nicht nur aus tüchtigem Geschäftssinn heraus, sondern vor allem auch aus eigener Neigung. Die Geschäftsfrau war selbst leidenschaftliche Bergsteigerin. Eine nach ihr benannte Kletterwand in Rodaun gibt noch heute beredtes Zeugnis davon. Gemeinsam mit Franz Kauba (1874 – ?), den sie 1897 geheiratet hatte und der als Prokurist in den Betrieb eingestiegen war[3], wie auch ihrem Freundeskreis, der sogenannten „Kauba-Platte“[4], unternahm sie zahlreiche, auch schwierige Touren. Mizzi Langer-Kauba konnte so die von ihr angebotene Ware selbst erproben und deren Tauglichkeit beurteilen. Ihre Erfahrung wusste man zu schätzen und so wurde das Geschäft nicht nur für Trendbewusste, sondern auch für Alpinisten zur Anlaufstelle Nr. 1. Vielleicht schon im Jahr ihrer Verehelichung, spätestens aber 1898 führte Mizzi Langer-Kauba ihr Geschäft im Haus „Zum Morgenstern“ in der Kaiserstraße 17. Ihr Sortiment war dem aktuellen Katalog zufolge bereits reichhaltiger geworden.[5] Auch der vierte bekannte Katalog, für den aufgrund der Preisangaben in Gulden eine Entstehung noch 1899 anzunehmen ist, brachte diesbezüglich eine Steigerung. Er bietet einen Überblick über das sehr breit gefächerte Angebot an „*Ausrüstung und Bekleidung für Turisten, Skiläufer, Jäger etc. etc.*“[6] – auf mittlerweile 36 Seiten. Im Begleittext gab Mizzi Langer-Kauba einen Einblick in ihre Geschäftsphilosophie: „*Selbst eifrige Turistin und unterstützt durch mir gutgesinnte Sportkapazitäten ist es mir ein Leichtes, durch Erfahrung oft erprobte Artikel zum Verkauf zu bringen, und bin ich stets bestrebt, nur das Beste und Vollkommenste auf dem Gebiete der turistischen Aus-*

rüstung und Bekleidung in größter Auswahl auf Lager zu halten. Meine eifrigste Bemühung, durch Solidität und Gewissenhaftigkeit zufrieden zu stellen, sehe ich durch die Anhänglichkeit meiner langjährigen geehrten Kunden und durch das stetige Wachsen meines Kundenkreises reichlich belohnt. Bei vielen Artikeln bin ich in der angenehmen Lage, die Preise herabsetzen zu können, und findet bei keinem meiner Artikel eine Preiserhöhung statt. Mein großer Warenumsatz ermöglicht mir, mit geringem Nutzen vorlieb zu nehmen, – allerdings könnte ich auf Kosten der Qualität noch manche billigere Preise erreichen, doch unterlasse ich dies aus dem leicht begreiflichen Grunde, um dadurch sowohl mein als solid bekanntes Geschäft, als auch den Käufer vor Schaden zu behüten. – Für den wahren Alpinisten ist doch nur das Beste gut genug!"[7]

Abb. 48 Gustav Jahn, Alpine Mode, um 1898, Gouache, Bleistift/Zeichenkarton, 285 x 315 mm, Alpenverein-Museum, Innsbruck

Erste Illustrationen von Gustav Jahn für den Katalog des Sporthauses

Die Gestaltung des Kataloges hatte Mizzi Langer-Kauba erstmals dem jungen Kunstschüler Gustav Jahn (1879 – 1919) anvertraut, der dafür ein Titelbild sowie elf Illustrationen anfertigte. Jahn war ein viel versprechendes Talent – er hatte alle Jahrgänge, von seinem Studieneintritt an der Wiener Akademie bis 1899 mit Auszeichnung absolviert[8], 1898 den Lampipreis und 1899 den Gundelpreis errungen.[9] Jahn besaß zudem die besten Voraussetzungen zum Alpinisten. Seit seinen ersten bergsteigerischen Versuchen auf der Rax im Sommer 1895 war aus anfänglicher Begeisterung die große Leidenschaft geworden. Mit seinem Künstlerfreund Otto Barth (1876 – 1916) unternahm Jahn anspruchsvolle Bergtouren und Kletterpartien. Seit 1898 war er Mitglied der Akademischen Sektion „Wien" des Österreichischen Alpenvereins[10], später wurde er auch Mitglied des elitären Alpenklubs. Ohne Zweifel war Jahns Kontakt zu Mizzi Langer-Kauba ebenfalls über das Bergsteigen zustande gekommen. Soweit man anhand der wenigen vorhandenen Frühwerke beurteilen kann, hatte er sich während seiner Studienzeit bislang vor allem mit der Porträtmalerei ernsthaft beschäftigt. Die Beauftragung mit der Anfertigung von Illustrationen für den Verkaufskatalog eines Touristen-Fachgeschäftes führte den jungen Künstler nun zu einem neuen Genre, das bald zu seinem Markenzeichen werden sollte. Die Beschäftigung mit dem Neuen verraten die kleinen Unsicherheiten, etwa bei der Ausführung des Titelbildes (Abb. 47). Deutlich wird an diesem die Orientierung an Arbeiten von Ernst Platz (1867 – 1940), einem der damals namhaftesten Bergsteigermaler. Einige von Jahns Illustrationen zeigen auch sehr statisch wirkende Figurenbilder (Abb. 48). An diesen primär der Modepräsentation dienenden Darstellungen erkennt man, wie gewissenhaft Jahn dem Auftrag nachzukommen suchte, auch das Verkaufssortiment im Bild anzupreisen. Seine besondere Stärke waren schon damals „Aktionsbilder" mit Bergsteigern.

Mizzi Langer-Kaubas Teilnahme am ersten Torlauf der Skigeschichte

Der Aufschwung des Wintersports brachte zu Beginn des 20. Jahrhunderts eine bedeutende Erweiterung der Produktpalette des Geschäftes in der Wiener Kaiserstraße. Wieder trat Mizzi Langer-Kauba aktiv in Erscheinung – diesmal als begeisterte Skifahrerin. Als erste Frau der Welt nahm sie an einem Skirennen teil – und zwar an dem am 19. März 1905 auf dem Muckenkogel bei Lilienfeld veranstalteten ersten Torlauf der Skigeschichte.[11] Alpen-Ski-Pionier Mathias Zdarsky (1856 – 1940) hatte das Rennen organisiert, um seine Neuerungen und Verbesserungen gegenüber dem allgemein anerkannten und praktizierten Nordischen Skilauf zu propagieren. Auch Mizzi Langer-Kauba und ihr Mann nahmen daran teil und nützten die Gelegenheit, für ihr Geschäft Werbung zu machen. Franz Kauba beendete das Rennen als Zweitschnellster. Mizzi Langer-Kauba, als einzige Frau am Start, wurde Siegerin in ihrer Klasse.[12] Man fand es „[…] *erfreulich, daß an Herren und Damen dieselbe Aufgabe gestellt wurde, und daß die Siegerin mit nur einem Sturz so vielen Herren über war* [zum Vergleich: der Sieger war sechsmal gestürzt, Franz Kauba immerhin fünfmal] *und trotz ihres zarten Körpers auch in zeitlicher Hinsicht viele körperlich sie kolossal überragende Herren schlug.*"[13]

Der freundschaftliche Kontakt zu Zdarsky sollte sich weiterhin sehr erfolgreich gestalten, vor allem in geschäftlicher Hinsicht. Da Mizzi Langer-Kauba den „*Generalvertrieb der patentierten Alpen-Ski*"[14] übernommen hatte und auch andere von Zdarskys Erfindungen anbot, sicherte sie sich einen Wettbewerbsvorsprung gegenüber der langsam aufholenden Konkurrenz in Wien. Ihr Kundenkreis erweiterte sich um diese Zeit enorm. Viele Wintersportbegeisterte kamen nicht nur aus dem von Zdarsky im Jahre 1900 begründeten „Internationalen Alpen-Skiverein", sondern auch aus der 1905 gegründeten Sektion „Wintersport" des Österreichischen Touristenklubs. Weiters wurde das Touristen-Fachgeschäft, wie der Rückseite ihres Kataloges von 1906/07 zu entnehmen ist: „*Empfohlen vom: Sektion ‚Austria' es D. u. Ö. Alpen-Vereines. Österreichischen Touristen-Klub. Österreichischen Alpen-Klub. Österreichischen Gebirgs-Verein. Akademische Sektion ‚Wien' des D. u. Ö. Alpen-Vereines. Touristen-Verein ‚Die Naturfreunde'*"[15] Die Mundpropaganda war für Mizzi Langer-Kauba wohl einer der wichtigsten Faktoren für ihren Erfolg. Neuigkeiten wurden auf diese Weise schnell verbreitet und auch neue Kundenkreise erschlossen. Gustav Jahn, den nicht nur Geschäftliches, sondern auch eine enge Freundschaft mit dem Hause Langer-Kauba verband, mag ebenfalls einer der „Propheten" des Touristen-Fachgeschäftes gewesen sein, war er doch Mitglied bei mehreren der genannten Vereine und – wie sein Freund Otto Barth, begeisterter Skifahrer – Gründungsmitglied des Wintersport-Clubs.[16] Auch die Brüder der beiden Maler, Otto Jahn (1877 – 1947) und Hanns Barth (1873 – 1944), ebenfalls ausgezeichnete Bergsteiger, betätigten sich in Vereinen. Otto Jahn im Rahmen des Österreichischen Touristenklubs, Hanns Barth etwa im Österreichischen Alpenklub sowie beim Deutschen und Österreichischen Alpenverein. Sie gehörten ebenfalls zum erweiterten Freundeskreis von Mizzi Langer-Kauba. Für den Katalog von 1906/07 verfasste Hanns Barth eine ausführliche Einleitung, die sich mit den Beweggründen für den Bergsport auseinandersetzte. Stets sei es, so Barth, „[…] *Freiheitssehnen; die Sucht, im Ringen mit der Natur antäusartig aus ihr immer neue Lebenswerte zu schöpfen; den allmenschlichen romantischen Trieb zu befriedigen. Mag so jede sportliche Übung ihre Berechtigung haben, am schönsten verwirklichen sich diese Idole doch im Bergsport, der physisch und ethisch das Beste und höchste in seiner Jüngerschaft heischt und fördert* […]. *Seitdem* […] *Skilauf und Rodelsaus aufkamen und immer allgemeiner gepflegt werden, gibt es keine verweichlichende Pause mehr. Sommer- und Wintersport reichen sich geschwisterlich die Hand und fördern einander, zum Segen ihrer Anhänger.*"[17]

Segen brachte auch die Geschäftsstrategie von Mizzi Langer-Kauba. Sie wandte sich an Wanderer sowie Berg- und Wintersportler. Die Unternehmerin vertrieb die gesamte Palette an Waren – für die nordische Skifahrt ebenso wie für die alpine Skitechnik. Innerhalb weniger Jahre wurde das Geschäft zu Wiens führendem Sporthaus. Mizzi Langer-Kauba investierte massiv in Werbemaßnahmen – wie Inserate und regelmäßig erscheinende Kataloge. Die grafische Linie des Geschäftes wurde weiterhin von Gustav Jahn gestaltet. Eine attraktive Präsentation war somit garantiert. Jahn setzte in dem 64 Seiten starken Mizzi Langer-Katalog von 1906/07 bildlich um was Hanns Barth in Worte gefasst hatte. Abgesehen von der Titeldarstellung [Kat. Nr. 26] steuerte er 30 Illustrationen für den nun in hoch-rechteckigem Format erscheinenden Hauptkatalog bei.

Für die Unmittelbarkeit und Richtigkeit der Wiedergabe bestimmter Situationen des Bergsteigens oder des Wintersports war nicht nur seine naturalistische Kunstauffassung ausschlaggebend, sondern vor allem das eigene Erleben. Jahn war Maler, aber seine eigentliche Passion war das Bergsteigen. 1901 hatte er gemeinsam mit Otto Barth den nach den beiden Künstlern benannten „Malersteig" auf der Rax erstmals begangen. 1903 erstieg Jahn als Erster die Südwand der Bischofsmütze in der Dachsteingruppe, was der Bewältigung des zu dieser Zeit noch nicht einmal definierten, da noch nicht erreichten fünften Schwierigkeitsgrades gleichkam.[18] Seit dem Winter 1901/02 widmete er sich mit Begeisterung auch dem Wintersport, vornehmlich dem Skifahren und dem Skispringen.

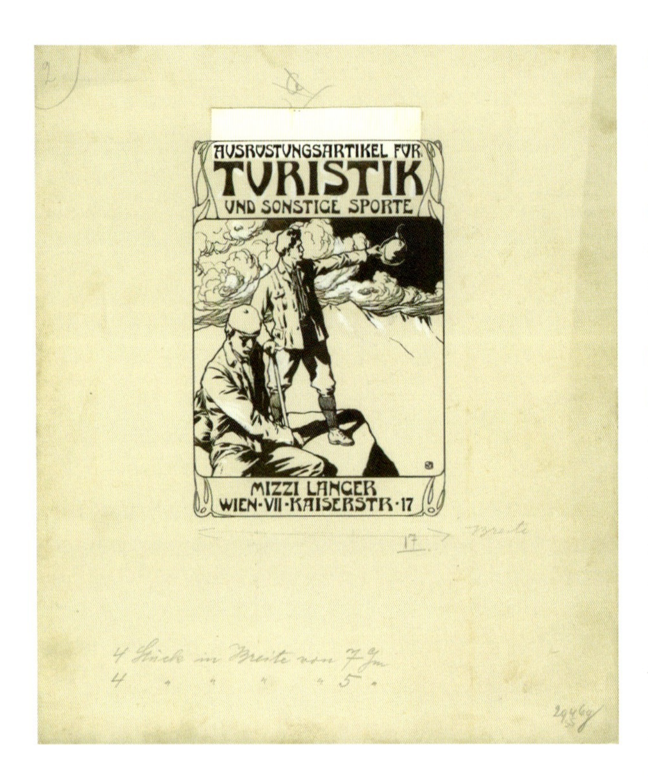

Abb. 49 Gustav Jahn, Werbe-Motiv, um 1905, Tusche, Deckweiß/Karton, ca. 307 x 264 mm, Peter Stüber, Wien

Fotografie als Arbeitsgrundlage

Selbstverständlich wurde bei den sportlichen Aktivitäten fotografiert. Die Fotoapparate waren kleiner und handlicher geworden und von jedermann leicht zu bedienen. Sowohl von Gustav und Otto Jahn als auch Otto und Hanns Barth ist überliefert, dass sie auf ihren Touren fotografierten. Trotz Handlichkeit der Kameras war jede Fotografie noch eine kleine Unternehmung, das heißt kaum eine Aufnahme gelang als Schnappschuss. Manchmal wurden Situationen sogar ganz bewusst als Vorlagen für spätere malerische Arbeiten gestellt. Die Schwarz-Weiß-Fotos dienten zur Unterstützung der Erinnerung, wurden später im Atelier herangezogen und mit Farben zum Leben erweckt. Dass Gustav Jahn ebenfalls nach Fotografien arbeitete ist verbürgt. Die auf den Privataufnahmen agierenden Personen, Jahns Tourenpartner, wurden ebenfalls in künstlerischen Arbeiten verewigt. Ab und zu erkennt man die porträthaften Züge von Otto Barth oder die von Jahn selbst. Dr. Erwin Gmelin, ein Berggefährte Jahns, berichtete 1910 interessante Details über die Entstehung einiger Illustrationen für den Mizzi Langer-Katalog: „*Ich kenne zufällig die Geschichte der anmutigen Bildchen, die heute unseren Text begleiten. Ja mehr als das, ich bin sogar daran beteiligt, allerdings nur passiv. Sie entstanden zunächst auf photographischem Wege an einem schönen Sommernachmittag in der Nähe der Dreizinnenhütte. Otto Oppel und ich haben Jahn damals Modell gestanden. Und wer nun etwa denkt, es sei dabei ganz einfach eine photographische Aufnahme zu machen gewesen, um dann auf Grund künstlerischen Könnens ‚abgezeichnet' zu werden, der irrt gewaltig; denn er verkennt die großen Schwierigkeiten, die in der Aufnahme an und für sich liegen, ganz abgesehen von ihrer künstlerischen Ausgestaltung. Davon könnte ich manches erzählen, will indessen nur andeuten, daß es beiderseits eines hübschen Sümmchens Geduld bedurfte, bis das kritische Künstlerauge jeweils befriedigt war und das erlösende Knipsen uns unsere Bewegungsfreiheit wiedergab. Mit mancherlei Lizenzen hat der Stift die Bildchen erst zu dem gemacht, was sie jetzt sind, und wenn ich mich auf dem Bilde ‚Im Kamin' zu meinem nicht geringen Erstaunen als ‚holde Weiblichkeit' wiederfinde und wenn diese*

‚holde Weiblichkeit' naturwahr ausgefallen ist, so ist dies nicht mein Verdienst, es beweist höchstens, daß Jahn sich seinen scharfen Blick für die Darstellung des Sportsmädchens – anderswoher geholt hat."[19] Nicht immer werden den Illustrationen eigene Fotografien des Künstlers zugrunde gelegen sein. So zeichnete er auch für die „Österreichische Alpenzeitung" nach fremden fotografischen Vorlagen. Möglicherweise wurde Jahn von Mizzi Langer-Kauba – etwa in Hinblick auf das Sortiment ihres Geschäftes – mit Fotos versorgt. Seine Darstellungen, Dokumentarbilder und aktionsreiche Szenen aus dem Leben des Bergsteigers beziehungsweise des Wintersportlers, verweisen trotz allem fast nie auf den ersten Blick auf die angepriesene Ware des Sporthauses. Ihre Aufgabe war es vielmehr, Interesse zu wecken und Lust zu machen.

Man fragt sich, warum nicht gleich Fotografien als Illustrationen verwendet wurden? Lag es an dem Stand der damaligen Drucktechnik? Waren Künstler-Vorlagen billiger zu reproduzieren als Fotografien? Wurden deshalb Fotos nachgezeichnet? Die Antwort: „*‚Fotografische Genauigkeit' – d.h. präzise, sachliche Abbildung des Geschauten – wurde anfangs seitens der breiten Öffentlichkeit des 19. Jh. völlig abgelehnt, als reine Naturwiederholung, ohne künstlerische Umsetzung abgetan – sie vermißten alles Ideale, die Poesie, es war zu sehr Natur.*"[20] Auch Gustav Jahn wurde vorgeworfen, er „*gehe allzu photographisch vor, seine Berglandschaften seien gemalte Topographie.*"[21] Erst einige Jahre später kam mit dem langsam einsetzenden neuen Verständnis von einer künstlerischen Fotografie das Umdenken und auch ein Illustrator, wie Edward Theodore Compton, „*wurde von der nun populär gewordenen Fotografie abgelöst.*"[22]

Blütezeit für die grafischen Künste

Der Aufschwung des Handwerks in Verbindung mit künstlerischen Bestrebungen – nicht nur im Rahmen der Wiener Werkstätte – hatte auch für die grafischen Künste eine neue Blütezeit gebracht. Es gab kaum Maler, die sich nicht mit Illustration, Werbung oder Ähnlichem beschäftigten. Jahn besaß unerhörtes werbegrafisches Geschick. Er war bald bekannt „[…] *für die ‚apart künstlerisch-alpine Ausführung' von Warenkatalogen*"[23]. Die Arbeit für Mizzi Langer-Kauba war für ihn aber nicht nur wirtschaftlich interessant, sondern wohl auch inspirierend. Er profitierte künstlerisch durch die ihm abverlangte Vielfalt, die er sich für andere Aufträge zu Nutze machen konnte. Neben malerischen Darstellungen, Grau in Grau gehaltenen Grisaillen und buntfarbigen Tempera-Titelblättern, entstanden für die Kataloge Blumenvignetten und Rankenwerk, ornamentale Randleisten, Mode-Illustrationen, wie auch präzise

Abb. 50 Gustav Jahn, Werbe-Motiv, um 1910, Tusche, Deckweiß/Papier, ca. 214 x 312 mm, Peter Stüber, Wien

Abb. 51 Gustav Jahn, Titelbild, um 1906, Tusche laviert, schwarze Kreide, Deckweiß/Zeichenkarton, 370 x 255 mm, Alpenverein-Museum, Innsbruck

ausgeführte Umrisszeichnungen angebotener Produkte. Darüber hinaus entwarf Jahn Werbeeinschaltungen und Inserate (Abb. 49, 50). Seine Vielseitigkeit zeigt sich in der Kombination unterschiedlicher Techniken, wie etwa bei der Gestaltung des Titelbildes für den im Oktober 1906 erschienenen Winterkatalog (Abb. 51).[24]

Das neue Geschäftshaus in der Kaiserstraße 15

Um diese Zeit bot sich die Gelegenheit für eine längst notwendig gewordene Vergrößerung des Verkaufslokales von Mizzi Langer-Kauba. Bereits einige Jahre zuvor hatte man das Geschäft in der Kaiserstraße 17 räumlich erweitert. Die exzellenten Umsätze machten es nun möglich, die benachbarte Parzelle Kaiserstraße 15/ Apollogasse 30, Wien 7, zu erwerben, das bestehende einstöckige Biedermeierhaus abzutragen und hier ein neues Wohn- und Geschäftshaus zu errichten. Die Erteilung der Bewilligung erfolgte im April 1906. Mit der Ausführung wurde der Wiener Architekt und Bauunternehmer Georg Weinzettel sen. beauftragt. Als Architekt zeichnete der aus Mähren stammende Baumeister Karl Schön (1875 – 1955).[25] Der Bau schritt zügig voran, dennoch kam es noch im Oktober zur Auswechslung der Baupläne. Die Änderungen betrafen insbesondere die Fassade.

Statt der ursprünglich geplanten gleichmäßigen Abfolge der Fensterachsen im Zusammenwirken mit historisierendem Dekor brachte Karl Schön nun einen adaptierten, vergleichsweise „modernen" Entwurf (Abb. 52), der seine Auseinandersetzung mit den Stilelementen der Zeit belegt und ihre Anwendung auf sehr individuelle Art und Weise zeigt. Die Fassade wurde durch eine zweigeschossige Geschäftszone mit großen, auffällig beleuchteten Schaufenstern akzentuiert sowie durch überhöhte, angedeutete Seitenrisalite mit einer „[…] *kräftigen und eigenwilligen Fassung des Kranzgesimses durch zwei dreifachgerahmte Ziergiebel.*"[26] (Abb. 53).

Abb. 52 Karl Schön, Fassadenentwurf für das Geschäftshaus in der Kaiserstraße 15, 1906 (nachträglich datiert 1907), Tusche laviert/Papier, ca. 370 x 385 mm, Peter Stüber, Wien

Abb. 53 Ansicht des neuen Geschäftshauses, um 1910, anonyme SW-Fotografie

Abb. 54 Otto Barth – zugeschrieben, Die Königsspitze (?), um 1906/07, Mosaik im rechten Giebelfeld, anonyme SW-Fotografie

In diesen von stark vorkragenden Dächern beschirmten Ziergiebeln kamen wohl auf Wunsch der Bauherren Mizzi Langer-Kauba und Franz Kauba heute leider nicht mehr sichtbare Gebirgsmotive – rechts vermutlich eine Ansicht der Königsspitze (Abb. 54) – zur Anbringung. Der Entwurf zu diesen offenbar in Mosaiktechnik ausgeführten Darstellungen stammt mit großer Wahrscheinlichkeit von Otto Barth,[27] der 1910 für die im 1. Stock des Gebäudes gelegene Privatwohnung von Mizzi Langer-Kauba wohl auch das eindrucksvolle Glasgemälde eines Gebirgssees schuf (Abb. 55). Die Ausführung dieser

Abb. 55 Otto Barth – zugeschrieben, Gebirgssee mit umlaufendem Edelweiß-Dekor, um 1910, Bleiglas und Glasmalerei, ca. 160 x 267 cm

kunstgewerblichen Arbeiten, wie auch jener im Bereich des Geschäftslokals, ist der „Wiener Mosaikwerkstätte" Leopold Forstners (1878 – 1936) zuzuschreiben.[28]

Weiters wurde an der Fassade der Name der Geschäftsinhaberin in großen Lettern angebracht. Er war mittlerweile zu einem Markenzeichen geworden. Wer ihn noch nicht kannte, für den war zur Erläuterung des Geschäftszweiges der Schriftzug *„Ausrüstung und Bekleidung für Touristik, Jagd und Wintersport"* zu lesen.

Karl Schöns Erstlingswerk in Wien fiel positiv auf. Bereits 1908 bildete die Fachzeitschrift „Der Architekt"[29] zwei Fassadendetails sowie Grundrissdarstellungen von Parterre und Obergeschoß ab (Abb. 54). Um 1910 wurde auch in dem dreibändigen Tafelwerk „Neubauten in Österreich"[30] ein Foto des Geschäftshauses veröffentlicht (Abb. 53).

Abb. 56 Geschäftsinterieur, um 1907, anonyme SW-Fotografie, Peter Stüber, Wien

Die malerische Ausstattung des Geschäftslokales

Im Inneren des neuen Verkaufslokales setzte sich die Gestaltung, wie eine bald nach der Fertigstellung aufgenommene Fotografie zeigt, ebenfalls gediegen und geschmackvoll fort (Abb. 56). Ganz auf die Sache bezogen, nahm sich die Einrichtung mit ihrer Betonung des Quadratmotivs, selbst für heutige Verhältnisse modern und elegant wirkend, zurück. In die aus quadratischen Kassetten gebildete Wand- und Deckentäfelung wurden vier großformatige Ölgemälde mit Motiven zu Berg- und Wintersport integriert, deren Ausführung wieder Gustav Jahn anvertraut worden war.

Jahn hatte nicht nur als Illustrator seit vielen Jahren das Erscheinungsbild des Sporthauses geprägt, sondern mittlerweile auch mit seinen malerischen Arbeiten große Erfolge feiern dürfen. Besonderes Aufsehen hatte er 1904 – im Jahre seines Studienabschlusses! – auf der Weltausstellung in St. Louis mit einer Serie von zwölf Gemälden erregt, für die er mit einer Bronzemedaille ausgezeichnet wurde.[31] Die Werke hatte der Künstler im Auftrag der k. k. Staatsbahnen für die Warteräume des Westbahnhofes in Wien angefertigt. Auch für den Wiener Südbahnhof malte Jahn Ausstattungsbilder.[32] Im Rahmen der Internationalen Verkehrsausstellung in Mailand 1906 folgte als eine weitere Auszeichnung die goldene Medaille für das Gemälde „Der Paßübergang".[33]

Die heute verschollenen *„‚Trachtenbilder' reichgestaltete Gruppenbilder aus den Alpenländern"*[34], die einst den Westbahnhof schmückten, dürften für Mizzi Langer-Kauba Vorbilder für ihre neue Geschäftsausstattung gewesen sein. An diesen Gemälden beeindruckte neben malerischer Meisterschaft insbesondere der von Jahn kühn festgelegte Bildausschnitt in extremem Querformat. Letzteres war wohl eine Reminiszenz an das Ende des 19. Jahrhunderts besonders beliebte Panoramabild.

Die vier Ausstattungsbilder für Mizzi Langer-Kauba wurden von Jahn um 1906/07 fertig gestellt. An der linken Schmalseite des Geschäftes wurde das Gemälde „Skifahrer im Hochgebirge" (Abb. 58) angebracht, an der Längswand oberhalb der Verkaufstheke die beiden größten Motive „Bergsteiger in den Dolomiten" (Abb. 57) und „Bergsteiger im Mont-Blanc-Gebiet" [Kat. Nr. 25] sowie an der rechten Schmalseite ein Gemälde,

Abb. 57 Gustav Jahn, Bergsteiger in den Dolomiten, um 1906/07, Öl/Lw, 110 x 251 cm, Österreichischer Touristenklub, Wien

Abb. 58 Gustav Jahn, Winterlandschaft mit Schifahrern, um 1906/07, Öl/Lw, 111 x 170,5 cm, Österreichischer Touristenklub, Wien

das den Rodelsport darstellte. Hoch über den Köpfen der Kunden angebracht, waren vor allem die beiden Bergsportszenen, auch durch ihr gestrecktes Querformat und den Bildausschnitt, stark auf Untersicht ausgelegt. Die Kompositionen hatte Jahn vermutlich wieder nach eigenen Fotografien hergestellt, hatte er doch seit 1900 fast jedes Jahr die Dolomiten und 1904 auch die Mont-Blanc-Gruppe besucht. Die Auswahl der Motive spricht nicht zuletzt für das Selbstverständnis Mizzi Langer-Kaubas. Während die Darstellungen am Westbahnhof über Tirol nicht hinausgingen, wurde hier durch Szenen aus Südtirol und den französischen Alpen ganz bewusst der internationale Wirkungskreis des Geschäftes vor Augen geführt.

Die Innenaufnahme des Geschäftslokales zeigt links Mizzi Langer-Kauba beim Verkaufsgespräch, neben ihr Franz Kauba an der Kassa sowie im Hintergrund Mizzis Schwester Josefine (1874 – 1915) mit weiteren Kunden. Während die Kaubas primär nach außen in Erscheinung traten, sahen Josefine, die schon seit der Geschäftsgründung für die hauseigene Schneiderei zuständig war, und ihr Ehemann Josef Stüber (1876 – 1952) darauf, dass der Betrieb lief.

Während der Errichtung des Neubaues war das Sporthaus bis Jänner 1907 in der Kaiserstrasse 17 weitergeführt worden. Erst im Sommerkatalog des Jahres wurde als neue Anschrift die „*Kaiserstrasse 15*" angegeben.[35] Auch der Hauptkatalog wurde nun in einer Neuauflage dahingehend berichtigt.[36] Die in den folgenden Jahren erschienenen Hauptkataloge sind leider nur vereinzelt greifbar, anders die Winterkataloge, von denen glücklicherweise mehrere erhalten geblieben sind (Abb. 59).

Abb. 59 Gustav Jahn, Titelbild, um 1913, Gouache, Tusche/Papier, 337 x 241 mm, Familie Jahn/Winkler, Wien

Gustav Jahn – erfolgreicher Maler, Alpinist und Wintersportler

Gustav Jahn war für verschiedene Auftraggeber tätig. Seine Illustrationen wurden als Werbegrafik verwendet und fanden Einzug in Bücher und Bergsteigerzeitungen. Wie sein Freund Otto Barth entwarf er Plakate sowie großformatige Farblithografien als „Alpinen Wandschmuck" und malte er Bergmotive, die als Ansichtskarten weite Verbreitung fanden.

Auch in der Ölmalerei blieb er seinem Genre treu. „*In den öffentlichen Ausstellungen war Jahn nicht vertreten, da alle Bilder von ihm sofort Käufer fanden. Er zeichnete und malte eigentlich nur auf Bestellung; seine Werke wurden ihm förmlich, kaum daß sie fertig waren, aus der Hand gerissen.*"[37] Die Kunst war für ihn ein Mittel, das ganz und gar seiner eigentlichen Leidenschaft, dem Bergsport diente. Als Alpinist wie auch als Wintersportler machte Jahn

Abb. 60 Gustav Jahn, Vor der Abfahrt, um 1909, Tusche laviert, schwarze Kreide, Deckweiß/Zeichenkarton, 350 x 270 mm, Alpenverein-Museum, Innsbruck

durch besondere Leistungen auf sich aufmerksam. (Abb. 60).

Bei alpinen Skirennen gewann er „[…] *28, darunter mehrere erste Preise*“[38] und auch als Skispringer war er überaus erfolgreich. Jahn beteiligte sich aber nicht nur sportlich an den Wettkämpfen. Er war als Starter und Zielrichter tätig, als Leiter von Skikursen und brachte sich als Berater beim Bau von Skisprungschanzen ein. Jahn regte darüber hinaus die Errichtung mehrerer Klettersteige auf der Rax an und entwarf dafür die Streckenführungen: 1910 den Alpenvereinssteig, 1911 den Jahnsteig und 1913 den Hans-von-Haid-Steig.

Die Arbeit für Mizzi Langer-Kauba war für Jahn fixer Bestandteil seiner Auftragssituation und bildete eine sichere wirtschaftliche Grundlage. Die Aufträge für Titelbilder und Illustrationen florierte. Ab 1913 erschien der Hauptkatalog sogar viermal jährlich. Das zur Verfügung stehende Exemplar, „*2. Jahrgang Nr. 1 ex 1914.*“[39], zeigt neben dem Titelbild [Kat. Nr. 28] auf 82 Seiten insgesamt 79 Illustrationen von Jahn, darunter einige bereits mehrfach verwendete, weiters auch Fotos und technische Zeichnungen von der Ware sowie fremde künstlerische Arbeiten. Er verfehlte bei den Kunden gewiss nicht die Wirkung und lässt erahnen, wie gut das Geschäft mit Bergsteiger- und Wintersport-Artikeln gelaufen sein muss (Abb. 61). Eine „*En Gros-Preisliste über Ausrüstungssorten für militärischen Skilauf und Gebirgsdienst*“[40] sowie Aufzeichnungen über Lieferungen aus den Jahren 1911 und 1913 belegen, dass Mizzi Langer-Kauba auch als Ausstatterin der k. u. k. Armee sehr erfolgreich tätig war.[41]

Der Krieg und die Folgen

Der Erste Weltkrieg brachte wie für viele andere Branchen so auch für das Sporthaus spürbare Einbußen und Umsatzrückgänge. Die Lieferbarkeit der Ware war nicht zu garantieren, viele Artikel mussten aus dem Sortiment genommen werden. Völlig unerwartet war Anfang 1915 auch Mizzis Schwester Josefine, die gute Seele des Geschäftes, gestorben. Josef Stüber, der wesentlichen Anteil an der Betriebsführung hatte, wurde zum Kriegsdienst eingezogen und auch Franz Kauba musste ins Feld.

Mizzi Langer-Kauba war gezwungen, ihr Geschäft allein zu führen. Da sich auch ihr Illustrator im Kriegseinsatz befand wurde die Katalogproduktion eingestellt. Der Winterkatalog der Saison 1914/15[42] blieb bis 1917, vielleicht sogar noch länger, aktuell.

Gustav Jahn war am 20. März 1915 als Einjährig-Freiwilliger eingerückt. Innerhalb von zehn Wochen wurde er in Wien zum Offizier ausgebildet und schon Mitte Juni als „Alpiner Referent" auf den Karerseepass und hierauf auf das Pordoijoch in den Dolomiten beordert, wo er den Brigadeskikurs leitete.[43] Seit 1. November 1916 war er der neu gegründeten Bergführer-Abteilung in Bozen dienstzugeteilt[44], *„mit der er dann als ‚Instruktionsoffizier' nach St. Christina in Gröden übersiedelte."*[45] Kontakte zur Familie Langer-Kauba pflegte Jahn weiterhin im Rahmen der Möglichkeiten. Im Frühjahr 1917 setzte er sich dafür ein, Franz Kauba, der in Ungarn Kriegsdienst leistete, zu seiner Einheit versetzen zu lassen.[46]

Ob seine Intervention tatsächlich den gewünschten Erfolg brachte, ist nicht gesichert. Jahn jedenfalls hatte bei der *„K. u. k. Bergführer-Ersatz- und Instruktionskompagnie"* in St. Christina *„… die für ihn passendste Verwendung gefunden; es war ein Glücksfall, der ihn mit der ‚feldgrauen Zwangsjacke' wie er seinen militärischen Rock liebevoll nannte, aussöhnte und ihm zwei wonnevolle Bergsteigerjahre bescherte."*[47] Bis zum Ende seines militärischen Dienstverhältnisses Anfang

Abb. 61 Gustav Jahn, Bergsteiger in Aktion, um 1913, Gouache, schwarze Kreide/Papier, 345 x 180 mm, Alpenverein-Museum, Innsbruck

Abb. 62 Unbekannter Bildhauer, Bergsteiger, um 1920/25, Bronze, ca. 115 x 81 x 30 cm

November 1918 erstieg er in der Geißler-, Langkofel- und Sellagruppe etwa 150 Gipfel und konnte rund 20 Neutouren sowie zahlreiche Skiabfahrten verbuchen.[48] Seine Leistungen als Ausbildner brachten ihm mehrere hohe militärische Auszeichnungen.

Wenige Monate nach dem Zusammenbruch der Donaumonarchie führte die Leidenschaft für das Bergsteigen Gustav Jahn in die Ennstaler Alpen, zu seiner allerletzten Tour. Gemeinsam mit seinem Gefährten Michael Kofler verunglückte er am 17. August 1919 beim Aufstieg an der Nordwestkante des Großen Ödsteins tödlich.

Bewahrte Erinnerung an den Bergsteigermaler

Ein von Ferdinand Andri (1871 – 1956) und Roland von Bohr (1899 – 1982) geschnitztes Kreuz[49] für Jahns Grabmal am Bergsteigerfriedhof in Johnsbach im Gesäuse und Andris Porträtlithografie von 1919 schufen dem Künstlerfreund letzte Denkmale. Ende 1920 fand im Wiener Künstlerhaus eine Gedächtnisausstellung mit Werken aus Privatbesitz und aus dem künstlerischen Nachlass statt. Erstmals wurde hier ein umfassender Überblick über Jahns Schaffen gezeigt, dann wurde es um das Werk des Künstlers still. Nur unter seinen Freunden und in Bergsteigerkreisen blieb sein Andenken bewahrt.

Der Aufschwung in der Touristenbranche nach dem Ersten Weltkrieg ließ Mizzi Langer-Kauba bald wieder an alte Geschäftserfolge anschließen. Etwa Mitte der 1920er-Jahre, vielleicht zum 30-jährigen Gründungsjubiläum oder zur 20-jährigen Bestandsfeier ihres Hauses in der Kaiserstraße 15, ließ sie die Geschäftszone erneuern. Die ursprüngliche Auslagengestaltung aus Holz und Glas war nicht nur der Materialien wegen in die Jahre gekommen. Mizzi Langer-

Kauba erkannte die Notwendigkeit eines zeitgemäßen Auftrittes.

Da es die wirtschaftliche Situation des Sporthauses erlaubte, wurde eine Naturstein-Fassade, wie sie heute noch besteht, errichtet.[50] Das Interieur war von der Adaptierung offenbar nicht betroffen. „Schwere" architektonische Formen, verziert mit Art-Deco-Ornamenten, deuteten nun die Funktion des Geschäftes an. Ihre zentrale Aussage erhielt die Neugestaltung durch die Darstellung eines Bergsteigers, die in einer Nische oberhalb des Portals angebracht wurde (Abb. 62).

Unschwer ist diese Bronzeplastik eines unbekannten Bildhauers als eine Hommage an Gustav Jahn zu erkennen – die Gesichtszüge sind jedenfalls frappierend ähnlich. Zeugnisse dazu fehlen, es ist aber anzunehmen, dass Mizzi Langer-Kauba ihrem langjährigen Illustrator und Berater in künstlerischen Fragen hier bewusst ein Denkmal setzten wollte. Als Vorlage für die vielleicht schon vor dem Umbau entstandene Plastik dürfte eine Illustration Jahns mit dem Titel „Vor der Abfahrt" gedient haben welcher zweifelsohne eine fotografische Aufnahme des Künstlers zugrunde gelegen war. (Abb. 60)

Gustav Jahns Kataloggestaltungen gaben auch weiterhin die grafische Linie des Sportgeschäftes vor. Zum Teil blieben sogar einzelne Illustrationen von ihm in Verwendung – die Originale befanden sich ja im Besitz von Mizzi Langer-Kauba. Als neuer Illustrator der Kataloge war ab den 1920er-Jahren Otto Brandhuber (Lebensdaten unbekannt) tätig. Wenngleich dieser sich bemühte in Jahns Fußstapfen zu treten, Jahns Darstellungsqualität erreichte er nicht.

Von 1928 an unterstützte Sepp Stüber (1902 – 1995), der Neffe von Mizzi Langer-Kauba, den Betrieb. Durch Gustav Jahn zur extremeren Bergsteigerei gebracht, war auch er Mitglied des Österreichischen Alpenklubs.

Mizzi Langer-Kauba selbst zog sich nach und nach aus dem Geschäft zurück. Von ihrem Mann dürfte sie sich schon in den 1920er-Jahren getrennt haben. Am 5. November 1955 verstarb sie in ihrer Wohnung in der Kaiserstraße 15.

Das Sporthaus wurde von der Familie Stüber noch bis 1971 unter dem Namen Mizzi Langer-Kauba weiter geführt. Damals wurden die vier Gemälde Gustav Jahns entfernt und verkauft. Die zwei Bergsteigerbilder und die Darstellung des „Skisports" wurden vom Österreichischen Touristenklub in Wien erworben, der „Rodelsport" gelangte in Privatbesitz.

Das Geschäft stand für einige Zeit leer, wurde neu übernommen, jedoch bald wieder geschlossen. Erst 1983 fand das Sporthaus, nun unter dem Namen „Bergfuchs", einen traditionsbewussten neuen Betreiber.

Der Aufsatz „*Für den wahren Alpinisten ist doch nur das Beste gut genug!*' Gustav Jahn und Mizzi Langer-Kauba – Illustrationen für Wiens führendes Touristen-Fachgeschäft" von Wolfgang Krug erscheint als gekürzter Vorabdruck eines Kapitels für die in Vorbereitung befindliche Monografie „Der Bergsteigermaler Gustav Jahn – 1879 – 1919". Der Autor und die Familie des Künstlers sind dankbar für Hinweise zu unbekanntem dokumentarischem Material sowie zu Werken von Gustav Jahn und dessen Künstlerfreund Otto Barth in Privatbesitz (wolfgang.krug@noel.gv.at; www.gustav-jahn.at).

1 Zsigmondy Emil/Paulcke Wilhelm, Die Gefahren der Alpen, Innsbruck 1908 (4. Auflage), S. 339.

2 Preis-Catalog über Ausrüstungs-Artikel für Touristik und sonstige Sporte von Mizzi Langer Wien VII., Kaiserstrasse 11., Hauptkatalog, 8 Seiten, ohne Titelbild, Wien 1896, S. 2.

3 Span Daniela, Mode und Bekleidung für Alpinistinnen und Skiläuferinnen vom ausgehenden 19. ins frühe 20. Jahrhundert am Beispiel der Mizzi Langer-Kauba Sportkataloge, (Dipl. phil.), Innsbruck 2008, S. 33.

4 „*Die Kaubas bildeten eine Bergsteigerrunde nach Art eines Vereins, die ‚Kauba-Platte', kurz KP. Es gab ein KP-Abzeichen und ein KP-Zimmer im Ludwig-Haus auf der Rax. Auch Gustav Jahn* [...] *gehörte zur Platte. Mit Mizzi Langer war er eng befreundet.*" Schellerer Désireé, Gustav Jahn als Modeillustrator, in: A.KAT. Gloggnitz 1992, Die Eroberung der Landschaft, Niederösterreichische Landesausstellung, Kat.-Nr. 23/47a, S. 295.

5 Preis-Catalog über Ausrüstungs-Artikel für Touristik Radfahr- und sonstige Sporte von Mizzi Langer Wien VII., Kaiserstrasse No. 17., Hauptkatalog, 12 Seiten, Titelbild eines unbekannten Malers, Wien o. J. (um 1898), S. 1.

6 Ausrüstungsartikel für Turistik und sonstige Sporte. – Mizzi Langer, Hauptkatalog, 36 Seiten, Titelbild und elf Illustrationen von Gustav Jahn, Wien o. J. (um 1899), S. 1.

7 Ebd., S. 3.

8 Schmidt Gustav, Gustav Jahn – der Künstler, in: Österreichische Alpenzeitung, 43. Jg., Nr. 985, Jänner 1921, S. 10.

9 Pichl Eduard, Gustav Jahn †, in: Österreichische Alpenzeitung, 41. Jg. 1919, Nr. 971 vom November 1919, S. 182.

10 Pichl Eduard, Wiens Bergsteigertum, Wien 1927, S. 60.

11 Bazalka Erich, Skigeschichte Niederösterreichs, Waidhofen an der Ybbs 1977, S. 26–28.

12 Der „1. Damenpreis", der an Mizzi Langer-Kauba verliehene „Ehrenpreis des Alpen-Skivereines", wird im Zdarsky-Ski-Museum in Lilienfeld aufbewahrt.

13 „Alpen-Skiverein. Wettfahr-Urkunde – 1. Torlauf der alpinen Skiweltgeschichte am 19. März 1905 am Muckenkogel in Lilienfeld, Niederösterreich", Nachdruck (5. Auflage), Lilienfeld 2000, S. 23.

14 Sporthaus Mizzi Langer-Kauba Wien, VII. Kaiserstraße 15 Generalvertrieb der patentierten Alpen-Ski und der patentierten Leobener Stahlrodel, Aussendung, 2 Seiten, Titelbild von Jahn, Wien o. J. (um 1910).

15 Turisten-Ausrüstung – Mizzi Langer. Wien VII. Kaiserstraße. 17, Hauptkatalog, 64 Seiten, Titelbild und 30 Illustrationen von Gustav Jahn, Wien o. J. (um 1906/07).

16 Festschrift 100 Jahre ÖTK, Wien 1969, S. 157.

17 wie Anm. 15, S. 3.

18 „*Radio v. Radiis bewertet – richtigerweise – im Standardwerk der alpinen Dachsteinliteratur 1908 einzig den Jahnweg als ‚an der Grenze des Menschenmöglichen'.*"; Mraz Hans, Gustav Jahn, in: Österreichische Touristenzeitung, Folge 4/5, April/Mai 1994, S. 44.

19 Gmelin Erwin, Die Figur im alpinen Bild, in: Deutsche Alpenzeitung, X. Jg., 1. Halbband, Heft 9 vom August, München 1910, S. 216–217, Anm. zu den Abbildungen: „*Mit liebenswürdiger Genehmigung dem Kataloge der Firma Mitzi* [sic!] *Langer, Wien, entnommen.*".

20 Österreichischer Alpenverein (Hg.), Alpenverein Museum – Katalog, Innsbruck o. J. (1994), S. 80.

21 Schubert Karl Leopold, Der Alpenmaler Gustav Jahn, in: Kunst ins Volk, VIII. Jg. 1957, Heft III–IV, S. 117.

22 wie Anm. 20.

23 wie in Anm. 4, Kat.-Nr. 23/47a–g, S. 294.

24 Wintersport Mizzi Langer Wien 7. Kaiserstraße 17. Winterkatalog, 8 Seiten, Titelbild und 12 Illustrationen von

Gustav Jahn, Wien o. J. (Oktober 1906).

25 Karl Schön (1875 – 1955), Baumeister und Architekt; 1905 Baumeisterprüfung in Troppau/Opava; zuvor langjährige Berufserfahrung als Bauzeichner und Polier; 1906 Bauführer der Wiener Firma Georg Weinzettel, wo er bis 1910 tätig war; 1910 Heirat mit der Tochter Weinzettels – seit dieser Zeit als Architekt gemeinsam mit seinem Bruder Wilhelm Schön selbstständig. Literatur: Schön Katja, Das Atelier Schön, (Dipl.), Wien 2001.

26 Achleitner Friedrich, Österreichische Architektur im 20. Jahrhundert, Bd. III/1 (Wien 1. – 12. Bezirk), Salzburg/Wien 1990, S. 205.

27 Otto Barth führte vergleichbare Arbeiten auch im Hotel „Herzoghof" in Baden (Blick in „Das Helenental im Biedermeier" als großformatige Glasmalerei, 1908/09) und in der Wartehalle des Salzburger Bahnhofes (Ansichten des „Großglockners", des „Großvenedigers" und des „Gasteiner Wasserfalles" aus bemalten Fliesen, um 1909) aus. Von der Ausstellung des Hagenbundes 1910 wird berichtet: *„Otto Barth greift ins Kunstgewerbliche über, indem er Landschaften aus farbigen Fliesen zusammensetzt."*, in: Die Kunst, Bd. XXI, 1909/10, S. 287.

28 In seinem „Prospekt" vom April 1914 führte Leopold Forstner als Referenz auch die Arbeit für das „Haus Kauba, Wien VII" an. Vgl.: Mrazek Wilhelm, Leopold Forstner – Ein Maler und Materialkünstler des Wiener Jugendstils, Wien 1981, S. 172, Anm. 54.

29 Der Architekt – Wiener Monatshefte für Bauwesen und dekorative Kunst, Jg. XIV, Wien 1908, S. 51,53.

30 Neubauten in Österreich. Facaden – Details – Haustore – Vestibule – etc. etc., 3. Serie, Wien o. J. (um 1910), Tafel 63.

31 Schmidt Jänner 1921, S. 10.

32 Pichl 1919, S. 187.

33 Schmidt Jänner 1921, S. 10.

34 Pichl 1919, S. 187.

35 Alpine Ausrüstung und Bekleidung Mizzi Langer, Wien Sommer 1907 VII., Kaiserstraße 15., Beilage zum Hauptkatalog, 8 Seiten, Titelbild von Gustav Jahn, Wien 1907.

36 Bei gleichem Titelbild im Kern geändert: Mizzi Langer, verehelichte Kauba Wien, VII., Kaiserstraße 15. Spezialgeschäft in Ausrüstung und Bekleidung für Touristik, Ski- und Rodelsport, Jagd etc., in: Turisten-Ausrüstung – Mizzi Langer. Wien VII. Kaiserstraße 17, Hauptkatalog, 64 Seiten, Titelbild und 30 Illustrationen von Gustav Jahn, Wien o. J. (um 1907/08).

37 Pichl 1919, S. 182.

38 Ebd., S. 186.

39 Sporthaus Mizzi Langer-Kauba, Hauptkatalog, 82 Seiten, Titelbild und 79 Illustrationen von Gustav Jahn, 2. Jahrgang, Nr. 1, Wien 1914.

40 Sporthaus Mizzi Langer-Kauba Wien, VII. Bezirk, Kaiserstrasse 15 – En-Gros-Preisliste über Ausrüstungssorten für militärischen Skilauf und Gebirgsdienst, Katalog, 4 Seiten, Titelbild und drei Illustrationen von Gustav Jahn, Wien o. J. (um 1913/14).

41 Privatbesitz, Wien.

42 Sporthaus Mizzi Langer-Kauba Wien, VII. Kaiserstrasse Nr. 15, Winterkatalog, 4 Seiten, Titelbild und eine Illustration von Gustav Jahn, Wien o. J. (1914/15).

43 Pichl 1919, S. 184–185.

44 Brief von Gustav Jahn aus Wien an Franz Kauba in Pozsony/Pressburg vom 13. April 1917; Privatbesitz, Wien.

45 Pichl 1919, S. 185.

46 Ebd., S. 184–185: *„Ich werde gewiss alles versuchen dass Sie nach Tirol kommen und wenn Sie in unsere Abtlg eingeteilt sind dann werden Sie gewiss zufrieden sein.* […] *Für den Fall*

Ihrer Abkommandierung, Seil, Eispickel Steigeisen Kletterschuhe, Doppelstöcke bekommen Sie in Bozen, mitzunehmen wären Ski, Schneebrillen, Bergschuhe Windjacke etc.".

47 Pichl 1919, S. 185.

48 Jahn Gustav, Eine Ersteigung des Großen Murfreitturmes über die Nordostwand, in: Österreichische Touristenzeitung, XXXIX. Jg., Nr. 5 vom 1. Mai 1919, S. 67.

49 Heute nicht mehr vorhanden.

50 Bislang konnte noch nicht eruiert werden welcher Architekt für den Umbau verantwortlich zeichnete. Planunterlagen dazu sind auch in der Magistratsabteilung 37 – Baupolizei/Bezirksstelle für den 5., 6. und 7. Bezirk nicht vorhanden.

Katalog

Astrid Ducke A. D
Erhard Koppensteiner E. K.
Wolfgang Krug W. K.
Erika Oehring E. Oe.
Nikolaus Schaffer N. Sch.
Lothar Schultes L. S.

ALPINE GOTHIC / Kat. Nr. 1

Biografische Angaben siehe S. 324

Künstlerkollektiv

10.000 Edelweiß

2010/2011

Birkenholz, 5 cm

Courtesy ALPINE GOTHIC

Das Schnitzen von Edelweiß für den Souvenirhandel ist eine im Alpenraum verbreitete Freizeitbeschäftigung. Im Sommer 2010 startete das Künstlerkollektiv das Langzeitprojekt „10.000 geschnitzte Edelweiß" auf der Kölner Hütte in Serfaus/Tirol. Die nächsten Stationen waren Strobl am Wolfgangsee und St. Johann/Pongau im Salzburger Land. Im vergangenen Mai wurde die „Schnitzwerkstätte" unter dem Aspekt „alpin sucht maritim" in die Hafenstadt Rotterdam exportiert. Die darauf folgenden Stationen waren Wien/Vorgartenmarkt und ein kleines Dorf in der Nähe von Verona.

Ein 82-jähriger Tiroler brachte den Künstlern auf einer Almhütte in Serfaus die Technik des Edelweiß-Schnitzens aus frischen Birkenstäben bei. In öffentlich zugänglichen „Edelweiß-Workshops" wurde die symbolträchtige und identitätsstiftende Alpenblume kollektiv produziert und zum Gegenstand der Auseinandersetzung mit dem Mythos Edelweiß an sich wie auch mit den Fragen Tourismus, Naturschutz, Freizeitbeschäftigung, traditionelles Handwerk, Kunstproduktion und der Aufhebung von Autorenschaft gemacht. Die ungewöhnliche Umsetzungsstrategie des Konzepts macht den Aspekt der Kontextualisierung in mehrfacher Weise nachvollziehbar. Auf verschiedenen Ebenen erfolgt das Überschreiten von Grenzen – sowohl geografisch als auch mental und nicht zuletzt hinsichtlich des herrschenden Kunstbetriebes. Alle produzierten Edelweiße verbleiben beim Künstlerkollektiv und verschmelzen zur modifizierbaren Installation „10.000 Edelweiß".

E. Oe.

Brandl Herbert / Kat. Nr. 2

Biografische Angaben siehe S. 325

1959 Graz

Ohne Titel

2007

Öl/Leinwand, 252 x 182 cm

Courtesy Galerie Elisabeth & Klaus Thoman, Innsbruck

Grelle Grüntöne, mit kräftigen, breiten Pinselstrichen auf die Leinwand gebracht, suggerieren in einem Moment einen Berggrat, im nächsten Augenblick ein gegenstandsloses Energiefeld.

Brandls Malerei oszilliert zwischen Figuration und Abstraktion. Souverän gelingt es ihm, die beiden Gegensätze aufzuheben bzw. miteinander zu verbinden. Die Auseinandersetzung mit dem Thema Berg lässt sich bereits Anfang der 1980er-Jahre erkennen. So zeigt das Titelbild für den ersten Katalog einen Felsen. Es handelt sich dabei um eine Wiederkehr des Sujets, die der Künstler als inneren Zwang bezeichnet. Schon als Kind bekam er von seinem Vater, der ebenfalls Künstler war, eine Abbildung des Matterhorns als Zeichenvorlage.

An der Wende zum neuen Jahrtausend setzte in Brandls Malerei eine intensive „gebirgige" Phase ein. Der Künstler bringt keine konkreten Berge auf die Leinwand: „*Die Bergbilder, die ich heute male, male ich auch nach Bildern aus Hochglanzkatalogen oder Bergsteigerzeitschriften. Es sind Bergbilder ohne Titel.*" Brandl interessiert dabei nicht die Topografie, sondern das Wesenhafte der Form dieses Motivs: „*Der Prozess von der leeren Leinwand zum Berg auf die Leinwand ist für mich vielleicht das gespielte alpine Erlebnis.*" [Gespräch mit H. U. Obrist]

E. Oe.

Brusenbauch Arthur (Artur) / Kat. Nr. 3

Biografische Angaben siehe S. 325

1881 Preßburg – 1957 Abtsdorf am Attersee/Oberösterreich

Bau der Bergstation der Rax-Seilbahn

um 1926

Öl/Hartfaserplatte, 85,5 x 62,5 cm

bez. l. u.: *A. Brusenbauch*

Landesmuseum Niederösterreich, St. Pölten, Inv. Nr. 2872

In den ersten Nachkriegsjahren hatte sich Arthur Brusenbauch ganz dem Studium des menschlichen Körpers verschrieben. Er selbst nannte es die „*Zeit der 1000 Akte*". Voll des Lobes urteilten damals auch die Kritiker. Eine ganz neue Seite seines künstlerischen Schaffens brachten ab den 1920er-Jahren Landschaftsbilder aus Kärnten und Tirol und ab 1930 vom Attersee, wo er sich schließlich niederließ.

Auffällig ist seine oft serielle Beschäftigung mit bestimmten Motiven. Hatte ihn 1924/25 etwa das Thema „Holzschlag" in mehreren Darstellungen interessiert, so schuf er im Winter und Frühjahr 1926 eine Reihe von Ansichten von der winterlich verschneiten Rax, in denen er den Hausberg der Wiener als imposantes Hochgebirge zur Geltung brachte. In einer Darstellung bildete er auch die damals im Bau befindliche Bergstation der Raxbahn ab, ein Gemälde das Arthur Roessler zum Schwärmen brachte: „*Dort wo die Sonne den Schnee trifft scheint er zu tauen. Im Schatten ist er hart und vereist. Wie ausgezeichnet versteht es der Künstler, diesen Gegensatz durch seine Farbengebung herauszubringen. Wie eindrucksvoll ist das Bild trotz des wenig anregenden Gegenstandes der Darstellung.*"

Abgesehen von seiner künstlerischen Qualität besitzt das Bild großen dokumentarischen Wert. Als Bergsteiger- und Kletterparadies war die Rax zu Beginn des 20. Jahrhunderts zu einem beliebten Ziel des Wochenendtourismus geworden. Seit Längerem dachte man schon darüber nach, wie man Touristen in noch größerer Zahl auf das Hochplateau bringen könnte. Die Entwicklung der Technik machte es schließlich möglich: im August 1925 wurde mit dem Bau der ersten Personen-Seilschwebebahn Österreichs begonnen. Die Arbeiten gingen so zügig voran, dass sie bereits am 9. Juni 1926 ihren Betrieb aufnehmen konnte, nicht nur als bequemes Fortbewegungsmittel, sondern vor allem auch als eine zusätzliche Attraktion für die Region.

Literatur: A.KAT. Wien 1984, Roessler Wien 1932/33

W. K.

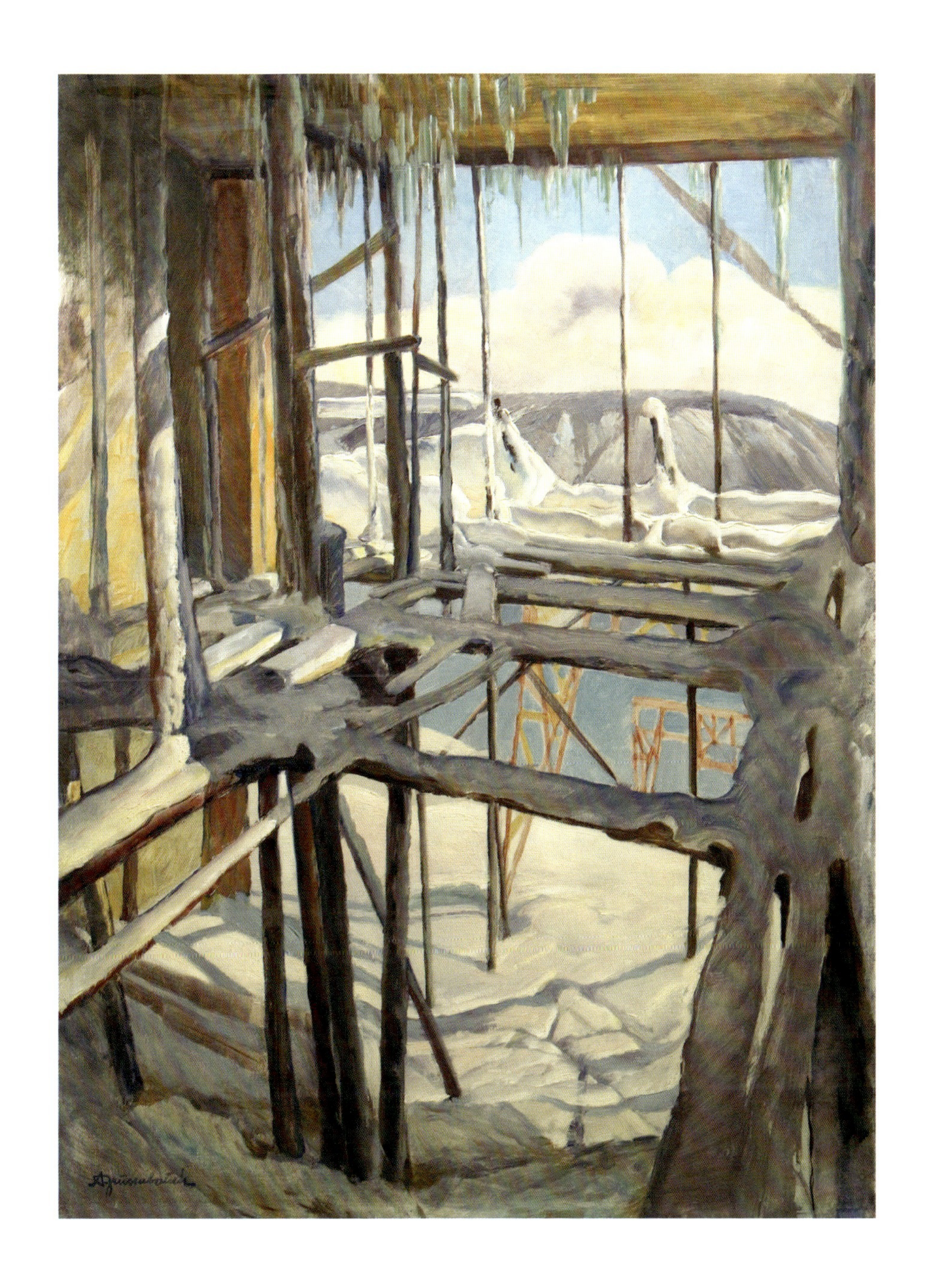

Bürkner Hugo / Kat. Nr. 4

Biografische Angaben siehe S. 326

1818 Dessau – 1897 Dessau

DER ZUG HANNIBALS UEBER DIE ALPEN VON A. RETHEL. AUF HOLZ GEZEICHNET VON H. BÜRKNER. V. LIVIUS XXI. BUCH, 33. CAP. VIELE CARTHAGER BRECHEN SAMMT IHREN LAST-THIEREN MIT DEM EISE DURCH UND STÜRTZEN IN DEN UNERMESSLICHEN ABGRUND

Holzschnitt nach Alfred Rethel (1816 – 1859), 480 x 620 mm

Biografische Angaben siehe S. 342

Universitätsbibliothek Salzburg, Sondersammlungen, Signatur: G 1001 III, Blatt 5

Rethels Aquarelle zum Hannibal-Zyklus entstanden vermutlich in den Jahren 1842 – 1844. Die Originale befinden sich im Kupferstichkabinett der Staatlichen Kunstsammlungen Dresden. Rethels Arbeiten sind nicht nur Illustration des historischen Ereignisses der Überquerung der Alpen, sondern vor allem Darstellung der Gefahren des Hochgebirges.

Hugo Bürkner vervielfältigte den Hannibal-Zyklus mittels Holzschnitt, wodurch die Bekanntheit des Werkes anstieg. Blatt 5 präsentiert anschaulich wie ein Teil des Heerzuges der Karthager durch die Eisdecke einbricht, um in die todbringende Tiefe zu stürzen. Zerschmettert liegen die Körper von Mensch, Ross und Elefant im ewigen Eis, oder hängen dramatisch aufgespießt in den Ästen der Bäume. Ein Wolf schleicht sich an die überreich gedeckte Festtafel an, ein Raubvogel tut es ihm gleich.

„*Aber der Weg war viel beschwerlicher als beim Aufstieg, weil die Alpen auf der italienischen Seite zwar kürzer, dafür aber um so steiler sind. Fast der ganze Weg war abschüssig, eng und glatt, so daß Stürze nicht zu vermeiden waren, wenn sie erst einmal strauchelten; wenn sie aber gefallen waren, blieben sie auf der Stelle liegen: und so stürzten Menschen und Tiere übereinander.*“

Literatur: Boetticher 2. Bd. 1. Hälfte, S. 390, 48.–50.; Bürkner 1897, S. 22–42; Francke 1920?, S. 15,25–26; Freien Lehrervereinigung für Kunstpflege 1907, S. 3–4, Abb. S. 15; Königswinter 1861, S. 111–117; Koetschau 1929, S. 201–213; Ponten 1911, Abb. S. 80; Livius/Feix 1960, S. 193–194; Ponten 1922, S. 41–48; Saur, Bd. 15, S. 56–57; Schmid 1898, S. 55–60, Abb. 63; Schur 1911, S. 4,6,12,14,16,18, Abb.; Titus Livius 2002, S. 193–194; ThB. 5. Bd., S. 198

A. D.

EIGENTHUM DER GESELLSCHAFT FÜR VERVIELFÄLTIGENDE KUNST.
V.
LIVIUS XXI. BUCH, 33. CAP.
VIELE CARTHAGER BRECHEN SAMMT IHREN LASTTHIEREN MIT DEM EISE DURCH, UND STÜRZEN IN EINEN UNERMESSLICHEN ABGRUND.
VERLAG VON P. KÄSER, WIEN
DRUCK VON WILH. ZŒLLER IN WIEN.
VERVIELFÄLTIGUNG VORBEHALTEN.

Compton Edward Theodore / Kat. Nr. 5

Biografische Angaben siehe S. 326

1849 Stoke Newington/London – 1921 Feldafing am Starnberger See

Der Eiger vom Gipfel des Mönch aus gesehen

bez. l. u.: *ETC.*

Aquarell, Deckweiß/Karton, 18 x 25 cm

Alpenverein-Museum Innsbruck, OeAV-Kunst 404

Der spontane Entschluss Bergmaler und Bergsteiger zu werden, kam Compton angeblich im Juli 1868 beim Anblick von Eiger, Mönch und Jungfrau, die plötzlich aus dem Nebel erschienen. Compton begeisterte sein Publikum mit einer exakten naturalistischen Wiedergabe der physischen Form einzelner Berge und Berglandschaften. Seine virtuose Beherrschung der künstlerischen Mittel ermöglichte eine beinahe fotografisch genaue Darstellung. Wesentlich waren die atmosphärischen Stimmungen seiner Bilder mit der besonderen Aufmerksamkeit für Licht, Helligkeit, Wolkendunst und Nebel.

Zunehmend musste der Künstler, der sich mit Vermessungstechnik beschäftigte, gegen das neue Medium Fotografie ankämpfen. Obwohl er sich dessen sehr wohl bediente, hielt er seine Malerei für die geeignetere Ausdrucksform. Neben Aquarellen, die für die unzähligen Illustrationen der österreichischen und deutschen Alpenvereinsmagazine entstanden, schuf Compton auch großformatige Ölgemälde. [Abb. 14]

E. Oe.

Compton Edward Theodore / Kat. Nr. 6

Biografische Angaben siehe S. 326

1849 Stoke Newington/London – 1921 Feldafing am Starnberger See

Ortler mit Payerhütte

Aquarell, Deckweiß/Karton, 18,5 x 28,5 cm

bez. l. u.: *ETC*

Alpenverein-Museum Innsbruck, OeAV-Kunst 327

Die Payerhütte, in einer Höhe von 3029 m, auf dem exponierten Tabarettakamm gelegen, wurde 1875 vom Österreichischen Alpenverein errichtet. Benannt wurde sie nach dem Polar- und Alpenforscher Julius Payer (1841 – 1915), der sich als Kartograf und Maler einen Namen gemacht hatte. Als Leutnant im 36. Infanterieregiment nutzte er die jeweilige Stationierung dazu verschiedene Alpengipfel zu erkunden. In der Ortler- und Glocknergruppe werden ihm 30 Erstbesteigungen zugeschreiben. Die Payerhütte dient(e) als Stützpunkt für die Besteigung des Ortler über den Normalweg, der 1888 mit Stahlseilen ausgebaut wurde.

Bis 1919 war der Ortler der höchste Berg Österreich-Ungarns. Seine Erstbesteigung erfolgte im Jahre 1804 auf Befehl von Erzherzog Johann und wurde als alpinistische Großtat gefeiert.

Literatur: Bernt 1992; Wichmann 1999

E. Oe.

DINE Jim / Kat. Nr. 7

Biografische Angaben siehe S. 327

1935 Cincinnati/Ohio

Untersberg mit Rabe

Einzelstudie einer 3-teiligen Serie „Der Historische Untersberg“, 1994, Edition Pace Publications, Inc., 148,6 x 109,2 cm

1994

Radierung, 178 x 125 cm

bez. M. u.: *unique fragments of Tryptychon* [sic!] *Jim Dine 1994*

Privatbesitz, © VBK, Wien, 2011

Das Thema Berg spielte bis zum Sommer 1993 im Werk des amerikanischen Pop-Art Künstlers keine Rolle. Während seines Aufenthaltes als Lehrender an der Internationalen Sommerakademie für Bildende Kunst Salzburg betrat er mit einer Serie von Untersberg-Darstellungen gleichsam künstlerisches Neuland und erschloss für sein Werk das Bildsujet Landschaft.

Dines Klassenatelier befand sich im südlichen Festungstrakt mit weiter Aussicht auf das Moor und den in 10 km Entfernung monumental aufragenden Untersberg, den nördlichsten Ausläufer der Kalkvoralpen.

In einem Erker des Geyerturms fand der Künstler ein Atelier. Hier ging er bis zum Ende des dreiwöchigen Kurses mit großformatigen Papieren, Kohle, Kreide und Acryl zu Werk. Dine behielt den einmal gewählten Blickwinkel für die gesamte Untersberg-Serie bei, ebenso bearbeitete er stets den gleichen Ausschnitt – die markante, steil aufragende Gipfelzone. Die reale Distanz wurde radikal verkürzt, der Gipfel nahsichtig auf die Bildfläche gedrängt. Die konsequente Verwendung des Hochformates betont die Massivität des Salzburger Wetterbergs.

In seinem New Yorker Studio wurde die Arbeit fortgesetzt und ergänzt.
Die großformatige Radierung, gedruckt von Kurt Zein, Wien 12, bewahrt den Charakter der Zeichnung, die sich als wesentliches Ausdrucksmittel durch das gesamte künstlerische Werk Dines zieht. Ebenfalls charakteristisch ist die Einbeziehung von Schrift und Sprache.

Der Rabe begegnet uns im vielfältigen Werk von Jim Dine immer wieder mehr oder weniger rätselhaft. Gemeinsam mit der Eule symbolisiert der schwarze Vogel Tod und Weisheit. Vermutlich hat Dine in diesem Zusammenhang den Mythos aufgegriffen, wonach tief im Inneren des Untersberges Kaiser Karl und seine edlen Gefährten schlafend um einen Tisch versammelt seien. Alle hundert Jahre, so erzählt die Sage, wache er auf, und wenn er sieht, dass immer noch die Raben um den Berg fliegen, dann schlafe er ein weiteres Jahrhundert.

Literatur: A.KAT. Salzburg 1994

E. Oe.

Ender Thomas / Kat. Nr. 8

Biografische Angaben siehe S. 327

1793 Wien – 1875 Wien

Bad Gastein mit Wasserfall

um 1829

Öl/Malkarton, 33 x 25 cm

Residenzgalerie Salzburg, Inv. Nr. 3

Bad Gastein, bereits im 14. Jahrhundert wegen seiner Quellen und des Klimas als Wildbad bekannt, wurde durch Erzherzog Johann, der 1828 die Villa Meran erbauen ließ, zum noblen Kurbad. Die Aufenthalte berühmter Gäste wie Kaiser Wilhelm I., Otto von Bismarck und General Moltke in den 60er- und 80er-Jahren des 19. Jahrhunderts steigerten die Attraktivität des Ortes, dessen „Englisches Café" die Bemühung um internationales Flair verdeutlicht.

Thomas Ender begleitete Erzherzog Johann bis 1834 alljährlich zum Kuraufenthalt nach Bad Gastein. Von hier aus unternahm man Hochgebirgstouren, wie etwa die Expedition auf den Großglockner im Jahre 1832.

Das Salzburger Gemälde mit knappem Bildausschnitt und Konzentration auf den Wasserfall entstand vermutlich nach Enders erstem Aufenthalt im Jahre 1829. Der Künstler schuf eine Reihe von Blättern mit der Darstellung des malerischen Ortes über dem tosenden Wasserfall.

[Ein Aquarell befindet sich in der Grafiksammlung der Residenzgalerie Salzburg, Inv. Nr. 44]

Literatur: A.KAT. Salzburg 1995, S. 62, Farbabb. 63; A.KAT. Linz 2010, S. 279 mit Farbabb. 6.7; B.KAT. Salzburg 1980, S. 57, Tafel 109; B.KAT. Salzburg 2010, S. 64 mit Farbabb.; Juffinger/Plasser 2007, S. 68, 90, 195

E. Oe.

Ender Thomas / Kat. Nr. 9

Biografische Angaben siehe S. 327

1793 Wien – 1875 Wien

Der Großglockner mit der Pasterze

um 1832

bez. l. o.: *THO. ENDER*

Öl/Holz, 42,5 x 60,5 cm

Residenzgalerie Salzburg, Inv. Nr. 592

Auf die Erschließung der Westalpen folgte die Aneignung und Ästhetisierung der Natur in den Ostalpen, die zum nationalen Mythos wurden. Erzherzog Johanns (1782 – 1859) Ziel war eine „gesamt-österreichische Landesaufnahme" mit geologisch-montanistischer, botanischer und volkskundlicher Ausrichtung. Geplant wurde eine Dokumentation mit möglichst genauer Abbildung durch seine Kammermaler.

Nach der Überquerung der Pasterze am 8. August 1832 notierte Erzherzog Johann in seinem Tagebuch „*Über den grünen Abhang zurück, gehet es nun aufwärts der Pasterze zu. Eine gute halbe Stunde bedarf man, um den hohen Sattel zu erreichen, und nun öffnet sich ein herrlicher Anblick…*".

Enders Darstellung der oberen und unteren Pasterze mit dem „Johannisberg" bildet ein wichtiges Zeugnis ehemaliger Gletscherstände. Die Oberfläche des einst längsten Gletschers [11,4 km!] der Ostalpen reichte damals fast bis auf das Niveau der heutigen Franz-Josefs-Höhe.

Besonders bildwirksam erscheint das nuancenreiche kühle Kolorit des Gletschereises im Gegensatz zu den dunklen Erdtönen im Vordergrund. Verschwindend kleine Staffagefiguren demonstrieren ebenso wie zwei kreisende Raubvögel die Grandiosität der Natur.

Ender, der stets in Bildfolgen arbeitete, stellte dieses Motiv aus wechselnden Blickpunkten in einer Reihe von Blättern dar. Das Gemälde stammt ursprünglich aus dem Besitz von Katharina Schratt und ist die Umsetzung des Aquarells Inv. Nr. 96 aus dem Bestand der Grafiksammlung der Residenzgalerie Salzburg.

Auf alljährlichen gemeinsamen Wanderungen mit dem Erzherzog durch die Alpen schuf der Künstler eine einzigartige Sammlung von Aquarellen. Viele von Enders Landschaften wurden von englischen Künstlern in Stahl gestochen.

Literatur: A.KAT. Salzburg 1960, S. 26, Kat. Nr. 72; A. KAT. Salzburg 1988, S. 104–107, Farbabb. Nr. 51b; A.KAT. Salzburg 1995, S. 64, Farbabb. S. 65; A.KAT. Bregenz 2009, Farbabb. S. 116; B.KAT. Salzburg 1980; B.KAT. Salzburg 2001, S. 124, Farbabb. S. 125; B.KAT. Salzburg 2010, S. 65 mit Farbabb.; Koschatzky 1982, S. 60, Abb. S. 59; Klemun 2000, S. 248

E. Oe.

Ender Thomas / Kat. Nr. 10

Biografische Angaben siehe S. 327

1793 Wien – 1875 Wien

Großglockner mit Pasterze

bez. r. u. in Tusche: *Ziffer 51*; darunter in Bleistift die spätere Bez. *Th. Ender*; bez. verso: *Franz gehörig Franz Hollscher/Obere u. Untere Pasterze mit dem Großglockner u. d. Johannesberg*

Aquarell über Bleistift/Papier, 313 x 443 mm

Residenzgalerie Salzburg, Inv. Nr. 96

Literatur: A.KAT. Salzburg 1995, S. 58,64, Abb. S. 66; A.KAT. Salzburg 1994, S. 79; B.KAT. Salzburg 1988, S. 104,106–107, Abb. Kat. Nr. 51a; Eltz 1964, S. 50–51, Abb. S. 51; Galerie Welz 1939, S. 8, Nr. 58; Groschner 1997/1998, S. 54–55,58 Anm. 37; Juffinger/Plasser 2007, S. 213,348; Koller 2000, S. 158,244, Abb. S. 386, Inv. Nr. 456

E. Oe.

Felbert Peter von / Kat. Nr. 11–12

Biografische Angaben siehe S. 328

1966 Bonn

Ohne Titel

2009
Inkjets/Papier, 40 x 56 cm
Courtesy Galerie Wittenbrink, München

Ohne Titel

2009
Inkjets/Papier, 40 x 56 cm
Courtesy Galerie Wittenbrink, München

Trotz seiner Übersiedelung nach München blieben die nahen Alpen lange eine Region, die der Künstler keinesfalls als künstlerische Herausforderung betrachtete. Erst die imposanten Aufnahmen der Dolomiten in Luis Trenkers Filmklassiker aus dem Jahre 1934 „Der verlorene Sohn" weckten sein Interesse.

Zunächst stellte sich die Frage: Wie fotografiert man diese schroffe, fremde Welt, in der das Thermometer bis auf minus 30° Celsius fällt?
Von Felbert entschied sich bei seiner Arbeit im Gelände für das digitale Kleinbild. Erst mit einer handlichen Nikon D2X, später mit einer Nikon D3 und überwiegend mit dem 2,8/70-200-mm-Zoom und Zweifach-Konverter.

Die beiden ausgewählten Aufnahmen thematisieren das Verhältnis von Mensch und Natur, die Eingriffe des Wintersports in die Felsregion jenseits der Baumgrenze. Mittels digitaler Bearbeitung neutralisiert von Felbert den blauen Himmel zu einem einheitlichen diffusen hellen Weißgrau. Mensch und Landschaft gehen auf im weißen Nichts. Vereinzelte Farbpünktchen verleihen den Blättern eine geradezu poetische Note.
„*Die Frage nach der Wirklichkeitswahrnehmung stellt sich oft in meinem Werk*", sagt der Künstler. „*Mich interessiert die Grenzlinie zwischen Wahrheit und Fiktion.*"

Literatur: A.KAT. München 2011, Farbabb., o. S.; Zollner 2010

E. Oe.

Fischbach Johann / Kat. Nr. 13

Biografische Angaben siehe S. 328

1797 Schloss Grafenegg bei Krems – 1871 München

Waldbach

186[8]

Öl/Karton, 36,7 x 27,6 cm

bez. r. u.: *Joh. Fischbach 186[8]*

Residenzgalerie Salzburg, Inv. Nr. 330

Der „Waldbach“ erscheint in der Literatur unter einem weiteren Titel, als: „Waldbach Strub bei Hallstatt“.

Seit 1830 verbrachte Fischbach seine Sommer im Salzkammergut und hielt den Waldbachstrub mehrmals künstlerisch fest. Das Buch „Malerische Ansichten von Salzburg und Ober-Oesterreich nach der Natur gezeichnet von Johann Fischbach und von mehreren Künstlern in Stahl gestochen“ belegt dies durch „Waldbachstrub“ in Abbildung 32.

Beim Waldbach Strubb, der in mehreren Schreibweisen in der Literatur zu finden ist, handelt es sich um ein beliebtes Motiv der Künstler der damaligen Zeit. Ferdinand Georg Waldmüller (1793 – 1865) zählt zu den bekanntesten Malern dieses Baches. Zwischen 1831 und 1842 fertigte er mehrere Gemälde im Hoch- und Breitformat zu dem Standardmotiv des Waldbach Strubb.

Fischbachs Aufmerksamkeit galt der sorgfältigen Gestaltung eines Landschaftsausschnittes. Die Wahl des Hochformates unterstützt hierbei auf ideale Weise die Schilderung der sich steil auftürmenden Gesteinswand. Die schroffe Oberfläche des Felsen erscheint in fein abgestimmten Grau- und Brautönen und vermittelt so fast fühlbar den rauen Oberflächencharakter des Gesteins. Das klare Wasser des Gebirgsbaches ergießt sich über die größeren Gesteinsbrocken im Bachbett und hinterlässt nichts als aufschäumende Gischt, in der die Lichtführung Fischbachs zur Meisterschaft gelangt.

Literatur: A.KAT. Rosenheim 1987, S. 31,63, Abb. Kat. Nr. 184; A.KAT. Salzburg 1994, Dine, S. 78; B.KAT. Salzburg 2010, S. 69–70, Abb. S. 69; Feuchtmüller 1996, S. 449, Kat. Nr. 314 & 315, S. 453, Kat. Nr. 353, S. 469, Kat. Nr. 518, S. 477, Kat. Nr. 594, S. 485, Kat. Nr. 674; Kürsinger/Köck o. J., „Waldbachstrub“; Schaffer 1989, S. 208, Abb. 107, Kat. Nr. 91 (a) „Waldbach Strub bei Hallstatt“

A. D.

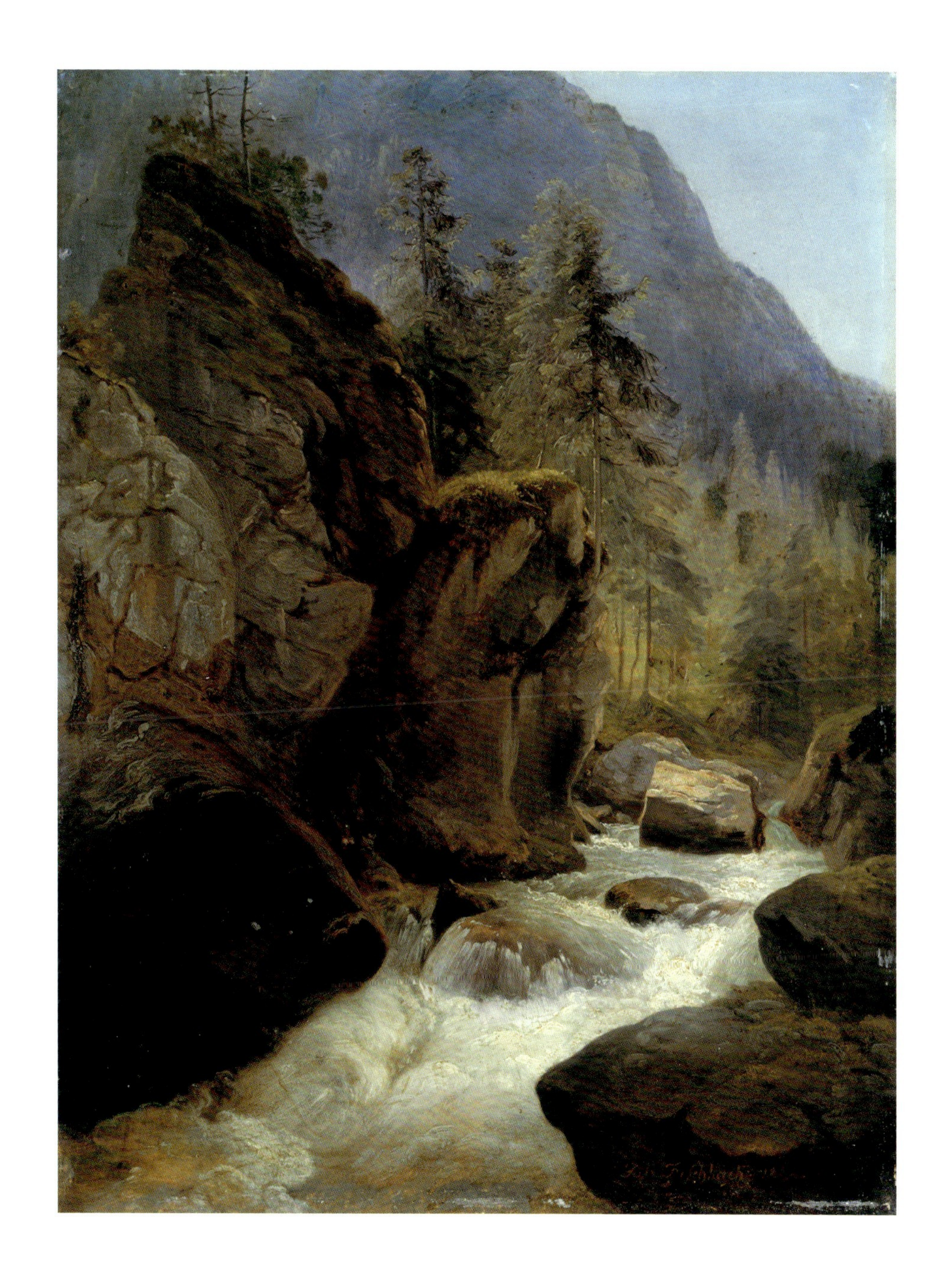

Gauermann Friedrich / Kat. Nr. 14

Biografische Angaben siehe S. 329

1807 Miesenbach/Niederösterreich – 1862 Wien

Hirsch, von einem Luchs verfolgt

1831

Öl/Leinwand, 158 x 116 cm

bez. M. u.: *F. Gauermann. 1831.*

Landesmuseum Niederösterreich, St. Pölten, Inv. Nr. 6827

Fast jedes Jahr unternahm Gauermann im Sommer Studienreisen nach Salzburg, Berchtesgaden, Tirol oder ins Salzkammergut – so auch 1831, diesmal in Begleitung seines Künstlerfreundes Josef Höger (1801 – 1877). Dass Berchtesgaden kein Geheimtipp für Künstler mehr war, ist seinem Reisetagebuch zu entnehmen, erwähnt er doch, dass sie während ihres Aufenthaltes dem Münchner Hofmaler Josef Stieler (1781 – 1858) sowie den jungen Dresdener Künstlern Robert Kummer (1810 – 1889) und Anton Castell (1810 – 1867) begegneten: „*... mit denen wir uns oft gut unterhielten. Wir fanden hier die herrlichsten Gegenstände, aber leider konnten wir wenig arbeiten, denn es war ein furchtbar schlechtes Wetter, durch 3 Wochen kaum 4 Schöne Tage.*“ In der Hoffnung auf besseres Wetter reisten sie weiter nach: „*... Golling wo wir zwey Tage blieben, und dann unseren Weg ohne Aufzuhalten na*[c]*h Gastein fortsetzten. Hier war das Wetter so schlecht daß wir nur ein paar halbfertige Studien ma*[c]*hen konnten, selbst den Weg na*[c]*h Naßfeld, machten wir vergebends, die Gebirge sahen wir nur halb, und eine furchtbare Kälte; die Natur hier ist sehr intressant so Großartig, und schön*[e] *Formen. Mißvergnügt kehrten wir nach Salzburg zurück*“.

Die letzte Hoffnung, das Skizzenbuch noch füllen zu können war Hallstatt. Doch auch hier waren sie nicht die einzigen Maler. Sie trafen Franz Xaver Gruber (1801 – 1862), Johann Fischbach (1797 – 1871) und Ernst Welker (1788 – 1857) sowie Franz Steinfeld (1787 – 1868), dessen Sohn Wilhelm (1816 – 1854) und Tommaso Benedetti (1796 – 1863). In Ischl begegnete ihnen schließlich noch Ferdinand Georg Waldmüller (1793 – 1865).

Die frischen Reiseeindrücke verewigte Gauermann unmittelbar nach seiner Rückkehr im Laufe des August 1831 in dem großformatigen Gemälde „Hirsch, von einem Luchs verfolgt“. Als Vorlage für den landschaftlichen Hintergrund diente ihm eine der mitgebrachten „halbfertigen“ Ölstudien – heute in der Sammlung des Leopold-Museums in Wien.

Literatur: B.KAT. Wien/München 2001

W. K.

Godly Conrad Jon / Kat. Nr. 15

Biografische Angaben siehe S. 329

1962 Davos

SOL II

2010

Öl/Leinwand, 265 x 235 cm

Privatsammlung Zürich

Godlys Bergbilder überwältigen als mentales Spiel von Farbe und Formen.

Mit grandiosem Gestus lässt der Künstler monumentale Gebirgsformationen in Erscheinung treten. In der Annäherung lösen sich die einzelnen Bildelemente – schroffe Felsen, gleißende Schneefelder, leuchtende Grate, die Kontraste von Licht und Schatten – in abstrakte, reduzierte Formen auf. Das verwendete Hochformat verstärkt die Grenzen sprengende Bildwirkung, suggeriert den Eindruck geballter Energie und entspricht damit der Massivität des Motives.

Inspiration holt sich der Künstler von den Bergen, die seinen Weg von Chur ins Bergell säumen. Auf den Bildern sind sie jedoch topografisch nicht wieder erkennbar.

Mit reduzierter Palette verfolgt er die Gesetzmäßigkeiten der Natur. Den Gipfel behandelt er wie eine Skulptur. Die mit einem extrabreiten Pinsel pastos aufgetragene Farbmasse bewirkt eine reliefartige Plastizität.

„Fotografien sind meine ersten Skizzen. So kann ich nochmals in Ruhe sehr präzise Studien betreiben. Ich schaue mir die Fotografien so lange und genau an, bis ich die Tektonik, die Formen und räumlichen Gegebenheiten in der Weise erfasse, dass ich sie in mir trage und dann frei diese verinnerlichten Bilder auf die Großleinwände übertragen kann. Ich trage direkt die Farbe auf, ich arbeite aus dem Material heraus."

Literatur: A.KAT. Chur 2010, S. 21–25, Farbabb. S. 20,22

E. Oe.

Godly Conrad Jon / Kat. Nr. 16

Biografische Angaben siehe S. 329

1962 Davos

DUNKEL 23

2011

Öl/Leinwand, 260 x 200 cm

Courtesy Galerie Luciano Fasciati, Chur

Das monochrome großformatige Werk DUNKEL 23 ist ein nächster Schritt in Godlys Werkprozess. Der dunkle Farbkörper lässt das zugrunde liegende Motiv erkennen. In den Vordergrund tritt nun verstärkt die plastische Struktur und deren spannungsreiche Bewegung und Gegenbewegung.

E. Oe.

Godly Conrad Jon / Kat. Nr. 17

Biografische Angaben siehe S. 329

1962 Davos

SOL – CC

2010

Öl/Karton, je 9 x 12 cm, 14 Tafeln

Courtesy Galerie Luciano Fasciati, Chur

Conrad Jon Godly arbeitet in Werkgruppen und versteht seine Kunst als „work in progress". Sein Interesse gilt der Grenze zwischen Gegenstand und Abstraktion, der Emanzipation der Malerei vom dargestellten Objekt. Aus dieser Auffassung entstanden mehr als 200 unterschiedliche kleinformatige Ansichten, die eine endlos scheinende Bergkette ergeben. Godlys imaginärer Gebirgszug funktioniert in jeder beliebigen Zusammenstellung und ergibt ein bewegtes, filmähnliches Bild, das sich bei Nahsicht in den flüssigen Duktus der Farbgebung auflöst.

Literatur: A.KAT. Chur 2010, S. 21–25, Farbabb. S. 20,22

E. Oe.

Hansch Anton / Kat. Nr. 18

Biografische Angaben siehe S. 329

1813 Wien – 1876 Salzburg

Am Königssee

Öl/Leinwand, 37 x 30,2 cm

bez. l. u.: *Hansch*

Residenzgalerie Salzburg, Inv. Nr. 403

Für das Anlegen eines Repertoires pittoresker Blicke eignete sich neben dem Salzkammergut der Königssee mit dem nahe gelegenen „Malerwinkel" ganz besonders gut. Seit Beginn des 19. Jahrhunderts war die reizvolle Gebirgslandschaft zum erklärten Ort der Inspiration geworden. „*Ein gewaltiger See, und in den europäischen Gebirgen gibt es seinesgleichen nicht*" [Heinrich Noè]. Hier trafen sich neben vielen aus München und Umgebung kommenden Landschaftsmalern auch Anton Hansch, Ferdinand Georg Waldmüller, Franz Steinfeld und Friedrich Gauermann zu künstlerischem Austausch und geselligem Beisammensein.

Wie auf einem riesigen Tablett fand man alle Ingredienzien für ein wildromantisches Bild dargeboten. Anton Hansch verwandelt effektvoll die in Wirklichkeit unscheinbare Wand mit einem knappen Bildausschnitt zu einem mächtig aus dem Wasser aufragenden Felsen.
Die in warmes Herbstlicht getauchte Falkensteinwand im Hintergrund ist in der Realität vom gegebenen Standort ebenso nicht zu sehen wie die Schönfeldspitze im Talschluss.

Im Sinne der künstlerischen Freiheit setzt sich Hansch über die Topografie hinweg und verdichtet ein Stück Landschaft zu einem bildwirksamen Motiv.

Literatur: A.KAT. Rosenheim 1987, S. 54, Abb. 130; A.KAT. Salzburg 1995, S. 72, Farbabb. S. 71; B.KAT. Salzburg 1980, S. 65, Tafel 110; B.KAT. Salzburg 2010, S. 93 mit Farbabb.

E. Oe.

Hansch Anton / Kat. Nr. 19

Biografische Angaben siehe S. 329

1813 Wien – 1876 Salzburg

Der Großvenediger

Öl/Leinwand, 76,4 x 105,4 cm

bez. M. u.: *HANSCH*

Residenzgalerie Salzburg, Inv. Nr. 414

Die Erstbesteigung des Großvenedigers erfolgte 1841, nachdem Erzherzog Johanns dramatischer Versuch einer Bezwingung im Jahre 1828 gescheitert war.

Vor dem Respekt einflößenden, einem Göttersitz gleichen Gipfel des Großvenedigers verlieren sich über schwindelerregendem Abgrund auf einem hohen Fels winzig kleine kauernde Menschen. Der Künstler macht sie zu Zeugen eines atemberaubenden Erlebnisses und betont mit ihnen Distanz und Größenverhältnisse. Die Tiefe und Weite des in Schichten aufgebauten, kulissenartigen Bildraumes bildet die eigentliche Faszination: das Gebirge wird zur grandiosen Bühne.

Hansch, dessen Spezialgebiet die Hochgebirgslandschaft mit ihren aufregenden räumlichen Dimensionen war, schuf ein heroisches Landschaftsbild, das weit über die Topografie hinausweist. Der erfolgreiche Künstler, der sich am Werk von Alexandre Calame (1810 – 1864) orientierte, erweckte mit spektakulären Hochgebirgslandschaften das Interesse des Kaiserhauses. Mit seinem Werk spannte er den Bogen *„… von der heroisch-klassizistischen Landschaftsmalerei eines Joseph Anton Koch zum imperialen Hochgebirgspathos der franzisco-josephinischen Epoche.“* [N. Schaffer]

Auf mühevollen Expeditionen schuf er hunderte Ölskizzen, die nach 1873 von Kaiser Franz Joseph angekauft wurden und sich heute im Kupferstichkabinett der Akademie in Wien befinden. [Abb. S. 31]

Literatur: A.KAT. Rosenheim 1981, S. 190, Abb. Tafel 169; A.KAT. 1995, S. 72, Farbabb. S. 71; A.KAT. Wien 1997, S. 246; B.KAT. Salzburg 1980, S. 65, Tafel 123; B.KAT. Salzburg 2010, S. 94 mit Farbabb.

E. Oe.

Hansch Anton / Kat. Nr. 20

Biografische Angaben siehe S. 329

1813 Wien – 1876 Salzburg

Der Schmadribachfall

1868

Öl/Leinwand, 79 x 94,5 cm

Salzburg Museum, Inv. Nr. 239/60

Anton Hansch ist der österreichische Alpenmaler par excellence, dennoch blieb ihm eine ausführliche Würdigung etwa in Form einer Monografie, eines Werkverzeichnisses oder Ausstellungskataloges bis heute versagt.

Seine Kunst war offiziell sanktioniert, gehörte doch das Kaiserhaus zu seinen fleißigsten Abnehmern. Der Kaiser selbst half ihm auch durch einen generösen Ankauf aus der Patsche, als Hansch beim berüchtigten Wiener Börsenkrach sein Vermögen verlor.
Hansch' Kunst wurzelt zwar noch in einer betulichen biedermeierlichen Auffassung, sprach jedoch mehr einem grandiosen Stil zu, wie er nach der Jahrhundertmitte modern wurde.

Während er sich in seinen hochgelobten Naturstudien, die als Arbeitsbehelf im Atelier dienten, eines lockeren, flüssigen Stils bediente, erfolgte die Umsetzung ins große Format in glatter akademischer Manier. In seiner Spätzeit rückte Hansch auch von der feinmalerischen Ausführung, nicht aber von der dramatisch-heroischen Auffassung ab.

Der Schmadribachfall im Berner Oberland, der seit J. A. Koch zu den prominentesten Gebirgsmotiven zählt, kommt Hansch' Ambition entgegen, ein Motiv nach allen Regeln der dramatischen Kunst abzuwickeln und in einer Apotheose im wahrsten Sinn des Wortes gipfeln zu lassen. Der titelgebende Wasserfall, in Kochs hochformatiger Umsetzung eindeutig die Hauptsache, geht bei Hansch in der imposanten Breitwandwirkung der ihn umgebenden Szenerie fast unter. Das Bild wirkt wesentlich kolossaler, als es seinen Ausmaßen nach tatsächlich ist. In bravouröser Raffung werden die einzelnen klar abgesetzten Geländestufen einer Zusammenschau zugeführt, innerhalb der der Mensch sich höchst winzig ausnimmt. Die dunstgeschwängerte Atmosphäre trägt zur majestätischen Entrückung der Gipfelregionen bei, die man auch als Sinnbild der wieder erstarkten Monarchie deuten könnte.

N. Sch.

Literatur: B.KAT. 1984, S. 55, Abb. 56; Frank 1995, S. 74 mit S/W Abb.

Huber Stephan / Kat. Nr. 21

Biografische Angaben siehe S. 330

1952 Lindenberg/Allgäu

Drei weiße Berge (Antelao, Pelmo, Sasso Lungo)

2002

Dentalgips, Innenkonstruktion: Holz, Aluminium

je 110 x 110 x 210 cm

Courtesy Galerie Charim, Wien,

Gleich zu Beginn der Ausstellung stehen wir vor drei hieratischen Gipsblöcken. Es sind die Modelle der Dolomitenberge Monte Antelao, Pelmo und Sasso Lungo/Langkofel. Die präzise Nachbildung täuscht, denn die klaren Gipfel erscheinen bei genauerer Betrachtung höher und steiler als in Wirklichkeit. Wie in den Alpenbildern des 19. Jahrhunderts dient die effektvolle Überhöhung der Steigerung von Monumentalität und Dramatik.

In ihrer schroffen Erhabenheit bleiben die strahlend weißen Berge unerreichbar. Wir sehen ästhetische Konstrukte, die als solche die jahrhundertelange kulturelle und touristische Konstruktion des „Alpenbildes“ spiegeln.

Stephan Hubers Werk ist vielschichtig, ambivalent und gekennzeichnet von reicher Bedeutungsvielfalt. Die Arbeit nährt sich aus der unerschöpflichen Quelle des kollektiven Gedächtnisses und aus dem „*Reservoir des Alltags*“ [Huber]. Seine Herkunft aus dem bayerischen Alpenvorland und die kulturhistorische Dimension des Barock sind nur zwei Konstanten.

Literatur: A.KAT. Wien 1997; A.KAT. Innsbruck 2002, S. 58 mit Abb.; A.KAT. Hannover 2003

E. Oe.

Huber Stephan / Kat. Nr. 22

Biografische Angaben siehe S. 330

1952 Lindenberg/Allgäu

SL1 - SL7

(Sasso Lungo 7 Variationen)

Dentalgips

Auflagen 10, 2011

Courtesy Galerie Charim, Wien, © VBK, Wien, 2011

Zu den drei großen Gipsskulpturen transferierte der Künstler eine Variation in das barocke Ambiente des Museums. Sieben Gipfelreliefs des Langkofel, präsentiert in den einst fürsterzbischöflichen Räumlichkeiten, werden in einem heiteren, poetischen Reigen zu allegorischen Stuckornamenten: „*Als Naturformen haben sie mich geprägt, als Kunstformen kehren sie zurück.*“

E. Oe.

Huber Stephan / Kat. Nr. 23

Biografische Angaben siehe S. 330

1952 Lindenberg/Allgäu

Shit Happens 2

Holztüre, Videoprojektion, Sound

Auflage 3, 2001

Courtesy Galerie Charim, Wien, © VBK, Wien, 2011

Am Ende der Ausstellung stoßen wir auf die fenstergroße, geschlossene Tür der Installation „Shit happens“. Die Art und Weise der Inszenierung zwingt uns Betrachter, das rituelle Verbot zu übertreten und das Geheimnis zu lüften. Augenblicklich donnert uns mit dramatischer Lautstärke die Katastrophe entgegen. Wir können ihr nur entgehen, wenn wir die Tür schnell wieder zuschlagen. Der „*bild- wie sprachmächtige Rhapsode*“ [Stephan Berg] kleidet die Dialektik des Erhabenen zwischen Ehrfurcht und Grauen in ein Bilderlebnis von suggestiver Überwältigungsästhetik.

E. Oe.

Huck Karl (Carl) / Kat. Nr. 24

Biografische Angaben siehe S. 330

1876 Wien – 1926 Wien

Die Bergdohle

um 1910

Öl/Leinwand, 100 x 100 cm

bez. r. u.: *CARL HUCK*

Privatbesitz, Wien

Karl Hucks Spezialität waren nach Thieme/Becker „*Raubvögel in Hochgebirgslandschaft, naturwahr, aber dabei doch stets ein wenig stilisiert, mit ausgesprochen dekorativer Tendenz und einem Hang zum Phantastischen.*" Sein diesbezügliches Hauptwerk verwahrt die Sammlung des Belvedere in Wien. Das Gemälde trägt den Titel „Erwachen" und zeigt sieben auf einem Felsgrat der Anden nebeneinander sitzende Kondore – dahinter in der Ferne einen Gebirgskamm in morgendlicher Beleuchtung. Huck präsentierte es 1908 auf der Kaiser-Huldigungs-Ausstellung im Wiener Hagenbund. Das mit 186 x 352 cm gewaltig dimensionierte Gemälde verfehlte nicht seine Wirkung und wurde sogleich für die Moderne Galerie erworben. 1911 wurde es auf der großen Düsseldorfer Kunstausstellung mit der großen goldenen Medaille ausgezeichnet. Der Eindruck, den das monumentale Bild noch heute auf den Betrachter hinterlässt ist zwiespältig, geheimnisvoll und bedrohlich zugleich.

Diese Ambivalenz ist für das Werk des Künstlers charakteristisch und macht es unverwechselbar. Das ruhige Sitzen der Raubvögel oder der stille Gleitflug der Bergdohle über dem Schneefeld im Hochgebirge bei unserem Bild – alles wirkt statisch, wie in Stein gehauen. Das Wort „Ewigkeit" kommt einem vielleicht in den Sinn. Und dennoch sind es immer nur Momentaufnahmen. Das macht die Bildwirkung bedrohlich, denn wehe wenn das Gleichgewicht gestört werden würde.

Aus Mythologie, Sagenwelt oder Literatur, etwa Edgar Allen Poe, entlehnte Bildinhalte verband Huck vielfach mit geheimnisvollen Titeln, wie etwa „Berggeist" oder „Phantastische Luft". Mysteriös wirkt auch Hucks großformatige erst 1923 nach einer Dichtung Rudolf Baumbachs (1840 – 1905) entstandene Darstellung der sagenhaften „Zlatorog-Gams", der weißen Gams mit den goldenen Krickeln, aus deren Blut seltene Blumen sprießen. Es ist ein Hauptwerk der Sammlung des Alpenverein-Museums in Innsbruck.

Literatur: Barth, 1939; ThB. 18. Bd., S. 31

W. K.

Jahn Gustav / Kat. Nr. 25

Biografische Angaben siehe S. 332

1879 Wien – 1919 Großer Ödstein im Ennstal

Bergsteiger im Mont-Blanc-Gebiet

um 1906/07

Öl/Leinwand, 110 x 251 cm

Österreichischer Touristenklub, Wien

Gustav Jahn hatte 1904 sein Studium an der Wiener Akademie mit dem Rompreis abgeschlossen. Statt nach Rom fuhr der begeisterte Bergsteiger jedoch mit Freunden aus der alpinen Platte „Apachen" zum Mont Blanc. Die Platte, manchmal als „Da Patschen" verunglimpft, war 1902 von einigen Mitgliedern des Österreichischen Alpenklubs gegründet worden, darunter Jahn und sein Künstlerfreund Otto Barth (1876 – 1916). Abgesehen von den beiden waren die Teilnehmer an der Mont-Blanc-Expedition 1904 Heinrich Krempel, Karl Mayr, Gustav Schmidt und Richard Volkert. Am 16. August brach man von Courmayeur auf. In vier bis fünf Tagen wollte man nach Chamonix gelangen.

Die Tour bot große Herausforderungen, gleich am 17. August etwa die Besteigung der „Aiguille du Géant" (4013 m). „*Bald standen wir am Einstieg, und ohne lange Rast teilten wir uns in drei Partien und begannen die lustigste und luftigste Kletterei, die nur ersonnen werden kann. Selbst wenn man mit der Nase schon daran steht, erscheint es fast unmöglich, an diesem senkrechten Plattenpanzer in die Höhe zu kommen, und unfaßbar sieht es aus, wenn man die erste Partie, aus Jahn und Barth bestehend, zwei Seillängen, also 40-50 Meter über uns, in den Lüften sieht.*" Im Abstieg wagten Jahn, Mayr und Volkert einen neuen Weg am Nordostgrat. Nach einer durch Schlechtwetter erzwungenen eintägigen Hüttenrast in der „Cabane du Midi" machten sich Jahn, Barth und Schmidt am 19. bei Sonnenschein an die Überschreitung von Mont Blanc du Tacul (4248 m), Mont Maudit (4465 m) und Mont Blanc (4810 m).

Eine Sequenz dieser Tour dürfte Jahn, vielleicht nach eigenen Aufnahmen oder nach Fotos von Barth, in seinem Gemälde für das Sporthaus Mizzi Langer-Kauba in der Kaiserstraße 15 in Wien 7 verewigt haben. Beim mittleren der drei Bergsteiger, in Rückenansicht und mit englischer Flat Cap wiedergegeben, handelt es sich vermutlich um eine Selbstdarstellung.

Literatur: Krempel 1943

W. K.

Jahn Gustav / Kat. Nr. 26–27

Biografische Angaben siehe S. 332

1879 Wien – 1919 Großer Ödstein im Ennstal

Titelbild für den Hauptkatalog

um 1906

Aquarell/Papier, ca. 355 x 250 mm

bez. r. u.: *GUST. JAHN. WIEN*

Peter Stüber, Wien

Titelbild für den Winterkatalog

um 1909

Tusche laviert, schwarze Kreide, Deckweiß/Zeichenkarton, 415 x 320 cm

Alpenverein-Museum Innsbruck, OeAV-Kunst 1569

Die von Gustav Jahn für die Kataloge des Sporthauses Mizzi Langer-Kauba gemalten Titelseiten geben einen Eindruck von seiner künstlerischen Bandbreite. Sie vereinen Berg- und Wintersportszenen, Jugendstilornament und Blumendekor sowie präzise und variantenreiche typografische Gestaltung. Jahn widmete diesen Titelseiten besondere Aufmerksamkeit. Sie waren die einzigen in Farbe wiedergegebenen Darstellungen in den Katalogen und somit nicht nur für das Sporthaus besondere „Aushängeschilder", sondern vor allem für ihn und seine Kunst.

Interessant ist beim Durchblättern der Drucksorten Mizzi Langer-Kaubas die rasante Entwicklung im Bereich der Ausrüstung und Mode für Berg- und Wintersport. Besonders die Damenbekleidung für sportliche Anlässe bot um die Jahrhundertwende noch viel Diskussionsstoff. Schon mit der sich immer wieder aufdrängenden Frage „Rock oder Hose?" gelangte man für damalige Verhältnisse an die Grenzen des Anstands. Was sich für eine anständige, aber modern denkende Dame tatsächlich schickte und was nicht, fasst ein Benimmbuch von Natalie Bruck-Auffenberg zusammen, das um 1901/02 vom Verlag der „Wiener Mode" herausgegeben wurde. Im Kapitel „Sport" heißt es dort auf den Punkt gebracht: „*Wenn sich die Frau als Gefährte des Mannes in Anstrengungen und Gefahren begibt, hören alle Weibergeschichten in der Kleidung auf; wir können das nicht oft genug betonen.*"

Mizzi Langer-Kauba vertrat als moderne junge Frau ebenfalls diese Haltung. Nicht Modevorschriften, sondern einzig Brauchbarkeit und Nützlichkeit bestimmten das Sortiment ihres Geschäftes.

Literatur: Bruck-Auffenberg (um 1901/02)

W. K.

TURISTEN·AUSRÜSTUNG
MIZZI LANGER·WIEN
VII·KAISERSTRASSE·15

WINTERSPORT
MIZZI LANGER
WIEN · VII · KAISERSTR · 15 ·

Jahn Gustav / Kat. Nr. 28

Biografische Angaben siehe S. 332

1879 Wien – 1919 Großer Ödstein im Ennstal

Titelbild für den Hauptkatalog

um 1913

Tempera/Karton, ca. 420 x 300 mm

bez. r. u.: *GUST. JAHN*

Peter Stüber, Wien

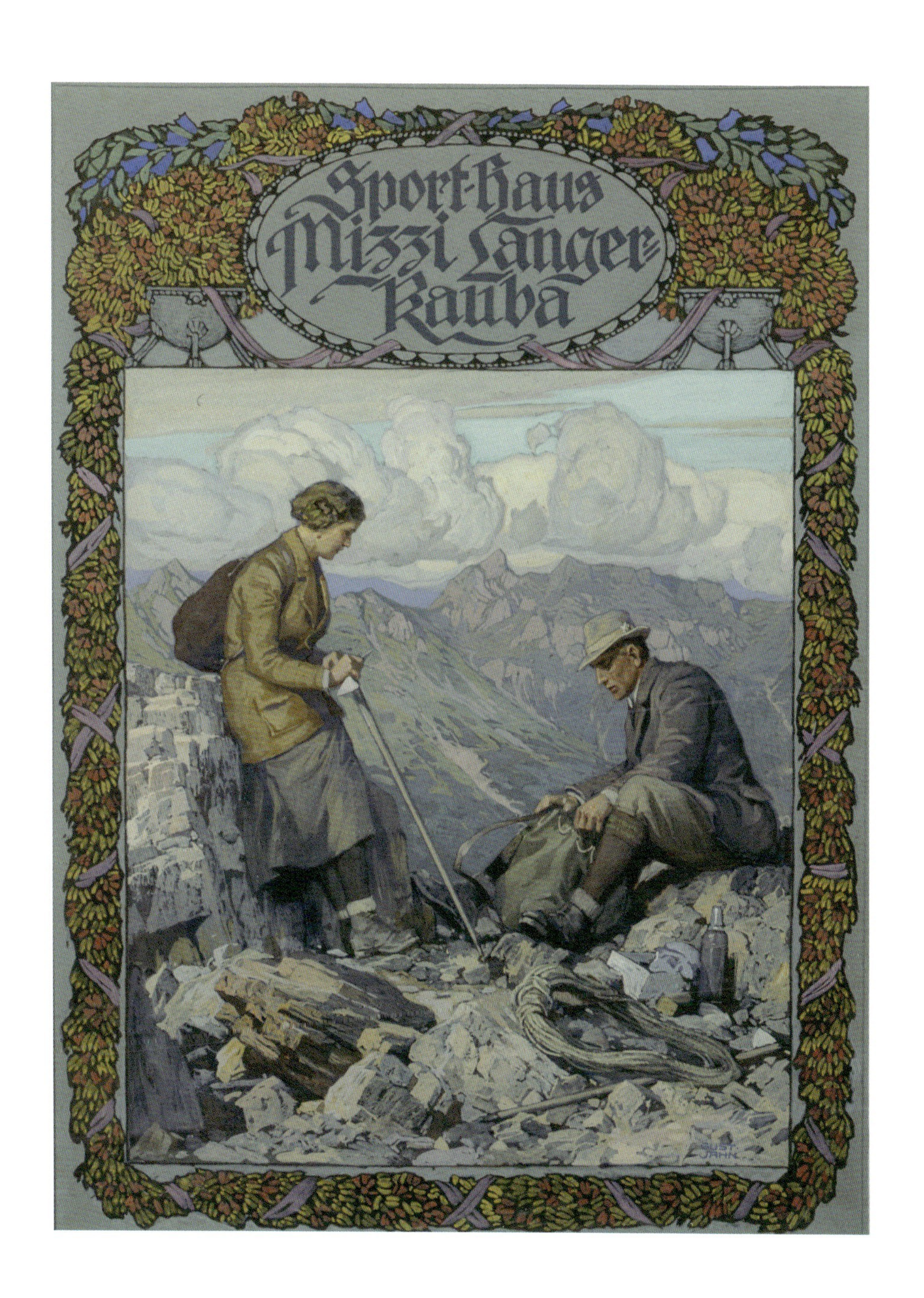
Sport-Haus
Mizzi Langer-
Kauba

Jahn Gustav / Kat. Nr. 29–30

Biografische Angaben siehe S. 332

1879 Wien – 1919 Großer Ödstein im Ennstal

Biwak

um 1909

schwarze Kreide, Tusche laviert, Deckweiß/Papier, ca. 320 x 250 mm

bez. r. u.: *Biwak*

Peter Stüber, Wien

Bergsteiger bei der Rast

um 1913

Gouache, schwarze Kreide/Papier, ca. 200 x 340 mm

Peter Stüber, Wien

Schon vor dem Abschluss seines Studiums hatte sich Gustav Jahn als Maler des Gebirgsgenres einen Namen gemacht. Seine Illustrationen waren nicht nur in der Auffassung des Motivs, sondern ebenso in der Handschrift unverwechselbare „Jahns" geworden. Gegenüber den manchmal ungeschlacht und derb wirkenden Gestalten bei Ernst Platz (1867 – 1940) wirken Jahns Darstellungen in Anmutung und Bewegung elegant und ästhetisch, modern, teilweise aber auch etwas nüchtern – möglicherweise eine Folge der Verwendung fotografischer Vorlagen. Wohl in Auseinandersetzung mit den Arbeiten Edward Theodore Comptons (1849 – 1921) hatte Jahn eine für ihn charakteristische Grisaille-Technik entwickelt, deren Wiedergabe in einfärbigem Druck von Vorteil war. Seine Blätter besitzen bei aller technischen Sicherheit eine unverkennbar lyrische Note. Vielleicht kommt darin die von ihm so oft gesuchte und empfundene Einsamkeit am Berg zum Ausdruck. Nicht nur die Wiedergabe des Landschaftsbildes beherrschte der Künstler – in der Belebung der Szene durch Staffage zeigte er seine wahre Meisterschaft. Gustav Jahn, der als Kletterer „*… in einer Felswand nie die Schwierigkeiten, sondern ihre verborgenen Reize* " suchte, lag nicht an der Schilderung dramatischer Szenen, wie Absturz, Lawine, Felssturz oder der Darstellung einer gefährlichen, menschenfeindlichen Region. Seine Bergsteiger zeigen Leichtigkeit und Selbstverständlichkeit im Umgang mit den Medien Stein, Fels, Schnee und Eis. Sie waren Identifikationsfiguren, die Freude am Bergsteigen zeigten und somit perfekte Werbeträger.

Literatur: Sandtner o. J.

W. K.

Biwak

Jettel Eugen / Kat. Nr. 31

Biografische Angaben siehe S. 332

1845 Johnsdorf/Nordmähren – 1901 Lussingrande bei Triest

Der Hintersee mit dem Hohen Göll

um 1868

Öl/Karton, 14,5 x 23,5 cm

bez. r. u.: *E. Jettel.*

Landesmuseum Niederösterreich, St. Pölten, Inv. Nr. A 188/83

Als Maler weiter holländischer und französischer Landschaften ebenso wie als Schilderer der Stimmungen des niederösterreichischen Weinviertels ist Eugen Jettel bekannt und gefragt. Weniger geläufig ist dagegen sein frühes künstlerisches Schaffen, in dem er sich noch vornehmlich mit der Bergwelt Salzburgs und Berchtesgadens beschäftigte und das ihm schon in jungen Jahren große Anerkennung eintrug.

Die Darstellung dramatisch wirkender Motive des Hochgebirges, die im Biedermeier die Landschaftsmalerei geprägt hatte, war noch weit in die zweite Hälfte des 19. Jahrhunderts hinein tonangebend. An der Wiener Akademie gab es im Landschaftsfach immerhin zwei ihrer bedeutendsten Vertreter als Lehrer, Franz Steinfeld (1787 – 1868) und Ferdinand Georg Waldmüller (1793 – 1865). Auch Albert Zimmermann (1808 – 1888), Jettels Lehrer, kam von der Alpenmalerei, er war jedoch jünger und aufgeschlossener gegenüber neuen Tendenzen. In den 1860er-Jahren hatte Jettel mehrmals Gelegenheit, mit seinem Lehrer Studienausflüge in die Alpenwelt zu unternehmen. Schon 1862 zeichnete er im Salzburgischen. Zwei Jahre später schuf er ein großformatiges Gemälde des „Hintersees bei Berchtesgaden“, das gleich vom Kaiserhaus angekauft wurde.

In den folgenden Jahren dürfte er sich zu Studienzwecken regelmäßig hier aufgehalten haben. Mehrere Bilder aus Berchtesgaden und aus der Ramsau, primär in kleinerem Format, sprechen weiters für einen längeren Aufenthalt des Künstlers im Jahre 1868. Unser Bild, das den „Hintersee mit dem Hohen Göll“ zeigt, entstand wohl zu jener Zeit. Exemplarisch kann an diesem Gemälde, das Jettel seinem Studienfreund und vermutlich damaligen Reisebegleiter, dem österreichischen Stimmungsmaler Emil Jakob Schindler (1842 – 1892), zum Geschenk machte, die Entwicklung einer ganzen Künstlergeneration veranschaulicht werden. Das Motiv ist tradiert, es entstammt der Alpenwelt, das Heroische der Landschaft ist jedoch zugunsten der Wiedergabe des Atmosphärischen in den Hintergrund getreten.

Literatur: Fuchs 1975

W. K.

Klinger-Franken Will / Kat. Nr. 32

Biografische Angaben siehe S. 333

1909 Veitshöchheim/Würzburg – 1986 Ramsau/Berchtesgaden

Blick von Oberau auf den Untersberg

1978

Öl/Lederpappe, 25 x 31 cm

bez. u. von l. nach r.: *22.2.78 Will Klinger-Franken*

Sammlung Eva Klinger-Römhild/Thomas Klinger,

Etwa 160 Jahre nachdem die Nazarener um Ferdinand Olivier (1785 – 1839) und Christian Erhard (1795 – 1822) die Gebirgslandschaft bei Berchtesgaden und Salzburg als künstlerisches Motiv entdeckten, fand Klinger-Franken hier für die letzten 25 Jahre seines Lebens die Begegnung mit der Natur. Die landschaftliche Vielfalt der Region, einst friedvoll in romantisierenden und harmonischen Landschaftsparks zum Ausdruck gebracht, wird in den Werken von Klinger-Franken zu einem Konzentrat aus Licht und Farbe.

Gerne suchte der Künstler den Dürrnberg als Standort für seine Landschaftsstudien auf. Mit dem Blick auf das Panorama der Salzburger Gebirge, fand er hier die von ihm so geschätzte Ursprünglichkeit einer bäuerlichen Welt vor.

Beide Darstellungen entstanden an einem Februartag. Souverän gelang es Klinger Franken die besondere Atmosphäre der Voralpenlandschaft an einem klaren Wintertag einzufangen. Mit raschen, kurzen Pinselstrichen gab er den Bergen Form und Struktur und setzte zu kräftigen kühlen Blautönen lebhafte Kontraste in Rot, Gelb und Weiss auf die kleinformatigen Bildträger.

E. Oe.

Klinger-Franken Will / Kat. Nr. 33

Biografische Angaben siehe S. 333

1909 Veitshöchheim/Würzburg – 1986 Ramsau/Berchtesgaden

Blick vom Auergütl auf den Steinbichl

1978

Öl/Lederpappe, 25 x 34 cm

bez. u. von l. nach r.: *22.2.78 Will Klinger-Franken*

Sammlung Eva Klinger-Römhild/Thomas Klinger,

Koch Joseph Anton / Kat. Nr. 34

Biografische Angaben siehe S. 333

1768 Obergiblen/Tirol – 1839 Rom

Das Berner Oberland

1815

Öl/Leinwand, 70 x 89 cm

bez. l. u.: *GIUSEPPE KOCH/TYROLESE/FECE 1815*

Belvedere, Wien, Inv. Nr. 2622

Koch öffnet die Landschaft des Berner Oberlandes wie einen großartigen Bühnenprospekt. In weiten Bildräumen baut er die Ansicht vom Oberhaslital mit der Wetterhornspitze und den Reichenbachwasserfällen auf.

Die der barocken Tradition verpflichtete Szenerie mit Personen und Tierfiguren im Vordergrund erschließt dem Betrachter die ins Heroische überhöhte Komposition. Jedoch hat die Bildstaffage nichts zu tun mit der Realität der Einheimischen, vielmehr unterstützt sie den romantisierenden Stimmungsgehalt. Kochs Alpenlandschaften sind Bilder eines neuen Arkadien und wurden zu Ikonen der Schweizer Hochgebirgsmalerei. Übermäßig steil aufragende Bergformationen verdeutlichen die effektvolle Inszenierung der Alpenlandschaft zu einem hymnischen Ereignis.

Koch wollte „... *eine totale Vorstellung geben von dem Alpenwesen* ...". Diese Worte äußerte er in Zusammenhang mit der ein Jahr später entstandenen zweiten Fassung, [Dresden, Staatliche Kunstsammlungen]. Eine weitere Fassung, entstanden im Jahre 1817, befindet sich im Tiroler Landesmuseum Ferdinandeum in Innsbruck.

Literatur: Lutterotti 1985, S. 2991, S/W Abb. S. 169, 32; B.KAT. Wien 1997, S. 50, Farbabb. S. 51

E. Oe.

Kostner Hubert / Kat. Nr. 35

Biografische Angaben siehe S. 334

1971 Brixen/Südtirol

Domenica

2009/2010

Holz/Plastik, 20 x 35 x 20 cm

Courtesy Galerie Mario Mauroner Contemporary Art, Wien/Salzburg

Hubert Kostners Blick gilt der Umgebung in der er aufgewachsen ist. Hier spürt er den Klischees des alpinen Tourismus nach und unterwandert diese mit heiterer Ironie.

Das Aufgreifen banaler Gebrauchsgegenstände des Alltags wird zum feinsinnigen Spiel mit Assoziationen. Die Oberfläche eines Holzstocks gestaltet Kostner zu einer Almwiese. Vereinzelte winzige Staffagefigürchen aus dem Modelleisenbahnbaukasten sitzen hier und genießen den „Sonntag“.

Einen besonderen Reiz bewirken die unterschiedlichen Größenverhältnisse. Am Holz hat Kostner einen Tragegurt befestigt, der an Rucksäcke denken lässt, die man bei größeren Touren verwendet. In früher entstandenen Versionen greift der Künstler die Form von Baumstämmen auf, versieht sie mit Rucksackriemen und gibt den Objekten die sinnfällige Bezeichnung „Tyrol“.

E. Oe.

Kostner Hubert / Kat. Nr. 36

Biografische Angaben siehe S. 334

1971 Brixen/Südtirol

Fumata Bianca

2008

Gipskarton, Gips, Plastik, 220 x 120 x 80 cm

Courtesy Galerie Mario Mauroner Contemporary Art, Wien/Salzburg

Ebenfalls um die Verschiebung von Dimensionen geht es in Kostners Arbeit „Fumata Bianca". Eine überdimensionale Zigarettenschachtel aus Rigipsplatten ist halb geöffnet. Anstelle von Zigaretten sind felsige Gipfelformationen zu erkennen.

Kostners Inspiration durch Formen findet neuerlich eine wirkungsvolle Umsetzung. Das Hochgebirge wird zur Miniatur und gleichsam dem Profanen des Alltags einverleibt.

E. Oe.

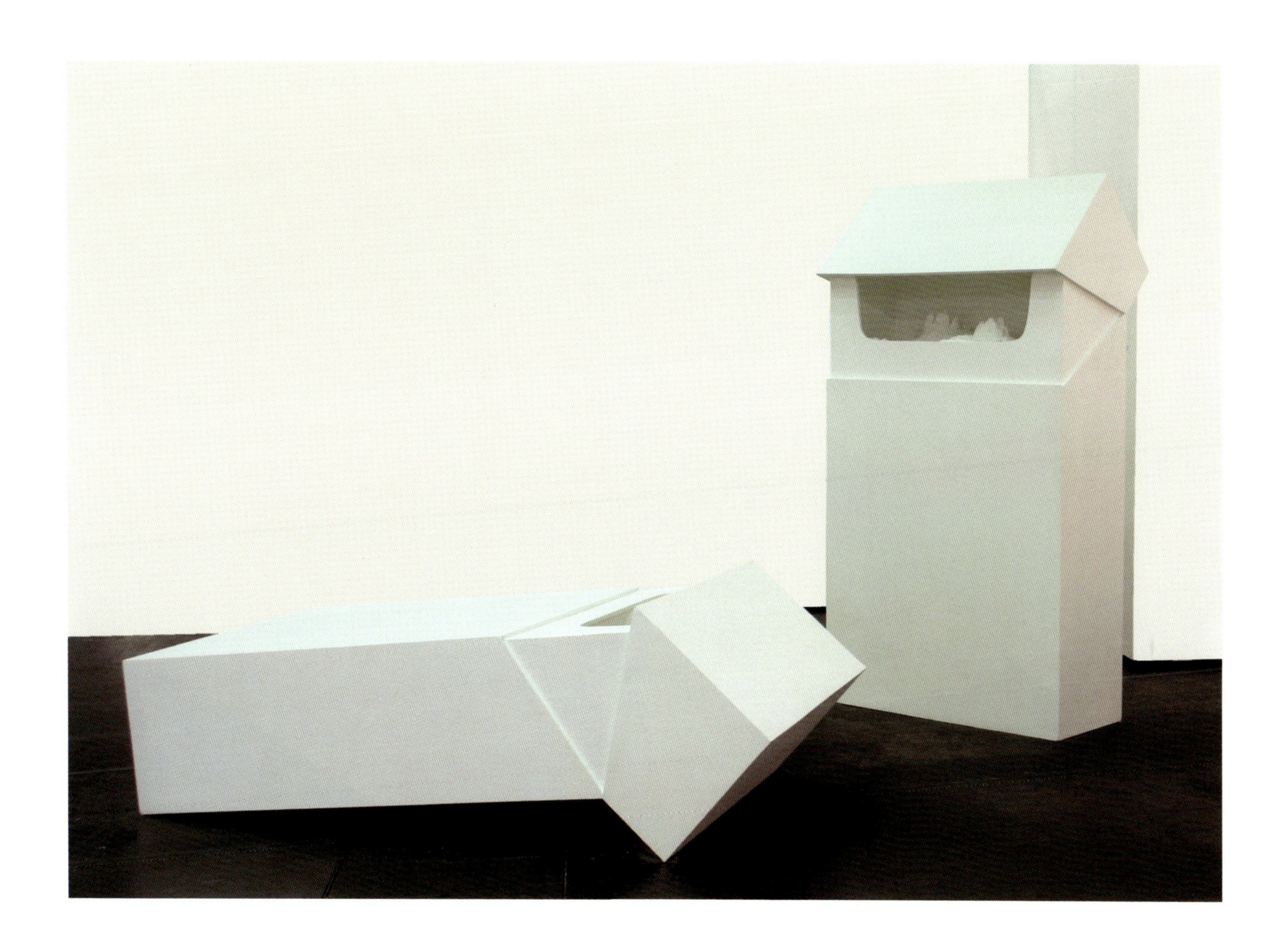

Kummer Carl (Karl) Robert / Kat. Nr. 37

Biografische Angaben siehe S. 334

1810 Dresden – 1889 Dresden

Blick vom Roßfeld auf Salzburg

1840

Öl/Leinwand, 93 x 123 cm

bez. l. u.: *R. Kummer 1840*

Residenzgalerie Salzburg, Inv. Nr. 298

Das 1840 von Carl Robert Kummer geschaffene Werk befindet sich seit 1966 unter der Bezeichnung „Blick vom Roßfeld auf Salzburg“ im Bestand der Residenzgalerie Salzburg. In der Literatur erscheint es des Weiteren unter dem Titel „Der Abend auf den Alpen, Partie von Rossfeld“ mit unbekanntem Verbleib.

Motive aus dem Salzkammergut erfreuten sich in der ersten Hälfte des 19. Jahrhunderts auf den Dresdener Akademieausstellungen wachsender Beliebtheit. Bei einer dieser Ausstellungen wurde das Gemälde der Residenzgalerie, das vom Roßfeld aus Richtung Norden auf die mäandernde Salzach und die Stadtberge Salzburgs blickt, präsentiert.

Zur Unterstützung des Panoramablickes in das Alpenvorland dient das Querformat. Der Bildvordergrund wird von einer idyllischen Almenszenerie mit zwei Hirten betont.

Bei den Alpen-Veduten Kummers handelt es sich um modische Standard-Ansichten, die das Publikum gerne in Auftrag gab. Sie dienten dem Maler als Kunst zum Broterwerb, widersprachen allerdings der Kunstauffassung Kummers, dem es um einen möglichst hohen Wahrheitsgehalt des Natureindruckes ging.

Literatur: B.KAT. Salzburg 1975, S. 56; B.KAT. Salzburg 1980, S. 70, Abb. T. 113; B.KAT. Salzburg 1987, S. 70, Abb. T. 113; B.KAT. Salzburg 2010, S. 110, Abb. S. 110; Boetticher 1. Bd., 2. Hälfte, S. 822, Nr. 15; Nüdling 2008, S. 65–67,226–227, WV 129: „Der Abend auf den Alpen. Partie von Roßfeld (1840)?“

A. D.

Loos Friedrich / Kat. Nr. 38

Biografische Angaben siehe S. 335

1797 Graz – 1890 Kiel

Kolm Saigurn im Rauristal mit Sonnblick

1835

bez. M. u.: *FRIEDR. LOOS PINX 1835*

Öl/Leinwand, 73 x 58 cm

Residenzgalerie Salzburg, Inv. Nr. 175

Loos knüpft mit seiner imposanten Wiedergabe des alles überragenden Sonnblick mit tosendem Wasserfall über Kolm Saigurn an Kochs Schmadribachfall, 1821/22 [Abb. S. 70] an und führt das Elementare des Hochgebirges und der dort wirkenden Naturkräfte in einem vergleichbaren Bildaufbau überzeugend vor. Die Art und Weise in welcher Loos mit höchster Klarheit der Licht- und Schattenkontraste sowie in leuchtend satter Farbgebung jedes Detail des Geländes in nächste Nähe rückt, weist ihn als einen Pionier der realistischen Landschaftsmalerei aus. Allerdings erschließt eine traditionelle, barocke Vordergrundkulisse mit romantisierenden Staffagefiguren die heroisch überhöhte und weiträumige Komposition. Es ist die Nutzbarmachung der Naturkräfte, die in diesem Gemälde gefeiert wird. Unterstützt durch das Hochformat, folgt der Blick des Betrachters dem Kreislauf des Wassers und der technischen Sensation, dem kühnen Verlauf der 1832/33 für den Silber-und Goldabbau errichteten Standseilbahn, die in der Nähe des Gletschers von einem Wasserrad angetrieben wurde und mit der das abgebaute Material wegtransportiert werden konnte. Die Gebäude im Rauriser Talschluss beinhalten das Waschwerk für den Gold- und Silberabbau. Dieses Gemälde ist wahrscheinlich mit jenem identisch, welches Loos 1835 bei der Ausstellung der Wiener Akademie mit dem Titel „Salzburgische Alpengegend: Die Poch- und Waschwerke des Goldbergwerkes am hohen Sonnblick in Rauris" präsentierte.

Literatur: A.KAT. Salzburg 1959, S. 48, Abb. Nr. 98; A.KAT. Rosenheim 1981, S. 182f., Abb. Tafel 167; Frodl Rosenheim 1987, S. 39f., Abb. Tafel 140; A.KAT. Linz 2010, S. 286, Farbabb. 6.13; B.KAT. Salzburg 1980, S. 71–72, Abb. Tafel 108; B.KAT. Salzburg 2001, S. 130, Farbabb. S. 131; B.KAT. Salzburg 2010, S. 118 mit Farbabb.; Baum 1968, S. 47–70, Nr. 56; Schwarz 1977, S. 292–293, Abb. Tafel 155; Juffinger/Plasser 2007, S. 253.

E. Oe.

Mahlknecht Edmund / Kat. Nr. 39

Biografische Angaben siehe S. 335

1820 Wien – 1903 Wien

Landschaft bei Zell am See

Öl/Leinwand, 51 x 42 cm

bez. l. u.: *E. Mahlknecht*

Residenzgalerie Salzburg, Inv. Nr. 263

In der Blüte der Hochgebirgsmalerei entstand das signierte Gemälde der Residenzgalerie Salzburg. Der Künstler verbindet darin seine Vorlieben für Landschafts- und Tierdarstellungen zu einer stimmungsvollen Gesamtkomposition. Anhand der Gestaltung der Felsformation mit leicht verwittertem Baum im rechten Bildvordergrund wird die Orientierung Mahlknechts an seinem Lehrer Anton Hansch (1813 – 1876) deutlich. [Kat. Nr. 18]

Mahlknecht visualisierte durch klassische Kompositionsmittel, wie schneebedeckte Gipfel in der Ferne, schroffe Gesteinsformationen, sich imposant auftürmende Wolken sowie dem Spiel mit Licht und Schatten eine idyllisch anmutende Begebenheit auf einer Alm im Gebirge.

Das im Hochformat gearbeitete Werk präsentiert den Ausschnitt einer Bergwelt, angereichert mit der beschaulichen Szenerie von Ziege, Schafen und Kühen, die eine Ausschau haltende Sennerin umgeben. Bei der Kuppe im Mittelgrund erscheint der offenbar sehnsüchtig Erwartete. Vermutlich handelt es sich bei dem hoch aufragenden Gipfel um das Kitzsteinhorn mit dem Magnetköpfl, aus der Blickrichtung von Kaprun gemalt.

Bilder wie dieses fanden durch den um 1880 aufkommenden günstigen Öldruck eine beinahe unendliche Verbreitung.

Literatur: B.KAT. Salzburg 1975, S. 60; B.KAT. Salzburg 1980, S. 73, Abb. T. 109; B.KAT. Salzburg 1987, S. 73, Abb. T. 109; B.KAT. Salzburg 2010, S. 128, Abb. S. 128

A. D.

Malfatti Nino / Kat. Nr. 40

Biografische Angaben siehe S. 335

1940 Innsbruck

Ockerschopf

2003

Öl/Holz, 20 x 13 cm

bez. r. u.: *malfatti 2003*

Privatbesitz, © VBK, Wien, 2011

Der Künstler setzte sich bereits früh über das „Tabu Bergmalerei" hinweg. Neben großen Formaten arbeitet er angesichts der Natur bevorzugt auf kleinen Leinwänden. Es sind nicht die großen Höhen, die sich als Motive in Malfattis Bildern finden. Sein Interesse gilt dem Unscheinbaren am Rand kaum begangener Pfade – vor allem den unterschiedlichen Fels- und Gesteinsformationen. In der Darstellung „Ockerschopf" rückt Malfatti den knappen Bildausschnitt nahe an den Vordergrund. Forschend nähert er sich dem Gelände aus Felsen und Sand. In altmeisterlicher Manier überträgt er mit dem feinen Haarpinsel Textur und Struktur auf den kleinformatigen Bildträger. Schatten verleihen den Gegenständen Volumen und bewirken Räumlichkeit.

„Ich suchte natürliche, real existierende Strukturen, um sie den konstruierten künstlichen Gebilden gegenüberzustellen. Diese fand ich selbstverständlich in dem Bereich von Landschaft, den ich jahrelang gehend, steigend und greifend kennen gelernt hatte, in den Bergen."

Literatur: A.KAT. Innsbruck 2002, S. 44,80; A.KAT. Heidelberg 2002

E. Oe.

Mayburger Josef (Joseph) Michael / Kat. Nr. 41

Biografische Angaben siehe S. 336

1814 Straßwalchen bei Salzburg – 1908 Salzburg

Watzmann

1866

Öl/Leinwand, 102,5 x 147,2 cm

bez. r. u.: *J. Mayburger 1866*

Residenzgalerie Salzburg, Inv. Nr. 81

Im 19. Jahrhundert galt der im Berchtesgadener Land gelegene Watzmann aufgrund seines markanten Erscheinungsbildes als einer der „berühmtesten" Berge. Die Sage vom bösen König Watzmann und seiner Familie trug zusätzlich zum Mythos bei.
Prominentesten Eingang in die Kunstgeschichte fand der Berg durch Caspar David Friedrich (1774 – 1840), [Abb. S. 66] der den imposanten Watzmann bis nach Norddeutschland bekannt machte.

Mayburger beschäftigte sich in seinen Landschaftsdarstellungen bevorzugt mit den Gegenden um Salzburg. Mit dem „Watzmann" schuf er 1866 ein Werk, das eines der am häufigsten verwendeten Landschaftsmotive seiner Zeit wiedergibt; [Vgl. Kat. Nr. 65] das Gemälde zeigt den Berg von Berchtesgaden aus, daneben erscheint der Dürrnberg.

Ein zweites, vom Aufbau ähnliches Gemälde, präsentiert die Salzburger Seite und verwendet den Watzmann als Detail des Panoramablickes.

Beiden Gemälden gemein sind die belebenden Tierherden im Vordergrund. Dahinter öffnet sich die Landschaft zu einem weit gefassten Bergpanorama. Das Bild folgt mit dieser klassischen Komposition der barocken Tradition.

Literatur: B.KAT. Salzburg 2010, S. 140–141, Abb. S. 140; Haslinger/Mittermayr 1987, S. 314; Husty 1998, S. 66,112–113; Juffinger/Plasser 2007, S. 187; Versteigerungsamt Dorotheum 1921, S. VIII, Anm. 2; Verwiebe 2004, S. 142, Abb. Postkarten zu „Die Watzmannsage" um 1900 und 2004, S. 143

A. D.

Mediz-Pelikan Emilie / Kat. Nr. 42

Biografische Angaben siehe S. 336

1861 Vöcklabruck/Oberösterreich – 1908 Dresden-Leubnitz

Hochtal am Schlatenkeesgletscher

1901

Öl/Leinwand, 156 x 183 cm

bez. r. u.: *E. PELIKAN*

Oberösterreichische Landesmuseen, Schlossmuseum, Linz, Inv. Nr. G 2390

Das imposante Schlatenkees, das um 1900 viel ausgedehnter war als heute, ist der größte Gletscher im Tiroler Teil der Venedigergruppe. Er liegt im Gschlöss [vom slawischen zelezo=Eisen], einem Seitenarm des Tauerntals auf dem Gemeindegebiet von Matrei in Osttirol. Das Almgebiet mit den Siedlungen Außergschlöß und Innergschlöß gilt als schönster Talabschluss der Ostalpen. Der wie vom Ballon aus aufgenommene Blick erinnert an Landschaften der deutschen Romantik, vor allem an die verschiedenen, seit 1794 entstandenen Versionen des Schmadribachfalls (Abb. 24) von Joseph Anton Koch, aber auch an Ludwig Richters „Watzmann" von 1824 (Abb. 23) und „Kolm Saigurn" von Friedrich Loos aus dem Jahr 1835. [Kat. Nr. 34] Allerdings erscheinen Hochtal und Gletscher bei Emilie Mediz-Pelikan ins Visionäre gesteigert. Indem das Ewige Eis gleichsam den Himmel berührt, wird das Gebirge zum Ort des „Übergangs".

In Alfredo Catalanis Oper „La Wally", die in Sölden spielt und der Malerin wohl bekannt war, führt der Rückzug in die Gebirgseinsamkeit des Murzoll [„Ne andrò lontana ..."] letztlich in den Tod. Wenn die Regieanleitung des Komponisten von einem „Eismeer, trostlos, unendlich, *mit seiner gräulichen Spiegelung und seinen erstarrten Wellen …*" spricht, glaubt man beinahe, das Bild von Mediz-Pelikan vor Augen zu haben. Die Malerin steigert den symbolistisch gleichnishaften Aspekt, indem sie das Motiv symmetrisiert und die Sonne in die Mitte rückt. Während für die Romantiker die Erhabenheit der Berge im Mittelpunkt stand, ist die Region der Gletscher für Mediz-Pelikan unnahbar, fremd und ferne, eine Landschaft, die gewissermaßen nicht von dieser Welt ist.

Literatur: A.KAT. Dresden 1943, Abb. S. 38; ÖBL VI, 1975, S. 185; A.KAT. Wien/Linz 1986, Nr. 265; OÖ. Archiv, Blatt OA 02069, mit Farbabb.; Brugger 1999, Nr. 124, Abb. S. 109; Nagl 2001, Farbabb. S. 22; A.KAT. Vilnius 2009, S. 266f., Nr. 122, mit Farbabb.; A.KAT. Linz 2009, Kat. Nr. 6.65, mit Farbabb.

L. S.

Melling Franz / Kat. Nr. 43

Lebensdaten unbekannt

Großglockner

Aquarell/Papier, 344 x 513 mm

bez. r. u.: *CB* (Ligatur) *Melling R.*; Wasserzeichen: Lilie und Wappen sowie Bezeichnung C & I Honig

Residenzgalerie Salzburg, Inv. Nr. 590

Mellings „Großglockner" gelangte 1988 durch eine Schenkung aus Privatbesitz in das Inventar der Residenzgalerie Salzburg.

Am vorderen Bildrand des Aquarells erscheint eine kleine Szene von Staffagefigürchen zur Belebung der Darstellung von schneebedeckten Berggipfeln im Hintergrund. Auf der Wiese haben sich drei Künstler niedergelassen, um den imposanten Anblick des Gebirges festzuhalten. Melling ermöglicht dadurch einen Einblick in die Tätigkeit der Maler im Hochgebirge im 19. Jahrhundert. Damals war es für die Künstler üblich geworden die Natur, manchmal in mühsamen Bergtouren, selbst zu erfahren und die Eindrücke mittels Skizzen für die spätere Ausführung im Atelier festzuhalten.

Der Künstler verwendete als Bildträger ein mit Wasserzeichen geprägtes Papier. Lilie und Wappen mit der Bezeichnung C & I Honig beziehen sich auf die Holländische Papiermühle von Cornelis & Jan Honig. Zwischen 1748 und 1846 waren mehrere Varianten des Wasserzeichens inklusive der Firmenbezeichnung C & I Honig im Umlauf.

Literatur: A.KAT. Salzburg 1995, Abb. Rückseite Einband: Detail; Weiß 1987, S. 100–101

A. D.

Momper Joos de / Kat. Nr. 44

Biografische Angaben siehe S. 337

1564 Antwerpen – 1635 Antwerpen

Gebirgslandschaft mit einer Passstraße

um 1600/1610

Öl/Holz, 47 x 66,2 cm

Sammlungen des Fürsten von und zu Liechtenstein Vaduz – Wien, Inv. Nr. GE 1789

Der bereits zu Lebzeiten als „Bergmaler aus Antwerpen" bezeichnete Künstler, inszenierte fantastische Gebirgslandschaften als bildwirksame Kulissen. Vermutlich war er zwischen 1581 und 1590 auf dem Wege nach Italien in die Alpen gekommen. Er kehrte mit seinen Kompositionen erfolgreich zu der älteren niederländischen Tradition von Gebirgsszenen mit Pilgern, Wandermönchen, Felsgrotten und Einsiedeleien zurück.

Wie auf vielen Bildern dieses Genres werden die Figuren von der monumentalen Naturerscheinung buchstäblich in den Schatten gestellt. Gleichsam als eigene Raumzone ist der dunkle Vordergrund vom hellen, in kühler Farbigkeit gehaltenen Gebirgspanorama getrennt. Felsen und Gebirge sind zu Akteuren in einer kosmischen Konfrontation geworden. Dieser Idee entsprechend blickt der Betrachter, ähnlich wie bei Pieter Brueghel, von der Höhe herab auf die humanistische Vision einer Weltlandschaft.

Literatur: B.KAT. Wien 2004, S. 372–373, Farbabb. S. 373

E. Oe.

Niedermayr Walter / Kat. Nr. 45

Biografische Angaben siehe S. 337

1952 Bozen

Kitzsteinhorn IX

1997

C-Print/Aluminium, Diptychon, 104 x 131 cm

Fotosammlung des Bundes/Österreichische Fotogalerie/Museum Moderne Salzburg

Inv. Nr. DLF 1657_1-2_1 und DLF 1657_1-2_2

Die Alpen sind Walter Niedermayr von Kindheit an vertraut. Mit seiner Kamera beobachtet er die Veränderung der Landschaft durch touristische Erschließung und Aufrüstung, ohne dabei zu werten oder moralischen Anspruch zu erheben.

Im Sommer 1997 arbeitete er auf dem 3.000 m hohen Kitzsteinhorn. In Diptychon IX der entstandenen Serie verschmilzt die Landschaft untrennbar mit dem Horizont. Konturlos geht die Schneefläche in Nebel über, eingespannt zwischen zwei Felsen löst sie sich auf in ein weißes Nichts. Der Bildraum erscheint endlos tief und gleichzeitig seltsam flach.

Insektengroße Ratracs sind mit der Optimierung der Pistenverhältnisse beschäftigt und erscheinen aus der Ferne wie das Panzerbataillon der Seilbahngesellschaft. Auf dem Schlepplift verlieren sich wenige pünktchenkleine Menschen. Mit den Staffagefiguren des 19. Jahrhunderts haben sie nichts mehr zu tun.

Niedermayers Bildsprache ist vielschichtig und von großer Inspirationskraft. Im Spannungsfeld von Gegenständlichkeit und Abstraktion, Räumlichkeit und Fläche, Anekdote und Reduktion liegt die besondere Ausdruckskraft.

Helligkeit ist wesentliches Ausdrucksmittel in seinem Werk: „*Dunkelheit lässt die Dinge verschwinden, Helligkeit lässt sie erscheinen, wirkt aber zugleich reduktiv, das heißt Schatten und Konturen verschwinden im Bild. Dadurch entstehen neue Wertigkeiten.*“

Geringe Standortveränderungen oder lediglich leichtes Drehen der Kamera bewirken eine zunächst unerklärliche Irritation des Betrachters. Die zeitlich und räumlich leicht versetzten Einzelaufnahmen mittels Überlappungen und Verschiebungen an den Bildrändern zu Poliptychen vereint, werden erst auf den zweiten Blick erkennbar. Die „Verschiebungen“ erinnern an die Tradition der Stereoaufnahmen der Panoramabilder im 19. Jahrhundert.

„*Alle Bilder und Vorstellungen des Raumes sind stets verschiebbare Ausschnitte und von daher unvollständige Raumsetzungen.*“ [W. Niedermayr]

Literatur: A.KAT. Wien 2001, Abb. S. 146; A. KAT. Salzburg 2005a, Abb. S. 316–317

E. Oe.

Obermüllner Adolf / Kat. Nr. 46

Biografische Angaben siehe S. 337

1833 Wels – 1898 Wien

Weißsee mit Rudolfshütte

um 1880

Öl/Leinwand, 31 x 80 cm

Salzburg Museum, Inv. Nr. 1012/2002

Adolf Obermüllner war durch seine Heirat und sein geselliges Wesen Mitglied der Wiener High Society. Das hinderte ihn jedoch nicht daran, sich zur Sommerzeit regelmäßig in die Berg-Einsamkeit zu begeben und mit primitivsten Lebensbedingungen sowie der Gesellschaft von Hirten und Schafen vorlieb zu nehmen. Die enge Verbindung zum Alpenverein, der damals eine fashionable Vereinigung war, ermöglichte es ihm, diese beiden divergierenden Wesenszüge unter einen Hut zu bringen. Er war für alle künstlerischen Belange des Alpenvereins zuständig, kaufte beispielsweise Kunstwerke für Lotterien an, veranstaltete in den Räumlichkeiten Ausstellungen, entwarf Festgeschenke etc.

Der damalige Alpenverein hofierte in auffälliger Weise das Kaiserhaus durch Benennung von Wegen, Steigen und Hütten nach seinen beliebtesten Mitgliedern, vor allem den Erzherzogen und Erzherzoginnen. Neben der Großartigkeit der landschaftlichen Szenerie ist das wohl mit ein Grund, warum Obermüllner das Motiv mit dem Weißsee und der neu erbauten, nach Kronprinz Rudolf benannten Hütte mehrfach ausführte. Mindestens fünf Varianten in unterschiedlicher Größe sind bekannt. Im kleinen Format steht es als Mittelbild in einem Tableau, das der Alpenverein dem Kronprinzen anlässlich seiner Vermählung mit Stephanie von Belgien schenkte. Nach dessen Tod wurde es wieder zurückerstattet.

Eines seiner Hauptwerke ist das im Besitz der Sektion Austria des Alpenvereins befindliche Bild von 1877, das eine ausgewogene Proportion aufweist. Man sieht links den Kalsertauern, in der Mitte den Sonnblick mit vorgelagertem Gletscher, rechts die Hohe Fürlegg.

Perspektivisch spannungsvoller wirkt hingegen das kleinere, im schmalen Panoramaformat gehaltene Gemälde im Salzburg Museum. Die Konzentration auf den horizontalen Ausschnitt, der näher an den Betrachter herangezogene, mit Eis bedeckte See erhöhen die Anziehungskraft. Stilistisch stehen Obermüllners Bilder zwischen Gründerzeitpathos und Stimmungsrealismus. Sie sind weniger idealisierend als die Werke von Anton Hansch und fesseln durch eine dichte, farbgesättigte Atmosphäre.

N. Sch.

Otte Hanns / Kat. Nr. 47

Biografische Angaben siehe S. 338

1955 Salzburg

Pasterze

2002 – 2006

Fotografie, 50 x 62 cm

Sammlung Großglockner Hochalpenstraße AG

Die ausgewählte Arbeit aus dem Werkzyklus Pasterze, an dem Otte mehrere Jahre arbeitete, rückt die Aussichtsterrasse und den verlassenen Kiosk mit seinen Fernrohren in den Vordergrund der trüben, wolkenverhangenen Glocknerlandschaft.

Der Blick zum symbolträchtigen Gletscher ist gewissermaßen aus drei Ebenen möglich. In konzentrierter Form verdeutlicht Ottes Aufnahme die Inszenierung von Blicken. Darüber hinaus sind Weitblick und Nahsicht gleichermaßen im Bild präsent. „*Mit der Brennweite werden die Dinge ins Verhältnis gesetzt, die entfernten Höhenzüge dürfen nicht entrückt erscheinen, das nahe Liegende soll nicht ins Auge springen.*“ [Timm Starl]

Literatur: A.KAT. Salzburg 2007, S. 15, Abb. S. 27

E. Oe.

Kodak
PRODUKTE

Pernhart Markus / Kat. Nr. 48

Biografische Angaben siehe S. 338

1824 Untermieger/Sodnje Medgorje, Slowenien – 1871 Klagenfurt

Besteigung des Großglockners

um 1850

Öl/Leinwand, 57 x 68 cm

Neue Galerie Graz Universalmuseum Joanneum, Inv. Nr. I/777

Pernhart „porträtierte" den Großglockner in mehreren Versionen aus unterschiedlichen Standorten und zelebrierte ihn gleichsam als einen Star der hochalpinen Landschaft.

Der Künstler vernachlässigt bewusst die topografische Genauigkeit und verzichtet auf die naturalistische Sachlichkeit eines Thomas Ender. Seine Absicht ist die bildwirksame Erhöhung des zum nationalen Mythos gewordenen Berges. Steil ziehen sich die schroffen Felswände zum spitzen, schneebedeckten Gipfel empor.

Als weiteres kompositorisches Mittel der Bedeutungssteigerung isoliert der Künstler den Glockner aus dem umgebenden Massiv, rückt ihn als Hauptmotiv in den Vordergrund während die umgebende Bergkette in dunstiger Atmosphäre stark verkleinert und verunklärt erscheint.

Unter dem frostig klaren Himmel blicken winzige Figürchen hinauf zum über alles erhabenen Gipfel. Diese kaum sichtbare anekdotische Note bewirkt eine eigentümliche Ambivalenz von Heroisierung und Idylle.

Der Kärntner Maler hatte sich als begeisterter Alpinist in späteren Jahren der Gebirgsmalerei verschrieben. Zu seinem Hauptwerk zählt ein 16-teiliges Panorama der Glocknerregion. [Kärntner Landesmuseum]. Allein 1857 bestieg Pernhart in vier Tagen gleich zwei Mal den Gipfel.

Literatur: A.KAT. Klagenfurt 2004, Farbabb. S. 71, Nr. 51; B.KAT. Graz o. J., Farbabb. S. 32; Rohsmann 1992

E. Oe.

Peters Maria / Kat. Nr. 49

Biografische Angaben siehe S. 339

1966 Tirol

Hohljoch nach einem Gewitter

2010

Öl/Leinwand, 30 x 30 cm

Privatbesitz

Mit phantastisch anmutender Gegenständlichkeit überträgt Maria Peters die Gewitterstimmung in den Tiroler Alpen auf die Leinwand. Die Verwendung des Kleinformates hat pragmatische Gründe und erfolgt nicht zufällig. Als „Rucksackformat“ eignet es sich bestens für die „off road“ Studien der Künstlerin. Landschaft und Natur sind ihre bevorzugten Themen. Sie „erwandert“ sich ihre Motive in den Tiroler Alpen oder in Asien in mehrwöchigen, einsamen Aufenthalten. Rückzug in die Natur und Malerei in klassischer Manier mit zeitaufwendigem Farbauftrag versteht Maria Peters als Verweigerungshaltung gegenüber einem schnellen und lauten Alltag. Die Dauer des Verweilens und der Aspekt Zeit bilden eine wichtige Konstante in den Arbeiten der Künstlerin. Ihr Interesse gilt dem Alterungsprozess des Gebirges, dem Entstehen von Kräften und Bewegung:

„*Wir sehen die Kräfte, Kräfte sind spürbar*“ [M. Peters]. Gleichzeitig verfolgt sie die atmosphärischen Veränderungen des Himmels mit ständig wechselndem Licht und rasch dahin gleitenden Wolkenformationen, um diese unmittelbar auf die Bildfläche zu bannen und in Notizen festzuhalten.

E. Oe.

Poell Alfred / Kat. Nr. 50

Biografische Angaben siehe S. 339

1867 Oberndorf bei Salzburg – 1929 Gmunden

Majestas Montium

1914
Öl/Leinwand, 156 x 184 cm
bez. l. u.: *ALFRED POELL 914*
Oberösterreichische Landesmuseen, Schlossmuseum, Linz, Inv. Nr. G 1634

Das monumentale Gemälde deutet schon im Titel an, dass es hier um Größe und Erhabenheit der Berge geht. Die souveräne Art der Stilisierung, die das Gebirge wie aus Blöcken zusammengesetzt erscheinen lässt, verrät eine intensive Auseinandersetzung Poells mit der Kunst Ferdinand Hodlers, der 1904 Ehrengast der XIX. Ausstellung der Wiener Secession war. Auch spätere Werke des Schweizers wie die 1911 entstandenen Ansichten des Mönchs und des Breithorns wären in der Erfassung des Tektonischen und in der Farbigkeit mit der „Majestas Montium" zu vergleichen. Poell unternahm schon um 1903 eine Studienreise nach Oberitalien, die ihn über Torbole am Gardasee, Nervi und Genua nach Venedig führte. Allerdings dürfte er das an die Dolomiten erinnernde Motiv erst 1914 skizziert und wohl auch fotografiert haben, als er unter anderem im Gebiet der Berninagruppe unterwegs war. Die einprägsame Klarheit und Wucht der Komposition, die Verteilung von Hell und Dunkel und die farbige Differenzierung machen das Bild zu einem Hauptwerk des Künstlers, dessen Bedeutung noch zu entdecken bleibt. Dunkel und bedrohlich hebt sich die in Türme zerrissene Felsformation von der mit Altschnee bedeckten Schutthalde des Vordergrundes ab. Das Szenario wiederholt sich im Gegensatz zwischen den hellen und dunkel drohenden Wolkenmassen. Der Ernst und die Düsterkeit des Motivs scheinen wie eine Vorahnung jener Ereignisse, durch die wenig später die Furie des Krieges in die Unberührtheit dieser Berge vordrang und unsägliches Leid hinterließ. Das Bild ist wohl mit jenem identisch, das 1914 in der Wiener Secession ausgestellt war. Da dort aber von Tempera die Rede ist, kann es sich auch um eine Zweitfassung gehandelt haben. Mit Sicherheit war das Bild 1928 in der Ausstellung des Künstlerbundes „Maerz" im Linzer Volksgarten und 1931 in der Jubiläumsausstellung des oberösterreichischen Kunstvereines zu sehen, wo es wahrscheinlich für den Neubau der Studienbibliothek, der heutigen Landesbibliothek, erworben wurde, deren Stempel es auf der Rückseite trägt.

Literatur: OÖ. Archiv, Blatt Nr. OA 02075, mit Farbabb. (B. Prokisch); Kohout 2000, Kat. Nr. 1 (nicht 14), Abb. S. 15; A.KAT. Vilnius 2009, Nr. 123, mit Farbabb., S. 268f.; A.KAT. Linz 2009, Kat. Nr. 6.66, mit Farbabb.

L. S.

Rainer Arnulf / Kat. Nr. 51

Biografische Angaben siehe S. 340

1929 Baden/Wien

Berg im Morgenlicht

1991/92
Öl/Karton/Holz, 73,5 x 102 cm
Courtesy Galerie Elisabeth & Klaus Thoman, Innsbruck

In das Themenspektrum von Rainers Übermalungen fällt in den 1970er und 1990er Jahren auch das Motiv Berg. Die Überarbeitungen, die in Werkzyklen in den Jahren nach 1970 entstehen, erfolgen in einer freien, kraftvollen und gestisch expressiven Zeichnung und Malerei.
Beinahe gegensätzlich dazu verhält sich die Anfang der 1990er- Jahre ebenfalls in einer Serie entstandene Arbeit „Berg im Mondlicht". Auffällig ist nicht nur ein in dieser Schaffensperiode häufig verwendeter, romantischer Bildtitel, der ganz im Gegensatz zu den oftmals sarkastischen Bezeichnungen steht, die Rainer in den Jahrzehnten zuvor benutzte. Warme Farbtöne in transparenten Schichten aufgetragen, bewirken eine romantisierende Atmosphäre, die wie hinter einem Schleier das Bergmotiv erkennen lässt.

Literatur: A.KAT. Innsbruck 1998, Abb. 25

E. Oe.

Reinhold Friedrich Philipp / Kat. Nr. 52

Biografische Angaben siehe S. 340

1779 Gera – 1840 Wien

Salzburger Landschaft mit Untersberg und Watzmann

Erworben als: Heumahd im Salzachtal

Öl/Leinwand, 50,6 x 69,3 cm

bez. r. u.: *F. Philipp Reinhold*

Residenzgalerie Salzburg, Inv. Nr. 184

Das Gemälde von Friedrich Philipp Reinhold wurde als „Heumahd im Salzachtal" 1953 für die Residenzgalerie Salzburg vom Dorotheum Wien ersteigert.

In der Literatur findet sich das Werk auch unter der Bezeichnung „Heumahd im Berchtesgadener Land". Der Watzmann erscheint in der Ferne der Landschaft. Ein Gebirgsstock nimmt wuchtig zwei Drittel des Hintergrundes für sich in Anspruch, das Massiv des Salzburger Untersberges.
Reinhold kam auf Anregung seines Freundes Johann Heinrich Ferdinand Olivier (1785 – 1841) nach Salzburg und unternahm mit anderen Künstlern Wanderungen durch das von Kronprinz Ludwig von Bayern gepriesene Aigen.

Der Landschaftsgarten von Aigen verfügt über verschiedene Aussichtspunkte, die herrliche Fernblicke zulassen. Die Künstler nutzen neben „Stadt-Platz", „Vier-Schlösser-Blick", „Kanzel" und „Hohen-Göll-Platz" den „Watzmann-Platz" zur Inspiration für ihre Werke. Das durch seine Naturbeobachtungen stimmige Gebirgspanorama belebte Reinhold mit dem Geschehen einer Heumahd. Besonders romantisch erscheint dabei die Darstellung des jungen Paares.

Literatur: A.KAT. Salzburg 1996, Grünspan, S. 40, Abb. S. 40 Detail; B.KAT. Salzburg 2010, S. 188, Abb. S. 188; Blechinger Juni 1962, Heft Nr. 58/59, S. 35; Eltz 1964, S. 48, Abb. S. 49; Fuhrmann 1958, S. 18; Groschner 1997/1998. S. 48–49, Abb. 2; Juffinger/Plasser 2007, S. 254; Martin 1995, S. 167; Schwarz 1977, S. 295, Abb. T. 10

A. D.

Reinhold Heinrich / Kat. Nr. 53

Biografische Angaben siehe S. 341

1788 Gera – 1825 Albano/Rom

Künstler erkunden die Österreichischen Alpen

1819

Öl/Leinwand, 34,4 x 42,5 cm

bez. l. u.: *Heinrich Reinhold p. 1819*

Sammlungen des Fürsten von und zu Liechtenstein, Vaduz – Wien Inv. Nr. GE 2144

Angeregt von Karl Friedrich von Schinkel (1781 – 1841) besuchten nach 1800 deutsche Romantiker auf ihrem Wege nach Rom die alpine Landschaft zwischen Südbayern und dem Salzkammergut und hielten ihre neu gewonnenen Eindrücke fest. Mit zahlreichen Zeichnungen und Druckwerken öffneten sie dem Bürgertum in gewisser Weise die Augen für die „Heimatlandschaft".

Im Jahre 1818 hatte Heinrich Reinhold Salzburg und Berchtesgaden bereist. Reisebegleiter waren u. a. sein Bruder Friedrich Philipp (1779 – 1840) und der Maler Johann Christoph Erhard (1795 – 1822). Zu den bekannten Motiven der beiden Brüder zählen Ansichten aus der Umgebung des südlich von Salzburg gelegenen Landschaftsparks von Aigen, dem Treffpunkt der nach Salzburg reisenden Künstler.

Die Darstellung der Hochgebirgslandschaft mit Künstlern entstand im darauf folgenden Jahr nach einer Skizze. Ausgerüstet mit langen Bergstöcken wirken die dargestellten Künstlerkollegen auf dem weiten Almboden wie exotische Eindringlinge und verleihen dem Bild eine anekdotische Note.
Genau beobachtete Reinhold die sich hoch auftürmende Gewitterwolke und machte sie zum dominanten Bildelement, das sich vor die weiße Gipfelkette schiebt und den Blick auf das Panorama verhindert. In ihrem Realismus und ihrer Detailbeobachtung nähert sich die sachliche Bestandsaufnahme zusehends dem Landschaftsbild des Biedermeier.

Literatur: A.KAT. Wien 2005, Abb. S. 132/133

E. Oe.

Heinrich Reinhold p. 1819.

Reisch Michael / Kat. Nr. 54

Biografische Angaben siehe S. 341

1964 Aachen

Landschaft 7/016

2008

Digital C-Print, 180 x 285 cm

Courtesy Galerie Hengesbach, Berlin

Das Spannungsfeld von Wirklichkeit und digitaler Konstruktion steht im Mittelpunkt der Fotoarbeiten von Michael Reisch.

Augenblicklich erkennen wir das Nationalsymbol der Schweiz. Tausendfach reproduziert ist es in die Köpfe der Menschen gedrungen und gleichsam unauslöschlich im kollektiven Bildgedächtnis gespeichert. Auf den zweiten Blick müssen wir feststellen, dass die Morphologie und Topographie der Landschaft nicht stimmen.

So scheint das Matterhorn in die Nähe gerückt, wirkt jedoch gleichzeitig auf seltsame Weise unerreichbar. Nicht nur die Distanzen sind verschoben – Straße und Wege sind verschwunden.
Michael Reisch entfernt mittels digitaler Technik jegliche Spuren menschlicher Anwesenheit aus seinen Fotografien. Das Resultat ist eine höchst artifizielle Natur – irritierende und beunruhigend – eine neue „terra incognita".

Diese menschenleere Landschaft ist nicht das ersehnte Stück Ursprünglichkeit. Sie bietet weder Behausung noch Trost, sie entzieht sich unserer Vorstellungskraft.
„*Die romantische Suche nach der reinen Natur – einer Natur außerhalb sozialer Formen – ist nun nicht mehr vorstellbar. Die Natur hat sich in der Abstraktion verloren, und die Kreativität der romantischen Dialektik ist geschwächt.*" [Duncan Forbes]

Literatur: A.KAT. München 2010; A.KAT. Linz 2010, S. 90, Abb. S. 91; Forbes/Hengesbach 2010, S. 9f., Abb. Titelbild und S. 33

E. Oe.

Reisch Michael / Kat. Nr. 55

Biografische Angaben siehe S. 341

1964 Aachen

Ohne Titel 8/005

2010

Digital C-Print, 180 x 240 cm

Courtesy Galerie Hengesbach, Berlin

In seiner im Vorjahr entstandenen Arbeit „OhneTitel" zieht Michael Reisch die radikale Konsequenz: die völlige Auflösung der Landschaft. Seine gänzlich computergenerierte Bearbeitung versteht er als einen *„... möglichen radikalen, virtuellen (Pixel-)Endzustand von Landschaft"*. [Reisch]

E. Oe.

Rethel Alfred / Kat. Nr. 56

Biografische Angaben siehe S. 342

1816 Diepenbend bei Aachen – 1859 Düsseldorf

Hannibal

Stahlstich, 146 x 95 mm, in: Rotteck Karl von, Allgemeine Geschichte vom Anfang der historischen Kenntniß bis auf unsere Zeiten, Für denkende Geschichtsfreunde. Mit zwanzig Stahlstichen nach Original-Compositionen von Alfred Rethel. 2. Bd., (3. unver. Stereotyp-Abdruck) Braunschweig 1845, Stahlstich „Hannibal", zw. S. 148–149

Universitätsbibliothek Salzburg, Signatur: 9304 I/1–3

Der Stahlstich des Hannibal ist eine der in den Jahren 1841 – 1844 entstandenen Schöpfungen Rethels, die der Illustration von Karl von Rottecks „Allgemeine Geschichte" dienten. Die Schrecken der Bergwelt, ihrer Bewohner sowie der Wetterkapriolen dezimierten Hannibals Heer, nach Rotteck, von 59.000 Mann auf 20.000 Mann Fußvolk und 6.000 Reiter.

Rethel führt uns mit dieser Arbeit eine Begebenheit des Heerzuges zum Zeitpunkt des Abstiegs aus den Alpen vor Augen. Er gibt den karthagischen Helden im Profil wieder. Der Blick in den italienischen Süden verrät zusammen mit dem Vorwärtsdrang der Fußstellung, dass Hannibal weiteren heroisch geführten Kämpfen entgegengeht.

Im Verlauf des zweiten punischen Krieges (218 – 201 v. Chr.) fügte Hannibal seinen römischen Gegnern in Oberitalien verlustreiche Kämpfe zu. Ein entscheidender Faktor war der überraschende Angriff des karthagischen Heeres, ermöglicht durch die legendäre Überschreitung der Pyrenäen und Alpen. Ein solches Wagnis mit einem Heerzug samt Reiterei und Kriegselefanten einzugehen schien unvorstellbar. Das Unternehmen gelang und ging in die Geschichte ein. Mehr noch, die Alpenüberschreitung wurde zum Mythos, zu dem die aus dem Altertum erhaltenen Berichte bei Polybios III 47–60 und Livius XXI 31–38 beigetragen haben. Hannibals Alpenüberschreitung war im 19. Jahrhundert ein beliebtes Thema.

Literatur: Esser 1995, S. 62; Francke 1920?, S. 25; Kinder/Hilgemann 1997, S. 81; Meyer 1974, S. 195–219; Livius/Feix 1960, S. 193–194; Pleticha 1996, S. 46; Schmid 1898, S. 55,57, Abb. 57; Ponten 1911, S. XXIX, 195, Abb. S. 68 Hannibal; Feldbusch 1959, S. 127

A. D.

AR. ER.
A. Rethel inv.
E. Rauch sc.
Hannibal
Druck und Verlag von George Westermann in Braunschweig

Ruskin John / Kat. Nr. 57

Biografische Angaben siehe S. 342

1819 London – 1900 Brantwood/Lancashire

Matterhorn

Modern Painters, Containing part V of mountain beauty, New York 1904, Abb. 38

Universitätsbibliothek Salzburg, Institut für Anglistik, Signatur: D 16 – Rus: 1,6

Der Schriftsteller, Maler, Kunsttheoretiker und Sozialphilosoph publizierte zwischen 1843 und 1860 fünf Bände einer Geschichte der Malerei mit dem Titel „Modern Painters".

Darin behandelte er kein Thema so ausführlich wie das der Berge. Bereits in jungen Jahren hatte er Saussures „Voyages dans les Alpes" studiert. Die Lektüre entfachte seine Leidenschaft und begleitete ihn auf allen seinen Touren. Im Jahre 1833 hatte er erstmals die Alpen überquert, unzählige Reisen sollten folgen. Ruskin pflegte zum Gebirge sowohl eine intellektuelle als auch mystische Beziehung.

Den fünften und letzten Band von „Modern Painters" nannte er „Von der Bergschönheit". Eine Abbildung zeigt die Reproduktion des Matterhorns nach einem Werk von Ruskin.

William Turner war für ihn der einzige Maler, der in der Lage war, die Struktur der Berge wiederzugeben. In seinem Werk „Stones of Venice" das 1853 erschien, schrieb Ruskin:

„*Die edelste Kunst ist die genaue Vereinigung des abstrakten Wertes mit dem nachahmenden Vermögen von Formen und Farben.*"

E. Oe.

J. Ruskin.

J. C. Armytage.
Allen & Co. Sc.

Russ Robert / Kat. Nr. 58

Biografische Angaben siehe S. 342

1847 Wien – 1922 Wien

Gebirgsbach nach dem Gewitter

1891

Öl/Leinwand, 178 x 160,5 cm

bez. r. u.: *ROBERT RUSS 1891*

Residenzgalerie Salzburg, Inv. Nr. 574

Der Künstler fand seine Motive vorwiegend in Südtirol. Die Wiedergabe einfacher, alltäglicher Motive in Verbindung mit den entsprechenden atmosphärischen Gegebenheiten bestimmter Jahres- und Tageszeiten war, in Anlehnung an die „paysage intime" der Schule von Barbizon, das Anliegen der Künstler des österreichischen Stimmungsrealismus zu denen Robert Russ zählte. Seine Aufmerksamkeit in diesem großformatigen Werk galt den spezifischen Lichtverhältnissen im Gebirge nach dem Abzug eines Gewitters. Die von Feuchtigkeit und dunstigem Licht geprägte Atmosphäre hielt er mit starken Licht- und Schattenkontrasten fest. Erzählerische Elemente, wie die durch das Unwetter zerstörte Brücke, die zum einsam gelegenen Gehöft führte und das unversehrt gebliebene Kreuz am Rande des tosenden Gebirgsbaches, betonen die besondere Wettersituation. Charakteristisch für Russ ist die Umsetzung des Themas mit unterschiedlichen Maltechniken. Feine, detailreiche Pinselarbeit kombinierte er mit dem Einsatz „grober" Werkzeuge wie Spachtel, Palettenmesser und der „Gemäuer-Technik", einem Abklatschverfahren, das bröckelndes Mauerwerk imitiert und zu seinem Markenzeichen wurde. Die vielfältige Behandlung der Oberfläche vereinigt gegensätzliche Elemente wie Flächigkeit und Raumtiefe zu einer effektvollen Komposition.

Das Gemälde entstand im selben Jahr als der „Meister der Beleuchtungseffekte" mit der Großen Goldenen Staatsmedaille ausgezeichnet wurde.

Literatur: A.KAT. Salzburg 1995, S. 106–108, Abb. S. 107; B.KAT. Salzburg 2001, S. 138, Abb. S. 139; B.KAT. Salzburg 2010, S. 216 mit Abb.

E. Oe.

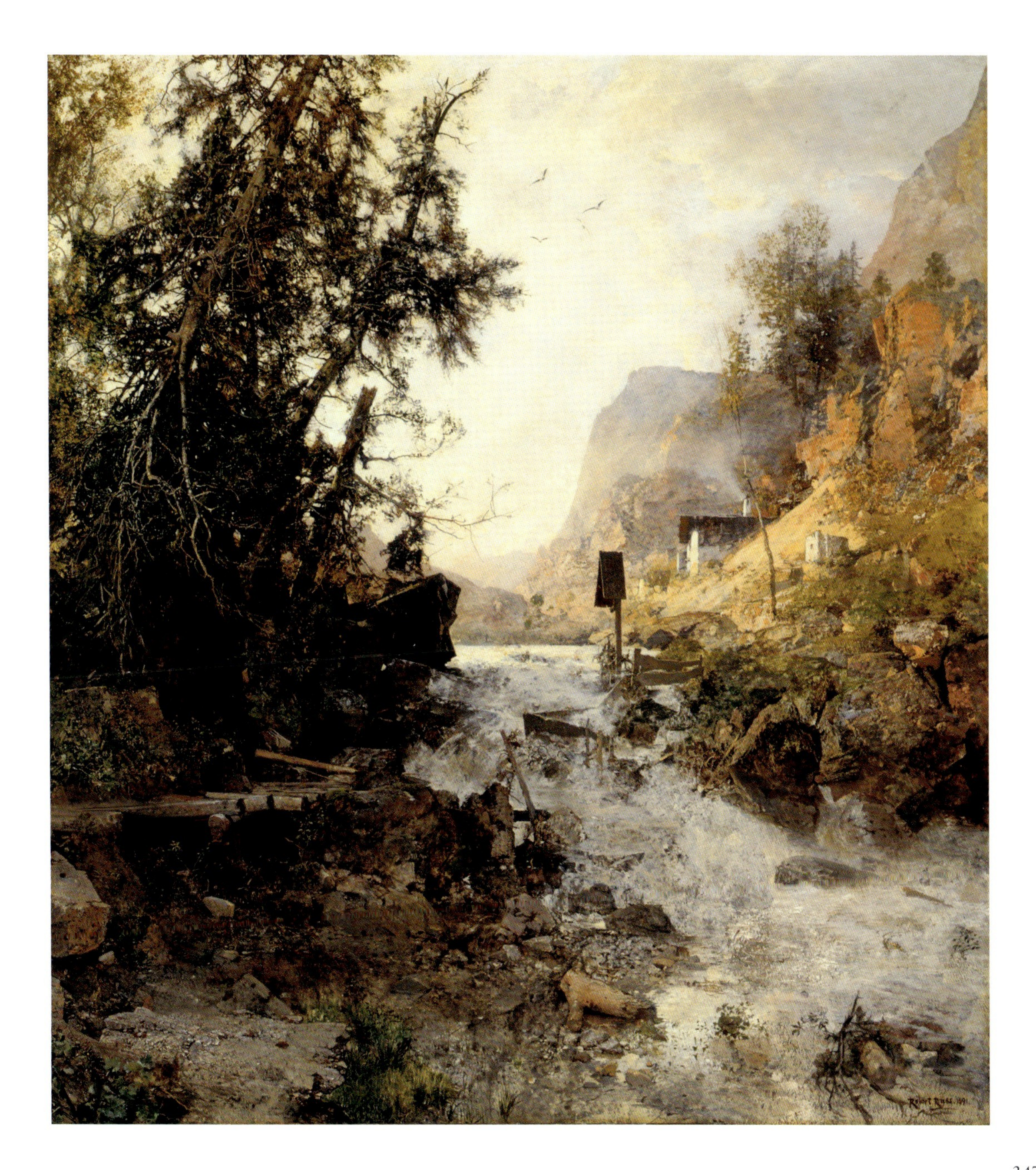

Sailer Gregor / Kat. Nr. 59

Biografische Angaben siehe S. 343

1980 Schwaz/Tirol

Hafelekar bei Innsbruck, Karwendelgebirge, 2334 m, Serie LADIZ

C-Print, 120 x 150 cm

Eigentum des Künstlers

Sailers Werkzyklus Ladiz/Alpen entstand weitgehend im Juli und August 2006. Mit der Präzision der Großformatkamera zeichnet er die durch technische Eingriffe veränderte Hochgebirgslandschaft seiner Tiroler Heimat auf. Er verzichtete dabei auf digitale Bearbeitung. Mit großer Ruhe und Präzision belichtete er pro Standpunkt ein einziges Bild. Ähnlich wie bei den Pionieren der Hochgebirgsfotografie des 19. Jahrhunderts bedeutet dies ein mühsames Unternehmen. Sailer respektiert die Widrigkeiten der Berge und damit auch manchmal die Rückkehr ohne eine einzige Aufnahme. Seine Bilder sind menschenleer, jedoch voll von Gebrauchsspuren einer touristischen Nutzung.

Sailer nutzt ähnlich wie Jules Spinatsch [Kat. Nr. 69,70] die vorhandene Lichtsituation der zu Sportarenen umfunktionierten Landschaft. In seiner Arbeit „Hafelekar" ist es die Beleuchtung der nicht sichtbaren Halfpipe, die den kulissenhaften Gesamtcharakter effektvoll steigert.

Die Klarheit des Himmels resultiert aus dem Zusammenwirken der halbstündigen Langzeitbelichtung und der klirrenden Kälte von minus 30°.
Kulissenhafte Ästhetik und Künstlichkeit werden gestört durch feine Risse in der scheinbar makellosen Oberfläche. Die Schutzzäune, die als grafisch anmutendes Bildelement wirken, dienen dazu, das extrem steile Gelände für den Wintersport zugänglich zu machen.

Literatur: A.KAT. Salzburg 2008, S. 4–6, Abb. S. 48

E. Oe.

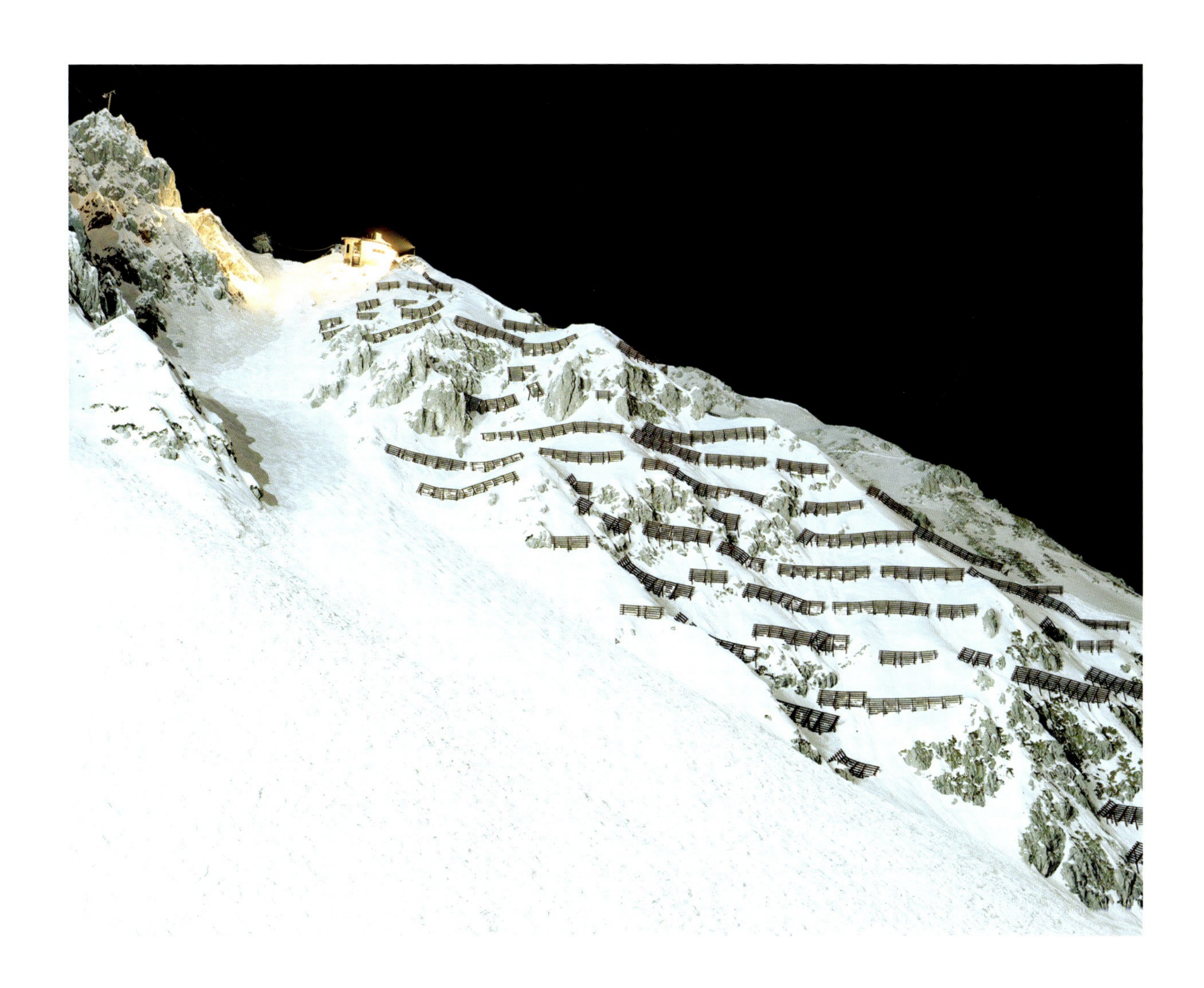

Sailer Gregor / Kat. Nr. 60

Biografische Angaben siehe S. 343

1980 Schwaz/Tirol

Weißseeferner, Kaunertaler Gletscher, Ötztaler Alpen, 2750 – 3535 m, Serie LADIZ

C-Print, 54,5 x 69,5 cm

Eigentum des Künstlers

Sailer zeichnet auf was in sein Blickfeld kommt und unterwandert damit die Inszenierungen des Tourismusmarketing. Der einst grandiosen Gletscherregion nähert er sich im Sommer, wenn die „Staubzuckerschicht“ fehlt, die den katastrophalen Zustand des ewigen Eises gnädig verdeckt. Die aufwändigen Vliesabdeckungen, die das weitere Abschmelzen der Gletscherreste verzögern sollen, wirken in ihrer Fremdartigkeit wie eine riesige Installation.

Mit den subtilen Möglichkeiten der Kunst richtet Gregor Sailer den Sucher auf die verwundete Natur.

Literatur: A.KAT. Salzburg 2008, S. 4–6; Abb. S. 53,57

E. Oe.

Sailer Gregor / Kat. Nr. 61

Biografische Angaben siehe S. 343

1980 Schwaz/Tirol

Gefrorene Wand Spitze, Zillertaler Alpen, 3288 m, Serie LADIZ

C-Print, 54,5 x 69,5 cm

Eigentum des Künstlers

Sailer Gregor / Kat. Nr. 62

Biografische Angaben siehe S. 343

1980 Schwaz/Tirol

Kühtai, 2020 m, 18 Einwohner, 145.686 Nächtigungen pro Jahr, Serie LADIZ

C-Print, 54,5 x 69,5 cm

Eigentum des Künstlers

Literatur: A.KAT. Salzburg 2008, S. 4–6; Abb. S. 35

Sattler Hubert / Kat. Nr. 63

Biografische Angaben siehe S. 343

1817 Wien – 1904 Wien

Aussicht von der Wengernalpe im Berner Oberland auf Eiger, Mönch und Jungfrau

1860/70

Öl/Leinwand, 106 x 159 cm

Salzburg Museum, Inv. Nr. 9051/49

Besonders gut beherrschte Sattler den perspektivischen Kunstgriff, seine Landschaftsmotive nah und zugleich fern, herangezogen und dennoch entrückt, erscheinen zu lassen. Durch eine „unnatürliche" Klarsicht entzieht er sie dem allzu direkten Zugriff des Betrachters, stellt sie ihm gleichzeitig aber sehr detailgenau vor.

Zu bedenken ist, dass Sattlers Ausstellungsbesucher diese sogenannten Kosmoramen durch ein Guckloch betrachteten, wobei sie sich in einem dunklen Raum befanden, während die Bilder im Kunstlicht erstrahlten. Sie hingen also nicht wie normale Galeriebilder an der Wand. Sattler nahm auf diese Bedingungen schon beim Malen Rücksicht; oft merkt man es seinen Bildern an, dass die Kreis- bzw. Halbkreisform die Komposition unterschwellig mitbestimmt (in unserem Beispiel etwa das rechts und links bogenförmig ansteigende Gelände).

Die bekannte Trias Eiger, Mönch und Jungfrau wird hier als gut überschaubares, kompaktes Gebilde vorgeführt. Das Gebirgsrelief hebt sich plastisch nachdrücklich von der luftigen Himmelsbläue ab. Besonders reizvoll wirkt sich der farbliche Zusammenklang von hellem Grün und blinkenden Schneefeldern aus, wie er für den Frühlingsbeginn typisch ist. Die Staffage bietet ein hübsches Sittenbild im Ursprungsgebiet der Begeisterung für die Berge.

In Sattlers Panoptikum von Ansichten aus der ganzen Welt waren die Gebirgsbilder vorzüglich vertreten, was in der Zeit des aufblühenden Alpintourismus und der spektakulären Gipfelbesteigungen nicht verwundert. Das runde Dutzend der im Salzburg Museum erhaltenen Schweizer Alpenbilder scheint Sattler mehr oder weniger in einem Zuge in den Jahren zwischen 1863 und 1868 gemalt zu haben, darunter das Wetterhorn, den Montblanc, die Berner Hochalpen vom Faulhorn aus, Kandersteg und den Oeschinensee. Sattler war zweifellos auch im Privatleben ein großer Bergfreund, was sich durch sein Engagement beim 1862 gegründeten Österreichischen Alpenverein belegen lässt. Sein früh verstorbener Sohn Anton machte sogar als Alpinist von sich reden.

N. Sch.

Literatur: Plasser 2007, S. 50–51, Abb. Kat. Nr. 20

Sattler Hubert / Kat. Nr. 64

Biografische Angaben siehe S. 343

1817 Wien – 1904 Wien

Das Matterhorn

1867

Öl/Leinwand, 101 x 123,5 cm

Salzburg Museum, Inv. Nr. 6079/49

Schon Wurzbach bemühte sich in seinem biografischen Artikel Hubert Sattler abzugrenzen gegen die offensichtlich übel beleumundete, kommerziell orientierte Panoramenmalerei der Zeit, die als wanderndes Gewerbe auf Publikumsfang ging.

Sattler wandte sich, gleich seinem Vater, der – wie es Wurzbach ausdrückt – *„praktischen Seite der Kunst"* zu. Obwohl zunächst gemalt, um unter dem Vergrößerungsglas optische Täuschungen hervorzubringen, seien seine Bilder doch echte Kunstleistungen. Immerhin wagte es Sattler hin und wieder, sich in den Ausstellungslokalitäten der Konkurrenz der professionellen freischaffenden Maler zu stellen.

Wurzbachs vorsichtige Formulierungen waren nicht unbegründet. Lange Zeit sah es so aus, als seien Sattlers Ansichten aus aller Welt unrettbar zu einem Dasein in dunkelsten Depotwinkeln verurteilt. Gerade über diese Art von Anschauungsbehelf schien die Zeit ein für allemal hinweggegangen zu sein.

Nicht nur nostalgische Gründe haben Sattler seit einigen Jahrzehnten – ebenso wie der gesamten Panoramenkunst – zu einer Renaissance verholfen. Wir sehen in Sattler heute keineswegs einen trockenen Vermittler von visuellen Informationen, sondern einen großen Könner, dem man auch das Prädikat des Künstlers keineswegs verwehren kann. Er verstand es, seine ehrenwerten didaktischen Absichten mit wahrnehmungspsychologischem Gespür und klugem Kalkül in eine ungemein ansprechende, ja faszinierende Bildform zu kleiden.

Ein besonderer Wurf gelang Sattler mit seinem „Matterhorn". Indem er das Hauptmotiv weit hinter ein Felsmassiv zurücksetzt, wird die solitäre Erscheinung des Gipfels unterstrichen. Er scheint in dieser raffinierten Perspektive förmlich nach hinten zu kippen bzw. vor dem Betrachter zu fliehen. Von hier spannt sich eine atemberaubende Diagonale quer über das Bild bis tief hinunter zum „Auge" des Bergsees. Der Betrachter wird in einen schwebegleichen Zustand versetzt, den die transparent wirkende Malerei des Wolkenhimmels unterstützt.

N. Sch.

Literatur: A.KAT. Salzburg 1995, S. 128, Abb. S. 129; Plasser 2007, S. 52–53, Abb. Kat. Nr. 21

Schäffer August / Kat. Nr. 65

Biografische Angaben siehe S. 344

1833 Wien – 1916 Wien

Der Watzmann

1861

Öl/Karton, 35,0 x 50,0 cm

bez. r. u. in Ölfarbe: *18. Juli 61*; über der Jahreszahl mit Bleistift: *861*; r. u. in Bleistift: *Watzman*

verso: Nachlassstempel August von Schäfer

Residenzgalerie Salzburg, Inv. Nr. 94

Schäffer führt mit seinem Karton „Watzmann" ein beliebtes Motiv der Alpenbilddarstellungen aus der ersten Hälfte des 19. Jahrhunderts vor Augen. Selbst Künstler, die diesen Berg nie selbst gesehen hatten, verewigten ihn in ihren Gemälden. Etwa Caspar David Friedrich (1774 – 1840) der seinen „Watzmann" 1824/25 [Abb. S. 66] nach einem Aquarell seines Schülers August Heinrich (1794 – 1822) fertigte.

Schäffers Werk aus dem Jahre 1861 stellt somit einen seit Jahrzehnten bekannten und äußerst beliebten Berg dar. Der obere Teil des „Watzmann" ragt bereits fertig ausgeführt und imposant in die Höhe. Im unteren Teil der Darstellung, im Bereich des Bildvordergrundes ist hingegen nur eine kurze Skizze zu sehen. Diese ermöglicht einen Einblick in die Arbeitsweise des Künstlers.

Warum die Arbeit unvollendet blieb, ist uns nicht bekannt. Der Nachlassstempel August von Schäffers auf der Rückseite lässt eine Verwendung des Blattes als Inspiration oder als Erinnerung an die Studienreisen Richtung österreichische Alpen in jüngeren Jahren offen.

Literatur: A.KAT. Salzburg 1994, Dine, S. 79; B.KAT. Salzburg 1988, S. 136–137, Abb. Kat. Nr. 68; B.KAT. Salzburg 2010, S. 221, Abb. S. 221; Fuhrmann 1980, S. 356; Juffinger/Plasser 2007, S. 119,212; Koller 2000, S. 113,169,264–265, Abb. S. 443, Inv. Nr. 545; Kerschbaumer 2000, S. 186; Verwiebe 2004, S. 7,56, Kat. Nr. 2, Abb. S. 57, S. 60, Kat. Nr. 4, Abb. S. 61, S. 129,141

A. D.

15 Juli 1861.
Watzmann.

Scheruebl Wilhelm / Kat. Nr. 66–67

Biografische Angaben siehe S. 344

1961 Radstadt

minus bild 09/21

2009
Tusche/Papier, 45 x 45 cm
Courtesy Knoll Galerie Wien/Budapest

minus bild 09/22

2009
Tusche/Papier, 45 x 45 cm
Courtesy Knoll Galerie Wien/Budapest

Die ersten Arbeiten entstanden im Winter 1993 beim Aquarellieren in Obertauern, in den Salzburger Alpen. Seither entstehen immer wieder Serien von „Minusbildern".

Die Bezeichnung bezieht sich auf die Minustemperatur im Winter, wenn das Wasser zu Eis kristallisiert. Auf dem in der Kälte liegenden, mit Tusche oder Aquarellfarbe vollflächig bemalten Papier kann man das Entstehen der Kristalle beobachten: „*Es war für mich faszinierend zu entdecken wie am Papier plötzlich ‚Eisblumen' zu wachsen beginnen, während die Finger klamm werden und der Pinsel friert. Mir genügt es, einen Prozess in Gang zu setzen und sichtbar zu machen mit einem offenen Ausgang. Das ist mir auch im übertragenen Sinn sehr sympathisch.*"
Wilhelm Scheruebls bildhauerische Arbeit „… *macht wie selten ein zeitgenössischer Zugang zu dieser künstlerischen Disziplin klar, dass das Verständnis übergreifender Zusammenhänge – betreffend den Raum, das Licht, darin das Feste und Flüssige – sich auf eine relevante Praxis niederzuschlagen hat …. Davon abgesehen, dass uns die fein verzweigten büscheligen Blumen der Minus-Aquarelle an unsere Kindheit und die mit Eisblumen verwachsenen Fenster erinnern, was schon reichlich Poesie hat, ist diese Übersetzung der Eisblumen in Tuschblumen eine hauchzarte Kunst, die der virtuellen Ästhetik elektronischer Natur entschieden Konkurrenz macht.*" [Elisabeth von Samsonow]

Literatur: A.KAT. Kitzbühel 2008, S. 66–67; A.KAT. Sovramonte/Servo 2010, S. 56, Abb. S. 57

E. Oe.

Spinatsch Jules / Kat. Nr. 68

Biografische Angaben siehe S. 344

1964 Davos

Scene S1 (Serie Snow Management)

2006

C-Print/Dibond, 100 x 163 cm

Courtesy Galerie Luciano Fasciati, Chur und Blancpain art contemporain, Genf

Das Langzeit-Projekt „Snow-Management" von Jules Spinatsch wird als Fallstudie zur Tourismusindustrie bezeichnet. Ab 2003 verfolgte der Künstler die kommerzielle Inszenierung der Alpen zur gigantischen Eventzone.

Der aus Graubünden stammende Fotokünstler kennt sein Territorium sehr genau. Seine Bilder berichten vom Gebirge als Bühne. Sie konfrontieren uns mit dem enormen Aufwand der betrieben wird für die Inszenierung der perfekten Illusion einer alpinen Spektakellandschaft. Sie erzählen uns von der Aufrüstung der Tourismuszentren durch den Einsatz von Pistenraupen und Schneekanonen und dem ungeheuren Energieverbrauch für die effektvolle Vermarktung einer alpinen Arena.

Literatur: A.KAT. Zug 2008, S. 21f., Abb. S. 217f.

E. Oe.

Spinatsch Jules / Kat. Nr. 69

Biografische Angaben siehe S. 344

1964 Davos

Scene D6 (Serie Snow Management)

2004

C-Print/Dibond, 149 x 180 cm

Courtesy Galerie Luciano Fasciati, Chur und Blancpain art contemporain, Genf

Bei Spinatsch werden die technischen Werkzeuge die die Kunstschneeflächen des Nachts für die uneingeschränkte Benutzung am folgenden Tag perfekt präparieren zu monströsen Maschinen.

Der Künstler arrangiert nichts. Er fotografiert was er vorfindet. Vor allem die nächtlichen Lichtverhältnisse mit grell leuchtenden Scheinwerfern fließen als wesentliches Ausdrucksmittel in die Arbeit ein. Die Skipiste wird zur faszinierenden Mondlandschaft, die Schneebar zur surrealen Szenerie.

Mit seiner Fotokunst unterwandert Jules Spinatsch die Werbestrategien der Tourismusmanager, die das traditionelle Bild einer unberührten Alpenlandschaft geschickt für weltweite Kampagnen verwenden.

Obwohl uns Alpenbewohnern die Realität bekannt sein müsste, erscheint sie in den Arbeiten von Jules Spinatsch neu. Dies mag an der verführerischen Ästhetik liegen. Erst nach und nach erschließt sich die Dimension der Programmierung der Alpen zur rentablen Showkulisse.

Literatur: A.KAT. Zug 2008, S. 21f., Abb. S. 217f.

E. Oe.

Spinatsch Jules / Kat. Nr. 70

Biografische Angaben siehe S. 344

1964 Davos

Scene J3 (Serie Snow Management)

2004

C-Print/Alu, 80 x 100 cm

Courtesy Galerie Luciano Fasciati, Chur und Blancpain art contemporain, Genf

Spinatsch Jules / Kat. Nr. 71

Biografische Angaben siehe S. 344

1964 Davos

Unit PAMM (Serie Snow Management)

2005

C-Print/Alu, 80 x 100 cm

Courtesy Galerie Luciano Fasciati, Chur und Blancpain art contemporain, Genf

3042540
swisscom

Spinatsch Jules / Kat. Nr. 72

Biografische Angaben siehe S. 344

1964 Davos

Unit BT (Serie Snow Management)

2004

C-Print/Alu, 80 x 100 cm

Courtesy Galerie Luciano Fasciati, Chur und Blancpain art contemporain, Genf

Spinatsch Jules / Kat. Nr. 73

Biografische Angaben siehe S. 344

1964 Davos

Unit EWD (Serie Snow Management)

2008

C-Print/Alu, 100 x 125 cm

Courtesy Galerie Luciano Fasciati, Chur und Blancpain art contemporain, Genf

Spinatsch Jules / Kat. Nr. 74–75

Biografische Angaben siehe S. 344

1964 Davos

Endo Display H2973 (Serie Snow Management)

2008

Inkjet Print/Alu, 120 x 90 cm

Courtesy Galerie Luciano Fasciati, Chur und Blancpain art contemporain, Genf

Endo Display K2956 (Serie Snow Management)

2008

Inkjet Print/Alu, 90 x 120 cm

Courtesy Galerie Luciano Fasciati, Chur und Blancpain art contemporain, Genf

Schließlich lenkt Spinatsch die Aufmerksamkeit auf eine weitere Seite des Alpentourismus. Die beiden Arbeiten „Endo Display" spielen in ironischer Weise mit dem Aspekt der Kontextveränderung.

Anlässlich einer Chirurgentagung in Davos fotografierte Spinatsch künstliche Knie- und Hüftgelenke. Ähnlich einer hochwertigen Produktwerbung sind die Ersatzteile dekorativ als Weihnachtsgeschenke präsentiert.

Wenn überhaupt, werden sie erst nach längerer Betrachtung enträtselt.

Literatur: A.KAT. Zug 2008, S. 21f., Abb. S. 217f.

E. Oe.

Spinatsch Jules / Kat. Nr. 76

Biografische Angaben siehe S. 344

1964 Davos

Scene Hannibal AP

2007

Reprint als Großtapete, 180 x 300 cm

Courtesy Galerie Luciano Fasciati, Chur und Blancpain art contemporain, Genf

Eine seiner Aufnahmen von der gigantischen Performance „Hannibal", die seit 2001 alljährlich unter großer Publikumsbeteiligung am Tiroler Rettenbachferner in 3.000 m Höhe stattfindet, ließ Jules Spinatsch für die Ausstellung sinnfällig als Großraumtapete reproduzieren.

Durch die Langzeitbelichtung sind viele Detailinformationen verlorengegangen. So verschwanden die Akteure aus dem Bild einer theatralischen von Musik und Videos begleiteten Show, in der Hubschrauber, Schneekanonen und Pistenbullys die Hauptrollen spielen.

Jules Spinatsch Fotoarbeiten sind frei von Vorurteilen. Sie klagen nicht an, sie belehren nicht. Die Interpretation seiner Bilder überlässt er den Betrachtern. *„Für mich steht die Dialektik des Ganzen im Vordergrund. Ich gebe kein klares Statement im Sinne von gut und schlecht ab."* [Gespräch, SZ, 7.1.2010]

Literatur: A.KAT. Zug 2008, S. 21f., Abb. S. 217f.

E. Oe.

Stefferl Bartholomäus / Kat. Nr. 77

Biografische Angaben siehe S. 345

1890 Gleisdorf/Steiermark – 1966 Wien

Rastender Bergsteiger

1908

Gouache, Kohle/brauner Karton, 43 x 32 cm

bez. r. u.: *STEFFERL 1908*

Privatbesitz Salzburg

In den humoristischen Zeitschriften vor und nach der Jahrhundertwende wurde regelmäßig auch die Bergsteigerei thematisiert, handelte es sich doch um eine immer weitere Bevölkerungskreise erfassende, als modern geltende Beschäftigung, die allerhand Auswüchse und komische Seiten zur Folge hatte. Die überstrapazierten Naturgelüste des Zivilisationsmenschen eigneten sich sehr für die Satire. Es ist anzunehmen, dass es sich bei unserem Blatt um einen Entwurf für solch ein Zeitschriftenbild handelt. Zu dessen Entstehungszeit war der 18-jährige Stefferl noch Schüler Kolo Mosers (1868 – 1918) an der Wiener Kunstgewerbeschule.

Ganz im Sinn der secessionistischen Flächenkunst ist die Darstellung auf klare, dekorative Werte reduziert und bietet neben ihrer witzigen Seite auch ein prächtiges Landschaftsbild. Unser korpulenter Höhenjäger wirkt in diesen schwindelerregenden Gefilden jedenfalls auf amüsante Weise deplaziert.

Auch die illustrierten satirischen Blätter passten ihren Zeichenstil den neuen Stiltendenzen an, was ihre Attraktivität im Sinne des grafischen Erscheinungsbildes wesentlich erhöhte. Die Ausdrucksmittel Linie und Fläche sprachen jetzt mehr für sich und direkt, anstatt Vehikel für eine eigentlich außerhalb der Darstellung liegende Pointe zu sein, und die starke Stilisierung erlaubte höchst drastische Wirkungen. Stefferl wurde später ein vielseitiger Maler, der zu kubischer Formvereinfachung und autonomer Farbgebung tendierte. Die grafisch-lineare Komponente aus seiner Zeit an der Kunstgewerbeschule bleibt quasi als eine Art Gütesiegel immer erkennbar.

N. Sch.

STEFFERL
1908.

Steinfeld Franz / Kat. Nr. 78

Biografische Angaben siehe S. 345

1787 Wien – 1868 Pisek/Böhmen

Dachstein mit Hallstättersee

Öl/Holz, 55,2 x 43,9 cm

bez. r. u.: *F. Steinfeld*

Residenzgalerie Salzburg, Inv. Nr. 487

Steinfeld gilt als Entdecker der klassischen Salzkammergut-Landschaft. Seiner ersten Darstellung mit der Ansicht des Hallstättersees im Jahre 1824 [NÖLM Inv. Nr. 5862] folgten mehrere Versionen.

In der Folge entstanden zahlreiche Variationen von verschiedenen Künstlern, [Schiffer, Residenzgalerie Salzburg, Inv. Nr. 35; Waldmüller, Salzburg Museum, Inv. Nr. 50/78].

Steinfelds Bildauffassung ist neu und zeigt den beginnenden Wandel der Landschaftsmalerei. Im knapp begrenzten Bildausschnitt verdichtet der Künstler Wasser, Fels und Hochgebirge „... *zu einem Konzentrat*", [Frodl 1987, S. 37]. Im Sinne einer malerischen Überhöhung ist der ins Bild gerückte Ausschnitt erfunden, der See vom Bildrand überschnitten. Hier geht es nicht um die ideale Überblickslandschaft oder um ein hymnisches Alpenpanorama. Steinfelds Anliegen ist eine möglichst naturgetreue Wiedergabe mit der Betonung des nah gesehenen Vordergrundes gegenüber Mittel- und Hintergrund.

Das Motiv des verknappten Bildausschnittes, das allen voran von Waldmüller weiterentwickelt wurde, erschien dem Publikum zunächst banal, wurde jedoch für die Entwicklung der Landschaftsmalerei wegweisend.

In der Umsetzung seines „ureigenen" Landschaftsmotives bedient sich Steinfeld einer romantisierenden Formgebung. Dunkel ragt die steile Felswand aus dem See. In feinen Farbnuancen von Violett bis zu giftigem Gelb spiegelt die glatte Wasserfläche die sie umgebende pittoreske Bergwelt.

In seiner Maltechnik folgt Steinfeld der Arbeitsweise der Alten Meister. Die brillante Transparenz der Farben ist das Resultat zahlreicher Lasuren und der Verwendung einer sorgfältig grundierten Holztafel, deren glatte Oberfläche besonders feines Arbeiten ermöglicht.

Literatur: A.KAT. Rosenheim 1987, S. 58, Abb. S. 154; A.KAT. Salzburg 1995, S. 146, Farbabb. S. 147; A.KAT. Salzburg 1996, S. 48 mit Abb. Ausschnitt; B.KAT. Salzburg 1980, S. 104, Tafel 109; B.KAT. Salzburg 2001, S. 140, Farbabb. S. 141; B.KAT. Salzburg 2010, S. 242 mit Farbabb.

E. Oe.

Taucher Josef / Kat. Nr. 79

Biografische Angaben siehe S. 346

1948 Weiz/Steiermark

Zwielicht 3

2004

Acryl/Leinwand, 160 x 150 cm

Neue Galerie Graz Universalmuseum Joanneum, Inv. Nr. I/2748,

Die auf die Leinwand gebannte Gebirgsformation sprengt gleichsam das Bildformat. Wild zerklüfteter Fels, Sturm, Schnee und Licht verleihen dem monumentalen Gipfel ein lebendiges Flirren. Die derart aufgeladene Oberfläche suggeriert eine durch wechselnde Witterung bewegte Atmosphäre. Seit Jahrzehnten bevorzugt Taucher Himmels- und Bergformationen. Seine Umsetzungen bewegen sich auf dem schmalen Grat zwischen „*Realität und Fiktion*" [Martin Behr], zwischen wirklicher Natur und künstlerischer Freiheit. Tauchers Ausschnitte aus der realen Berglandschaft beschäftigen sich im Eigentlichen mit dem Raum an sich. Dieser ureigenen Frage der bildenden Kunst begegnet der Künstler sowohl als Maler wie auch als Bildhauer.

Er ist ein genauer Beobachter. Als Mineraloge taucht er ein in die Mikrostrukturen, schält diese heraus und bringt seine eigene imaginäre Natur aus Licht, Luft und Fels auf riesige Leinwände. Taucher ist einer der ersten Maler, der nach der langen Tabuisierung neuerlich das Thema Berg aufgreift. Bereits 1981 präsentierte er in der Neuen Galerie Joanneum in Graz großformatige Bergbilder.

Literatur: Behr 2008

E. Oe.

Walde Alfons / Kat. Nr. 80

Biografische Angaben siehe S. 346

1891 Oberndorf/Kitzbühel – 1958 Kitzbühel

Auf dem Skihügel

1925

Öl/Leinwand, 100 x 78 cm

bez. r. u.: *A. Walde*

Wien Museum, Inv. Nr. 186.498,

Von Jugend an erlebte Alfons Walde das Skifahren unter der Anleitung von nur wenig älteren Pionieren, wie etwa dem Kitzbüheler Franz Reisch.

Zwischen 1912 und 1914 studierte Walde in Wien Architektur. Unter dem Einfluss der Wiener Secession entstanden die ersten kleinformatigen Ansichten zum Thema Wintersport. Nach 1923 wandte sich der Künstler diesem Sujet wieder verstärkt zu und erweiterte seine Motive, die das bis heute gültige Bild Kitzbühels als Top-Wintersportort der „High Society" prägen.

Nicht ohne Ironie schildert Walde modisch gekleidete Wintergäste, die sich bei strahlendem Wetter auf dem bevölkerten Übungshang mit dem Erlernen der neuen Sportart abmühen. Der Künstler schuf mehrere Versionen dieses Bildes, wobei er die Figuren jeweils unterschiedlich anordnete.

Mit dem Blick von außen (wohl durch den großstädtischen Hintergrund seiner Wiener Jahre) gelingt es Walde, die Atmosphäre des mondänen Wintertourismus gleichsam punktgenau zu erfassen.

Literatur: A.KAT. Wien 2010, S. 377, 6a.119 mit Farbabb.

E. Oe.

Waldmüller Ferdinand Georg / Kat. Nr. 81

Biografische Angaben siehe S. 346

1793 Wien – 1865 Hinterbrühl bei Mödling

Parthie vom Echernthale bei Hallstatt

1839

Öl/Holz, 58 x 45,5 cm

bez. l. u.: *Waldmüller 1839*

Oberösterreichische Landesmuseen, Schlossmuseum, Linz, Inv. Nr. G 2028 [Sammlung Pierer]

Waldmüller gehörte gemeinsam mit Franz Steinfeld zu jenen Wiener Malern, die das Salzkammergut „salonfähig" machten. Ein Grund für die Nobilitierung dieses landschaftlich so reizvollen Gebiets war nicht zuletzt der Aufstieg Ischls zur Sommerfrische des Kaiserhofes. So verbrachte Erzherzog Ludwig, ein Bruder von Kaiser Franz I., ab 1804 hier jeden Sommer. Ein weiteres Zentrum des Interesses war Hallstatt mit seiner wild-romantischen Umgebung, insbesondere dem bereits 1809 in den Reisebeschreibungen von Joseph August Schultes gerühmten Echerntal und dem Waldbach Strub, den Waldmüller bereits 1831 dreimal malte. Er liebte nach eigenen Worten die klare und durchsichtige Luft dieses Gebiets, weil sie alle Formen deutlich und ungetrübt erscheinen lässt. Hier zeigt er in einer sehr ausgewogenen Komposition zwei Bergrücken, zwischen denen sich ein Pass eintieft. Sie bilden die eindrucksvolle Kulisse für zwei alte Brettermühlen und ein Stück Wiese, auf der sich im Schatten eine Gruppe von Kindern niedergelassen hat. Die hohen, fast astlosen Baumstämme durchkreuzen das Bild. Der betonte Gegensatz zwischen dem hellen, von der Sonne beschienenen Wiesengrün und den Schattenpartien lässt hier bereits jenen Weg erahnen, den der Künstler in seinem Spätwerk beschreiten sollte. Das Bild und sein Gegenstück, die „Parthie des Waldbachstrubb bei Hallstatt" waren bereits 1840 in der Jahresausstellung der Wiener Akademie zu sehen, wobei letzteres in der Zeitschrift „Der Sammler" als „… *hinreißend durch Colorit und Zeichnung* …" gelobt wurde. Rupert Feuchtmüller sah in der Brettermühle im Echerntal das schönste Bild, das Waldmüller im Sommer 1839 malte.

Literatur: A.KAT. Salzburg 1967, Nr. 104; A.KAT. Hamburg 1976, Nr. 299, mit Abb.; Schultes 1995, S. 307, Nr. 193, mit Farbabb.; Feuchtmüller 1996, S. 123,477, Nr. 593; A.KAT. Vilnius 2009, S. 228f., Nr. 103 (abgebildet ist Inv. Nr. G.2029), A.KAT. Linz 2009, Kat. Nr. 6.14 mit Farbabb.

L. S.

Waldmüller Ferdinand Georg / Kat. Nr. 82

Biografische Angaben siehe S. 346

1793 Wien – 1865 Hinterbrühl/Niederösterreich

Eingang in das Höllental

nach 1840

Öl/Holz, 25,2 x 31,5 cm

Landesmuseum Niederösterreich, St. Pölten, Inv. Nr. 6448

Nimmt man die große Zahl von Landschaftsbildern, die Waldmüller in der Gegend von Bad Ischl geschaffen hat, so mag es verwundern, dass es nur so wenige Gemälde von seiner Hand aus der Schneebergregion gibt, einer Gegend die doch fast vor seiner Haustür lag. Das von Feuchtmüller erstellte Werksverzeichnis führt neben dem hier gezeigten nur noch zwei weitere Ansichten an.

Unser Gemälde dürfte aus der ersten Hälfte der 1840er Jahren stammen. Vielleicht entstand es anlässlich eines Ausfluges des Künstlers mit der Südbahn, deren zweiter Streckenteil von Neunkirchen nach Gloggnitz, 1842 eröffnet worden war. Vorbei war damit die Zeit der beschwerlichen mehrere Tage dauernden Fußmärsche oder der abenteuerlichen Kutschenfahrten. Die Gegend um Schneeberg und Rax war nun für jedermann leicht erreichbar. Von Gloggnitz führte der Weg nach Payerbach und Reichenau und über Hirschwang weiter ins wildromantische Höllental. Die Vielfalt an malerischen Naturformen, wie auch Zeugnissen früher Industrialisierung, etwa Hammerwerken oder Schwemmklausen, bot den Künstlern eine Fülle reizvoller Motive.

Waldmüller hielt in seinem flott und flüssig gemalten, sehr skizzenhaft wirkenden Bild den Blick gegen das Höllental und den Schneeberg fest, links flankiert von einem Gebäude und rechts von einem Brunnen. Bei dem Gebäude handelt es sich offenbar um eine Arbeiterkaserne, ein Wohnhaus für die im Krumbachhammer bei Hirschwang tätigen Eisenarbeiter und ihre Familien. Dasselbe Bauwerk, gesehen aus einer etwas anderen Blickrichtung, stellte 1844 auch Waldmüllers Künstlerfreund Matthias Rudolf Toma (1792 – 1869) in einem Gemälde des Niederösterreichischen Landesmuseums dar. Da ein enger Austausch der beiden Künstler belegt ist, wäre es vorstellbar, dass Waldmüllers Bild und die Vorlage für das Gemälde Tomas vielleicht sogar auf einer gemeinsamen Studienfahrt entstanden sind.

Literatur: Feuchtmüller 1996; Pap 2000

W. K.

Wilt Hans / Kat. Nr. 83

Biografische Angaben siehe S. 347

1867 Wien – 1917 Wien

Gletschertal

um 1900

Öl/Leinwand auf Karton, 40,8 x 27,1 cm

Privatbesitz Salzburg

Hans Wilt ist einer von jenen Künstlern, die zwar nicht zu den großen Namen gehören, ohne die die österreichische Kunst jedoch sehr arm wäre. Als Landschaftsmaler steht er am Ende des Stimmungsrealismus. Mit der kleinteiligen Textur seiner Malerei und seinen strengen Bildkompositionen ist er der Secession nahe, und es verwundert, ihn nicht unter ihren Mitgliedern zu finden. Wegen der verlässlichen Qualität seiner Bilder ist er beim Kunsthandel sehr beliebt. Seinen Landschaftsthemen kann man entnehmen, dass er viel auf Reisen war. Gebirgsbilder sind allerdings eine Seltenheit in seinem Werk.

Während man im späten 19. Jahrhundert für das Gebirgsbild wegen der Mächtigkeit der Wirkung eher ein breitgelagertes Bildformat bevorzugte, setzt Wilt sein Motiv dezidiert nach der Verikale hin um. Statt viel Himmel zu geben, betont er lieber die Steilheit. Wir finden hier nicht die natursatten Farben der gründerzeitlichen Bergmaler, sondern eine schlanke, helle und kontrastarme Palette, die sich zwischen dem milchigen Weiß des Gletscherbachs und dem Maigrün der Vegetation bewegt. Sie gehört ebenso wie der bildparallele Aufbau in die Nachbarschaft des „Ver sacrum". Der behutsame und sparsame Farbauftrag lässt grafische Lineamente vor allem im Felsbereich bewusst durchscheinen, und auch damit erweist sich Wilt in dieser als Naturstudie anzusprechenden Arbeit als überraschend „moderner" Maler.

N. Sch.

Objekte

Das Hochgebirge in der Fotografie

Die Hochgebirgsfotografie nahm ihren Aufschwung etwa zeitgleich mit der professionellen Landschaftsfotografie um 1860. Pioniere waren englische und französische Fotografen: 1861 fotografierten die Gebrüder Auguste und Louis Bisson das Montblanc-Massiv. Diese ein Jahr später im österreichischen Alpenverein ausgestellten Fotografien veranlassten die Mitglieder zu einer fotografischen Expedition in die Ostalpen. Anfang Juli 1863 begab sich der Fotograf Gustav Jägermayer (1834 – 1901) in Begleitung des Landschaftsmalers Adolf Obermüllner [Kat. Nr. 46] und einer Gruppe von Trägern mit Mauleseln in die Hohen Tauern. Obermüllner hatte als künstlerischer Leiter die Aufgabe, die bildwürdigsten Motive auszuwählen. Während der knapp zweimonatigen Expedition entstanden 84 Aufnahmen mittels Glasplatten im Format 37 x 45 cm. Diese waren vor der jeweiligen Aufnahme zu präparieren und in noch feuchtem Zustand an Ort und Stelle zu entwickeln.

Der Erlös aus dem Verkauf reichte jedoch nicht aus, um die enormen Spesen des Unternehmens zu decken. Jägermayer ging in Konkurs. Die Glockner-Serie ließ er einstampfen. Ein erhaltener Bestand befindet sich in der Fotosammlung der Albertina, Wien. Das Salzburg Museum besitzt seit 2008 insgesamt sechs Abzüge aus dieser Serie im Format von 33 x 42 cm.

E. K.

Kat. Nr. 84

Jägermayer Gustav Biografische Angaben siehe S. 331

1834 Wien – 1901 Salzburg

Bergführer mit Dame am Seil

um 1890

Fotoabzug auf originalem Untersatzkarton, 26,6 x 21,3 cm, Karton 33 x 24,4 cm

bez.: *Gletscher-Partie am Gepatsch-Ferner, No. 2059*

Würthle & Spinnhirn, Fotografie und Verlag, Salzburg

Salzburg Museum, Fotosammlung, Inv. Nr. F 14338

Die in den Ötztaler Alpen beim Kaunser-Tal fotografierte Szene stammt mit ziemlicher Sicherheit von Gustav Jägermayer. Die Aufnahme zeigt eine bizarre Landschaft aus Eis und Schnee mit einer städtischen „Hochgebirgstouristin“. Die in einen langen Mantel gehüllte und mit einem Bergstock ausgerüstete Dame befindet sich in Seilschaft mit einem Bergführer im dicken Lodenrock, der gemütlich seine Pfeife raucht.

E. K.

Kat. Nr. 84

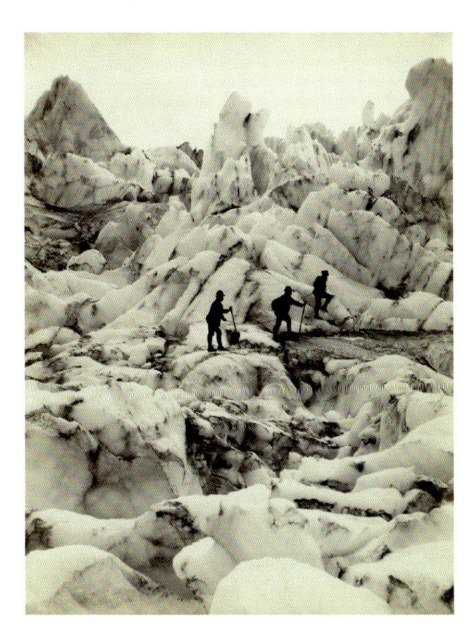

Kat. Nr. 85

Kat. Nr. 85

Unbekannt

Drei Bergsteiger im Eis- und Schneegebirge

ca. 1895 bis 1900

Fotoabzug auf originalem Untersatzkarton, 27,4 x 20,9 cm, Karton 32,8 x 25 cm

bez.: *Türkische Zeltstadt*

Würthle & Sohn, Fotografie und Verlag, Salzburg

Salzburg Museum, Fotosammlung, Inv. Nr. F 2550

Diese Aufnahme kann Gustav Jägermayer aufgrund der Datierung nicht zugeschrieben werden. Zweifellos ist es aber in der für den Verlag Würthle berühmt gewordenen Manier gehalten.

Aufgenommen ist eine durch die Gewalten der winterlichen Natur fantasievoll zerklüftete Eis- und Schneelandschaft in der Gegend der Venediger-Gruppe im salzburgisch-tirolerischen Grenzgebiet im Bereich des Obersulzbach-Kees mit drei Bergsteigern. Ignaz von Kürsinger (1795 – 1861), Teilnehmer der Erstbesteigung des Großvenedigers 1841, bezeichnete den Eisbruch als „Türkische Zeltstadt", da die Eistürme an „… *die Zelte der Muslims*" erinnerten. Seit 1850 ist der Gletscher um 3,2 km kürzer geworden und die „Türkische Zeltstadt" nicht mehr vorhanden. Wegen des geologisch gefährdeten Geländes wurden in den letzten Jahren zahlreiche Wanderwege gesperrt.

E. K.

Kat. Nr. 86

Unbekannt

Kesselfall Kaprun

Aufnahme vermutlich 1895, Fotoabzug vielleicht um 1905
Fotoabzug später auf Karton kaschiert, Nr. 3123, 26,2 x 19,8 cm, Karton 33 x 24,4 cm
Würthle & Sohn, Fotografie und Verlag, Salzburg, unter diesem Firmennamen 1895 – 1907
Salzburg Museum, Fotosammlung, Inv. Nr. F 2794

Kaiser Franz Josef I. besuchte anlässlich seines Aufenthaltes in Kaprun 1893 den heute nicht mehr existierenden Kesselfall, der zwei Jahre danach mittels technischer Aufrüstung zu einer bekannten Sehenswürdigkeit geworden war.

Bezirksbauingenieur Nikolaus Gaßner (1854 – 1912) entwarf 1894/95 den Holzsteg durch die Sigmund-Thun-Klamm. Bis zum Sommer 1895 wurden auch ein Fahrweg und das Kesselfall-Alpenhaus errichtet. Die für damalige Verhältnisse jedoch besondere Attraktion war seit dem 20. August 1895 die elektrische Beleuchtung des Wasserfalls mit 250 Glüh- und 10 Bogenlampen. Ein Kosmoramen-Gemälde von Hubert Sattler (1816 – 1904), allerdings ohne Illumination, befindet sich im Salzburg Museum, Inv. Nr. 7275/4.

Über einen Fahrweg erreichte man die Limbergalm am Moserboden, wo Gaßner 1899 auf 2400 m ein luxuriöses Hotel errichtete. Die Küche verfügte beispielsweise über den ersten elektrischen Backofen.
Heute ist das Kesselfall-Alpenhaus auf 1034 m Seehöhe ein Ausgangspunkt für Touren in die Glocknergruppe sowie zu den Stauseen des Speicherkraftwerks Kaprun.

E. K.

Kat. Nr. 87

Jaumann Rudolf Alfred

1859 Pilsen – 1923 (?)

Der Kesselfall im Kaprunertal, elekrifizierte Anlage

Ende 19. Jahrhundert

Holzstich, 355 x 274 mm

Salzburg Museum, Inv. Nr. 1049-90

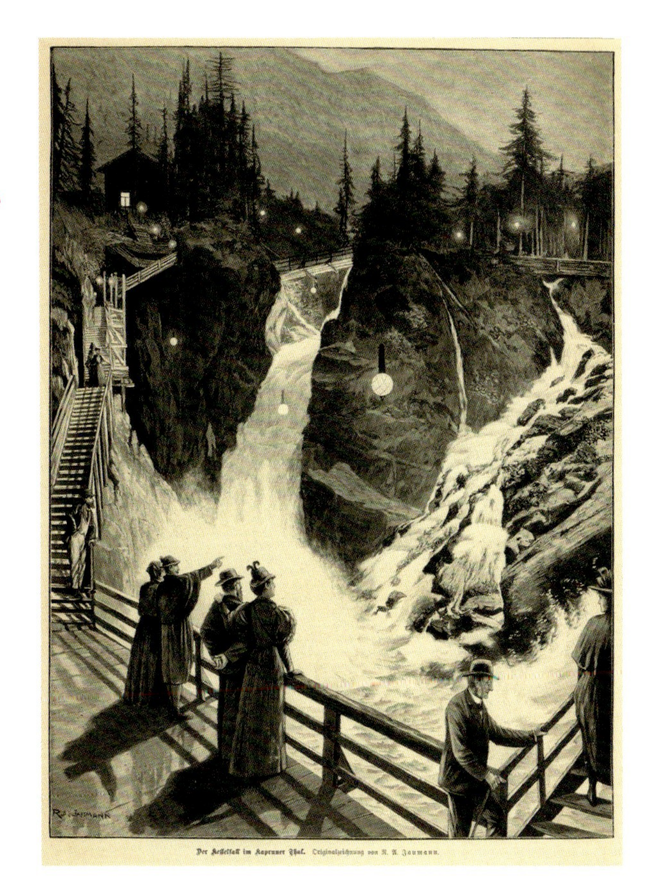

Fliegende Blätter – Karikaturen Alpiner Touristen

Die Fliegenden Blätter, salopp „Fliegende" genannt, sind eine humoristisch-satirische Zeitschrift, deren erste Ausgabe am 7.11.1844 im Verlag Braun & Schneider erschienen ist.

Inhaltlich boten Zeichnungen und Texte Gesellschaftskritik sowie politische Satire. Nach den 50er-Jahren des 19. Jahrhunderts zog sich das Blatt von Politik und Tagesgeschehen mehr und mehr zurück. Die Verspottung der Lächerlichkeiten des Lebens stand von nun an ebenso im Blickfeld, wie die mit dem typischen, im Vergleich zu den wesentlich schärferen Simplizissimus und Kladderadatsch, gutmütigen Witz geübte Gesellschaftskritik.

Ein beliebtes Ziel des Spottes war der stetig wachsende Tourismus und die damit verbundenen Auffassungsunterschiede der Ortsunkundigen aus der Stadt zu jenen der Alpenbewohner. Der Handel mit Ansichtskarten sowie der Umgang der Touristen mit diesem Medium lieferte ebenfalls die Vorlage für zahllose Spottbilder. Die seit Mitte des 19. Jahrhunderts ständig wachsende Zahl von Karikaturen, die sich mit der Naivität der alpinen Touristen beschäftigten, ist ein Beleg für den inzwischen selbstverständlichen Umgang mit der Bergwelt.

Caspar Braun (1807 – 1877) lernte als junger Maler beim Pariser Meister der Holzschneidekunst Louis Henri Brévière (1797 – 1869) die Technik der Xylografie kennen. Er gründete mit Hofrat von Dessauer die „Xylographische Anstalt" in München. Von Dessauer verkaufte seinen Anteil am 1.1.1843 an Christian Friedrich Schneider (1815 – 1859/1864).

Die Idee einer humoristischen Zeitschrift entwickelte sich, nach anfänglichen Schwierigkeiten ab dem Jahr 1847 zur Erfolgsgeschichte. Bereits der 13. Band enthielt eine Warnung vor Nachdruck. Geplant war, das Blatt einmal pro Woche erscheinen zu lassen. 24 Nummern, zu je acht Seiten, mit einer Anzahl von etwa 400 Holzschnitten sollten einen Band ergeben. Die Ausgabe erfolgte zu Beginn der 100-jährigen (1844 – 1944) Geschichte unregelmäßig. Den Höhepunkt erreichten die „Fliegenden" in den 90er-Jahren des 19. Jahrhunderts und um die Jahrhundertwende.

In den Fliegenden Blättern abgedruckte Beiträge sind oftmals mit Versen versehen im unregelmäßig erscheinenden Münchner Bilderbogen erneut veröffentlicht worden.

Zum Mitarbeiterstab zählten die jungen Münchner Künstler. Carl Spitzweg (1808 – 1885), Moritz von Schwind (1804 – 1871) und Wilhelm Busch (1832 – 1910) sind bis heute bekannt. Busch und Oberländer ist die Schulung an den alten Niederländern gemein. Sie stehen somit in der Nachfolge geistreicher Skizzisten wie Adriaen Brouwer (1605/06 – 1638).

Die Titelvignette der Fliegenden Blätter wechselte im Laufe ihrer Geschichte mehrmals. Die erste aggressive Banderole wurde bereits in der zweiten Nummer durch eine friedliche seifenblasende Gesellschaft ersetzt, im Dezember 1940 war nur noch ein briefmarkengroßes Signet über.

Seit 1919 litt das Familienwitzblatt unter Abonnentenschwund. Die Übernahme durch die „Meggendorfer Blätter" 1928 konnte das Ende der „Fliegenden" nicht verhindern.

Literatur: Bernhard 1983, Fliegende Blätter S. 63–66, Abb. S. 64 Titelvignette Nr. 1; Dangl 1938, S. 1–41,87–91; Hermann 1901, S. 68–70,81–89; Musper 1964, S. 323–328; Nöldeke 1943, S. 17,169–171, Abb. Beiträge für Fliegende Blätter, Titelvignette; Otto 2001, S. 109–111; Roth 1957, mit weiterführenden Informationen in den Kapiteln: Die Verleger, Technische Möglichkeiten, Die Zeitschriften–Die „Fliegenden Blätter", Caspar Braun; Scharfe 2007, S. 104–106; ThB. 4. Bd., S. 600; ThB. 5. Bd., S. 282–284; ThB. 30. Bd., S. 386–390; ThB. 31. Bd., S. 394–396; Zahn 1966, S. 5–18

A. D.

Kat. Nr. 88

Caspari Walther

1869 Chemnitz – unbekannt München

Der Protz.

Fräulein Goldheim (soeben mit Papa im Palace Hôtel Splendid et des Alpes angekommen): „Nein, dieser Blick hier! Pappi! Das ist wundervoll hier! Einfach unbezahlbar!" – Papa: „Unbezahlbar?! Wie heißt „unbezahlbar"?"

bez. r. u.: *Caspari.*; Reprint

Fliegende Blätter 10. Nro. 3450. 135. Bd., S. 118: *Der Protz.*

Universitätsbibliothek Salzburg, Signatur 52.904 II, 135.1911

Literatur zu Walther Caspari: Roth 1957, siehe Kapitel: Walther Caspari

A. D.

Kat. Nr. 89

Flashar Max

Lebensdaten unbekannt

Im Gebirgshotel.

„Was können Sie mir empfehlen, Kellner?"
„Z u d i e s e r A u s s i c h t nimmt man gewöhnlich Forellen und Rehbraten mit Kompott."
bez. r. u.: *M. Flashar 01.*; Reprint
Fliegende Blätter 23. Nro. 2940. 115. Bd., S. 268: *Im Gebirgshotel.*
Universitätsbibliothek Salzburg, Signatur 52.904 II, 115.1901

Literatur: Max Flashar: Dangl 1938, S. 33–34; Roth 1957, siehe Kapitel: Nur noch Namen

A. D.

Im Gebirgshotel.

„Was können Sie mir empfehlen, Kellner?"
„Zu dieser Aussicht nimmt man gewöhnlich Forellen und Rehbraten mit Kompott.

Kat. Nr. 90

Grätz Theodor

Lebensdaten unbekannt

Nachschrift auf einer Ansichtspostkarte.

„… Entschuldige die schlechte Schrift; ich schreibe diese Karte auf dem Rücken des Onkels und der ist furchtbar unruhig, weil er diesen Mittag zwei Pfund Lachs gegessen hat!“

bez. r. u.: *Th. Grätz 99.*; Reprint

Fliegende Blätter 14. Nro. 2827. 111. Bd., S. 159 *Nachschrift auf einer Ansichtspostkarte.*

Universitätsbibliothek Salzburg, Signatur 52.904 II, 111.1899

Literatur zu Theodor Grätz: Dangl 1938, S. 33, Abb. S. 9 „Bekannte Verleger und Mitarbeiter der Fliegenden Blätter“; Roth 1957, siehe Kapitel: Nur noch Namen

A. D.

Nachschrift auf einer Ansichtspostkarte.

„. . Entschuldige die schlechte Schrift; ich schreibe diese Karte auf dem Rücken des Onkels und der ist furchtb

ruhig, weil er diesen Mittag zwei Pfund Lachs gegessen hat!“

Kat. Nr. 91

Grätz Theodor

Lebensdaten unbekannt

Warnungstafel im Gebirge.

HALT! wenn man einen Touristen abstürzen sieht

bez. r. u.: *Th. Grätz*; Reprint

Fliegende Blätter 24. Nro. 2941. 115. Bd., S. 286: *Warnungstafel im Gebirge.*

Universitätsbibliothek Salzburg, Signatur 52.904 II, 115.1901

Literatur zu Theodor Grätz: Dangl 1938, S. 33, Abb. S. 9 „Bekannte Verleger und Mitarbeiter der Fliegenden Blätter"; Roth 1957, siehe Kapitel: Nur noch Namen

A. D.

Kat. Nr. 92

Hengeler Adolf

1865 Kempten/Allgäu – unbekannt

Höchste Galanterie.

Bergfex (der bemerkt, wie eine Dame abstürzt, ihr schnell nachkugelnd): „Gestatten Fräulein, daß ich Sie begleite?“

bez. l. u.: *1901, A. Hengeler*; Reprint

Fliegende Blätter 9. Nro. 2926. 115. Bd., S. 98: *Höchste Galanterie.*

Universitätsbibliothek Salzburg, Signatur 52.904 II, 115.1901

Literatur zu Adolf Hengeler: Dangl 1938, S. 26–27; Roth 1957, siehe Kapitel: Adolf Hengeler

A. D.

98 Höchste Galanterie.

Bergfex (der bemerkt, wie eine Dame abstürzt, ihr schnell nachkugelnd): „Gestatten Fräulein, daß ich Sie begleite?"

Kat. Nr. 93

Kirchner Eugen

1865 Halle – ?

Ein Helfer in der Noth.

„… *Und was thaten Sie, als Ihr Freund so über dem fürchterlichen Abgrund schwebte?*“ – „*Ich?.. Ich hab‘ ihm Muth zugetrunken!*“
bez. r. u.: *E. Kirchner. H. Horina inv.*; Reprint
Fliegende Blätter 15. Nro. 2906. 114. Bd., S. 176: *Ein Helfer in der Noth.*
Universitätsbibliothek Salzburg, Signatur 52.904 II, 114.1901

Literatur zu Eugen Kirchner: Dangl 1938, S. 32–33; Roth 1957, siehe Kapitel: Eugen Kirchner; Zahn 1966, S. 17

A. D.

176

Ein Helfer in der Noth.

„. . . Und was thaten Sie, als Ihr Freund so über dem fürchterlichen Abgrund schwebte?“ — „Ich? . . Ich hab' ihm

Muth zugetrunken!“

Kat. Nr. 94

Oberländer Adolf

1845 Regensburg – 1923 München

Auf dem Gorner=Grat.

„Jott, wat für eine jroßartige Jejend! Wohin man spuckt, 'n Jletscher!"

bez. l. u.: *1901, A. Oberländer*, r. u.: *Klipsch*; Reprint Fliegende Blätter 6. Nro. 2923. 115. Bd., S. 66: *Auf dem Gorner=Grat.* Universitätsbibliothek Salzburg, Signatur 52.904 II; 115.1901

Literatur zu Adolf Oberländer: Dangl 1938, S. 16–19,42, Abb. S. 9 „Bekannte Verleger und Mitarbeiter der Fliegenden Blätter"; Hermann 1901, S. 81–89; Roth 1957, siehe Kapitel: Adolf Oberländer; Zahn 1966, S. 6,15

A. D.

Kat. Nr. 95

Reinicke Emil

1859 Zerbst – unbekannt München

Neuestes für Bergfexen.

Gletscher=Gems=Ringelspiel.

bez. l. u.: *E. Reinicke nach Lahner.of.; MPCo. Monogramm*; Reprint

Fliegende Blätter 14. Nro. 2931. 115. Bd., S. 158: *Neuestes für Bergfexen.*

Universitätsbibliothek Salzburg, Signatur 52.904 II, 115.1901

Literatur zu Emil Reinicke: Dangl 1938, S. 35; Roth 1957, siehe Kapitel: Emil Reinicke

A. D.

158 Neuestes für Bergfexen.

Gletscher = Gems = Ringelspiel.

Afrikanischer Enthusiasmus.

Film

Kat. Nr. 96

Fanck Arnold Biografische Angaben siehe S. 328

1889 Frankenthal – 1974 Freiburg/Breisgau

Der weiße Rausch/Sonne über dem Arlberg

1931

Regie: Arnold Fanck;

Darsteller: Hannes Schneider, Leni Riefenstahl

Filmausschnitte, Copyright: Matthias Fanck

In den 1920er-Jahren zeichnete sich eine neue Entwicklung im Filmschaffen ab. Spielfilme mit Bergabenteuern erfreuten sich beim Publikum großer Beliebtheit. Der deutsche Geologe und Fotograf Arnold Fanck schuf in Zusammenarbeit mit dem Arlberger „Skikönig" Hannes Schneider neben anderen den erfolgreichen Kinofilm „Der weiße Rausch", der in Österreich unter dem Titel „Sonne über dem Arlberg" lief. Die Geschichte konzentriert sich auf eine choreografierte Verfolgungsjagd von Skifahrern mit beeindruckenden Aufnahmen und Kameraeinstellungen.

Für den Arlberg wurde der erfolgreiche Film zu einem der wirksamsten Werbemittel.

Literatur: A.KAT. Wien 2010, S. 126,376; A.KAT. Bregenz 2009; Rapp 1997

E. Oe.

Plakate

Kat. Nr. 97

Binder Joseph Biografische Angaben siehe S. 324

1898 Wien – 1972 Wien

Raxbahn. Zwei Stunden von Wien-Südbahnhof. Höhe und Klima von St. Moritz und Rigi Kulm

1929

98 x 63,6 cm, Reprint

Wienbibliothek im Rathaus, Plakatsammlung P 65208

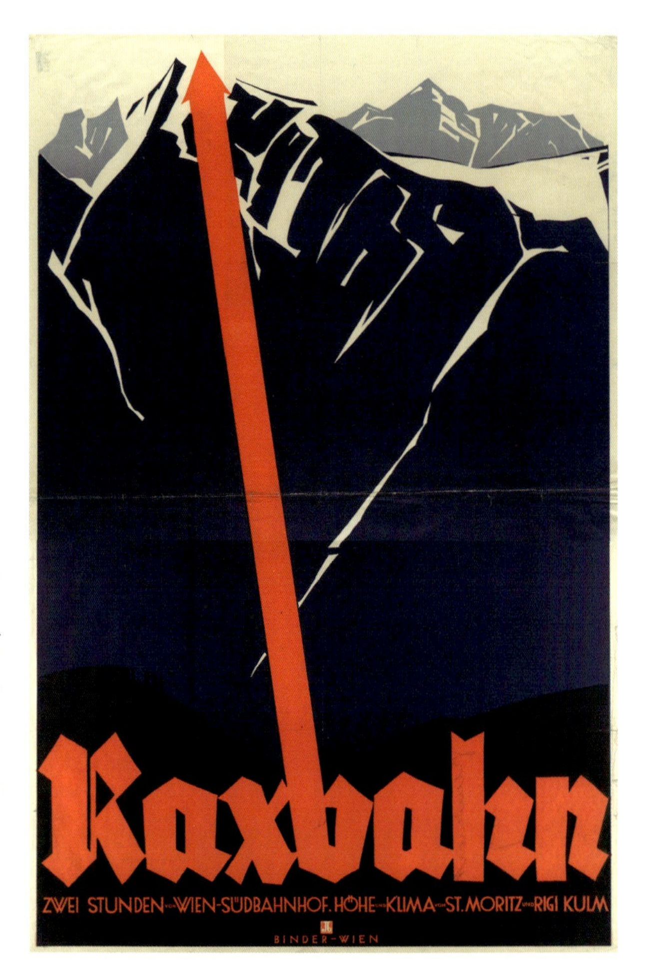

Erste Projekte für eine Bahn auf die Rax gab es bereits zur Jahrhundertwende. Eine Bewilligung erfolgte 1913; schließlich begann man 1924 mit konkreten Planungen.

Zwei Jahre später wurde die erste Seilbahn auf dem Staatsgebiet des damaligen Österreich in Betrieb genommen. Mit der Gestaltung für ein Werbeplakat wurde der junge Grafikdesigner Joseph Binder beauftragt. Das Motto „Hinauf zu Höhe, zu Licht und Sonne" goss Binder in eine markante und verdichtete Formensprache.

Die klassische Werbegrafik aus der Zeit der ersten Hälfte des 20. Jahrhunderts verdeutlicht die wirtschaftspolitische Neuorientierung Österreichs als Tourismusland.

Literatur: A.KAT. Gloggnitz 1992, Abb. S. 299

E. Oe.

Kat. Nr. 98

Insam Ernst

Biografische Angaben siehe S. 331

1927 Kitzbühel

Tirol

1972

84 x 59,3 cm

bez. r. u.: *Ernst Insam*

Herausgeber: Tirol Werbung Innsbruck

Privatbesitz

Der Entwurf des Kitzbüheler Malers und Grafikers Ernst Insam wurde wie viele seiner Werbeplakate 1972 anlässlich des Österreichischen Grafikwettbewerbes prämiert.

Literatur: Schinagl 1993, Abb. S. 143

E. Oe.

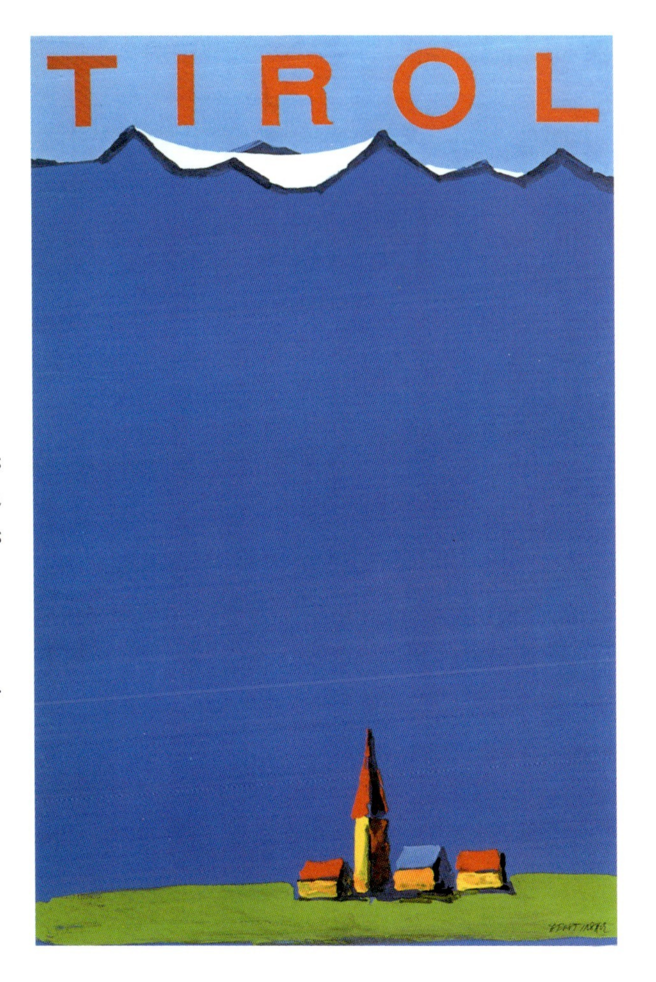

Kat. Nr. 99

Jahn Gustav Biografische Angaben siehe S. 332

1879 Wien – 1919 Großer Ödstein im Ennstal

K.K. Österreichische Staatsbahnen Arlberg. Wintersport in den Österr. Alpen.

vor 1908

Farblithografie/Papier, 104 x 67 cm, Reprint

Hauptmotiv, bez. r. u.: *GUST. JAHN*

Salzburg Museum, Inv. Nr. 2136

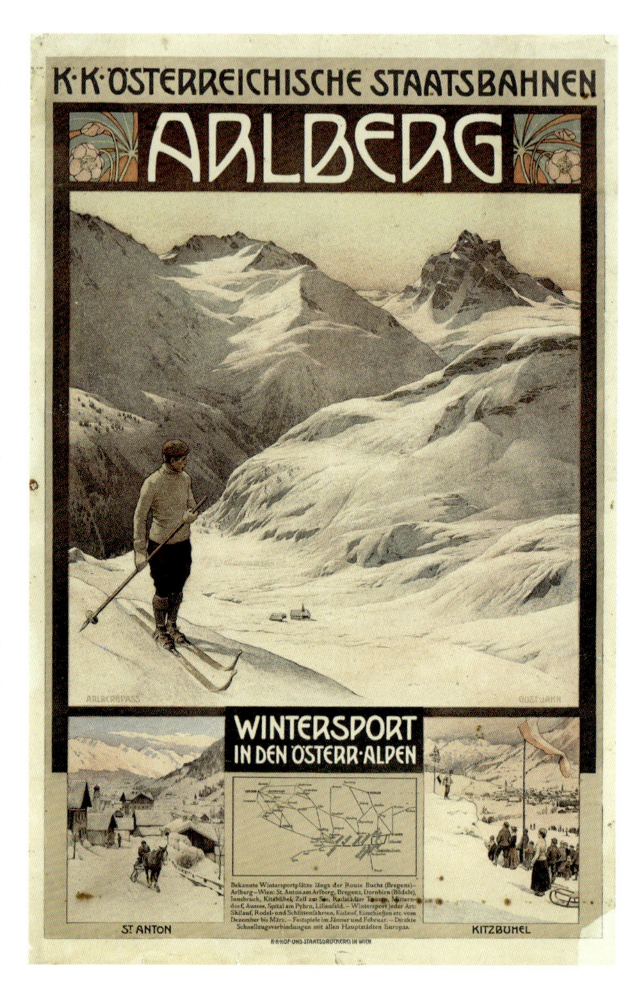

„Das österreichische Eisenbahnministerium stellt sich seit langem die Aufgabe, im Interesse der Förderung des Reiseverkehres nach Österreich das Ausland auf die reichen landschaftlichen Schönheiten Österreichs und dessen ethnographische Merkwürdigkeiten aufmerksam zu machen und sucht diesen Zweck vor allem durch Herausgabe von Publikationen, durch Errichtung von Auskunftsbureaus und durch Veranstaltung von Ausstellungen zu erreichen.“

Zu den Publikationen zählten insbesondere künstlerisch aufwendig gestaltete, häufig mehrsprachige Tourismusplakate, die von den k. k. Österreichischen Staatsbahnen herausgegeben wurden. Schon 1905 war ein von Gustav Jahn angefertigtes Plakat zur Bewerbung der Wachau vorgestellt worden, das sehr gut ankam und ihm eine Reihe weiterer Aufträge brachte. In den nächsten Jahren schuf er zu vielen Linien und Nebenstrecken der k. k. Staatsbahnen Werbeplakate, etwa für „Gesäuse“, „Zell am See“, „Tauernbahn“, „Hohe Tauern“, „Mittenwaldbahn“, „Achensee“ und „Arlberg“, für „Wocheiner Bahn“ und „Ragusa“ oder für die „Niederösterr.-Steirische Alpenbahn“.

Der Aufschwung mancher Regionen zu Zentren des Wintertourismus wurde von den k. k. Staatsbahnen besonders gefördert und beworben, barg doch besonders die bislang „tote", kalte Jahreszeit enormes Potenzial als Reisezeit. Für den „Arlberg" ließ man von Jahn sogar ein eigenes Wintersportplakat anfertigen. Das Hauptmotiv zeigt einen Skifahrer hoch über dem Hospiz St. Christoph, darunter in kleineren Darstellungen einen Pferdeschlitten in St. Anton sowie ein „Preisspringen vom kühn gebauten Sprunghügel" in Kitzbühel. Heute zählt dieses Plakat, wie das ebenfalls von Jahn für „Murau" geschaffene, zu den Klassikern des österreichischen Tourismusplakates.

Literatur: K. K. Eisenbahnministerium 1906; K. K. Österreichische Staatsbahnen o. J.

W. K.

Kat. Nr. 100

Jahn Gustav Biografische Angaben siehe S. 332

1879 Wien – 1919 Großer Ödstein im Ennstal

Zell am See K.K. Österr. Staatsbahnen

Farblithografie/Papier, 101 x 66 cm, Reprint

Salzburg Museum, Inv. Nr. 2137

E. Oe.

Kat. Nr. 101

Kosel Hermann

Biografische Angaben siehe S. 334

1896 Wien – 1983 Wien

Südbahnhotel Semmering Austria

um 1930

Papier, 93,2 x 61,1 cm

Privatbesitz

Die private Südbahngesellschaft setzte um 1880 mit Hotelbauten in Abbazia, Toblach und am Semmering gezielte touristische Impulse und beschäftigte Künstler wie Gustav Jahn (1879 – 1919) als Werbegrafiker. In den 1920er-Jahren entwarf Hermann Kosel mit großem Erfolg Plakate für die Fremdenverkehrswerbung. Seine Entwürfe sind von prägnanten Farbkombinationen gekennzeichnet.

Der Maler und Grafiker Kosel zählte mit Joseph Binder (1898 – 1972) zu den hervorragenden Vertretern des „Wiener Plakats“.

Literatur: A.KAT. Gloggnitz 1992, Abb. S. 360

E. Oe.

Kat. Nr. 102

Lechner Hubert

Stubnerkogel-Gondelbahn 2245 m Seehöhe Bad Gastein

um 1955
Lithografie von 5 Steinen/Papier, 82 x 57 cm
Offsetdruck Sochor Zell am See, Zustand 1
Erich Egger
Courtesy Galerie Seywald, Salzburg

Die 1951 eröffnete Bahn auf den Stubnerkogel wirbt für das Fremdenverkehrsgebiet Bad Gastein, das zuvor traditionell mit dem Heilstollen beworben wurde. Die neue Bahn steht im Zentrum, es ist eine sehr frühe Bahn mit vielen, viersitzigen Gondeln, wie auch jene auf den Dachstein. [Thomas Seywald]

A. D.

Kat. Nr. 103

Walde Alfons

Biografische Angaben siehe S. 346

1891 Oberndorf/Kitzbühel – 1958 Kitzbühel

Tyrol Plakat mit Auracher Kirchl

um 1930

Papier, 96,5 x 64,5cm, Reprint

bez. l. u.: *A. Walde*

W. u. B. Druck, Innsbruck; A. Walde Kitzbühel

Tiroler Landesmuseum Ferdinandeum, W4, © VBK, Wien, 2011

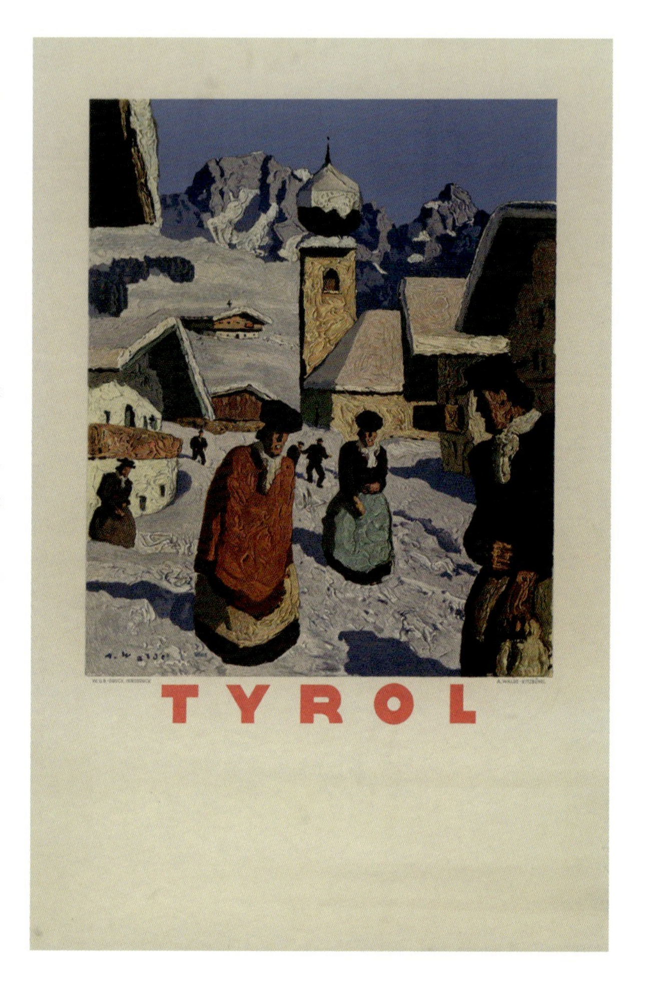

Das Landesverkehrsamt Tirol schrieb 1924 einen Wettbewerb für das neue „Werbebild Tirols" aus. Alfons Walde belegte die ersten beiden Plätze. Seine Darstellung vom Dorf Aurach im Winter mit dem markanten Kirchturm funktioniert als Gemälde ebenso wie als Plakatmotiv. Von diesem „erfolgreichen Produkt" entstanden zahlreiche gemalte und gedruckte Versionen.

Literatur: A.KAT. Wien 2010, S. 378 mit Farbabb.

E. Oe.

Kat. Nr. 104

Walde Alfons Biografische Angaben siehe S. 346

1891 Oberndorf/Kitzbühel – 1958 Kitzbühel

Ober Ski Kitzbühel

um 1930

Papier, 70 x 50 cm, Reprint

bez. r. o.: *A. Walde*

W. u. B. Druck, Innsbruck

Tiroler Landesmuseum Ferdinandeum, W4,

Kat. Nr. 105

Prem Josef

1923 Salzburg – 2000 Salzburg

Grossglockner Hochalpenstrasse

1960er-Jahre

Papier, 83 x 58 cm

bez. r. u.: *Prem*

Grafik: Prem

Sammlung Großglockner Hochalpenstraße AG

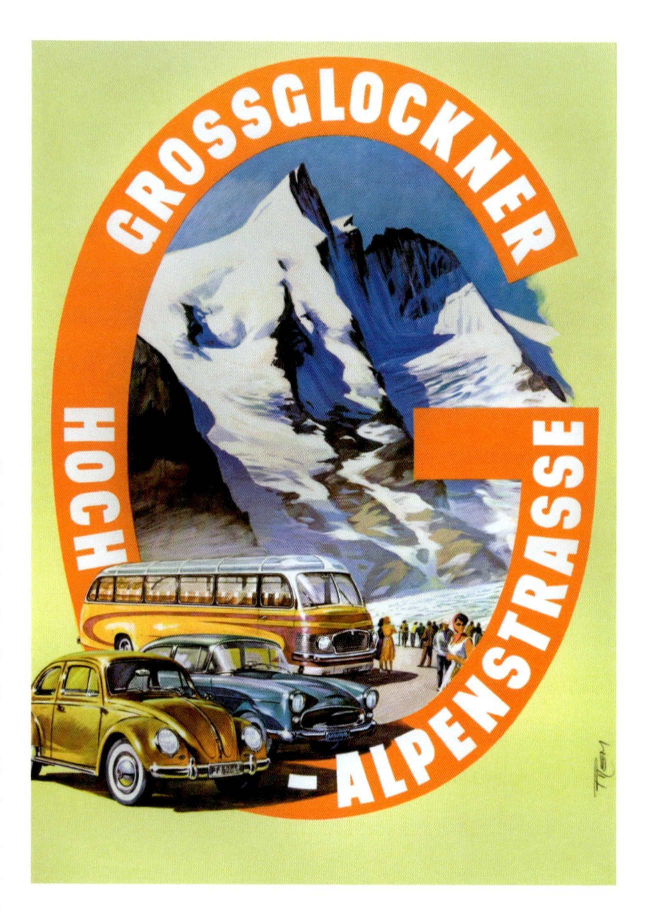

Werbewirksame Öffentlichkeitsarbeit begleitete das Projekt „Großglockner Hochalpenstraße" seit Baubeginn in den 1920er-Jahren. Der erfolgreiche und legendäre Bauleiter Franz Wallack (1887 – 1966) war genialer Werbestratege und kreativer Werbedesigner in einem. Er verdichtete den Symbolwert der Hochgebirgsstraße in eine Reklamevignette, die bis heute Gültigkeit hat.

Das große G wurde zum Rahmen für Auto mit Glocknerblick und war jahrelang Statussymbol für Automobilisten. In den 1950er- und 1960er-Jahren klebte die Vignette auf hunderten Windschutzscheiben. Im Laufe der Zeit wurde das Logo geringfügig typografisch und farblich modifiziert. Die dargestellten Automarken wechselten mit der Mode.

Die „Schutzmarke" der Großglockner Hochalpenstraße gab es als Wimpel ebenso wie als Abzeichen und Stockverzierung.

Literatur: Rigele 1998

E. Oe.

Folder

Kat. Nr. 106

Leporello/Tourismusprospekt

Titelbild mit „*Steyr 100*“, Großglockner, Sinwelleck und Fuscherkar-Kopf

1935

Papier, 23 x 11 cm

Foto: Franz Wallack, C. Jurischek und Cosy, Salzburg

Grafik: Atelier Berann, Innsbruck

Sammlung Großglockner Hochalpenstraße AG

Das Vorhaben, die Alpen für den motorisierten Verkehr zu erschließen, wurde 1924 von Franz Wallack mit einem Straßenkonzept, das Oberkärnten und Osttirol mit den Bundesländern am Alpennordrand verbinden sollte, eingeleitet und durch den automobilbegeisterten Salzburger Landeshauptmann Franz Rehrl (1890 – 1947) Ende der 1920er-Jahre umgesetzt. Im August 1935 eröffnete man die Gesamtstrecke. Die mautpflichtige Glocknerstraße wurde zur nationalen Sehenswürdigkeit.

Das erste Leporello mit Farbpanorama der Straße erschien sogleich auch in den Sprachen französisch und tschechisch.

Literatur: Rigele 1998, Abb. S. 229

E. Oe.

Kat. Nr. 107

Leporello/Tourismusprospekt

Titelbild: Franz-Josefs-Höhe mit internationalen Fahnen

1937

Papier, 23 x 11 cm

Foto: Franz Wallack, C. Jurischek und Cosy, Salzburg

Grafik: Atelier Berann, Innsbruck

Salzburger Druckerei 8010

Sammlung Großglockner Hochalpenstraße AG

Literatur: A.KAT 2010 mit Farbabb. S. 369

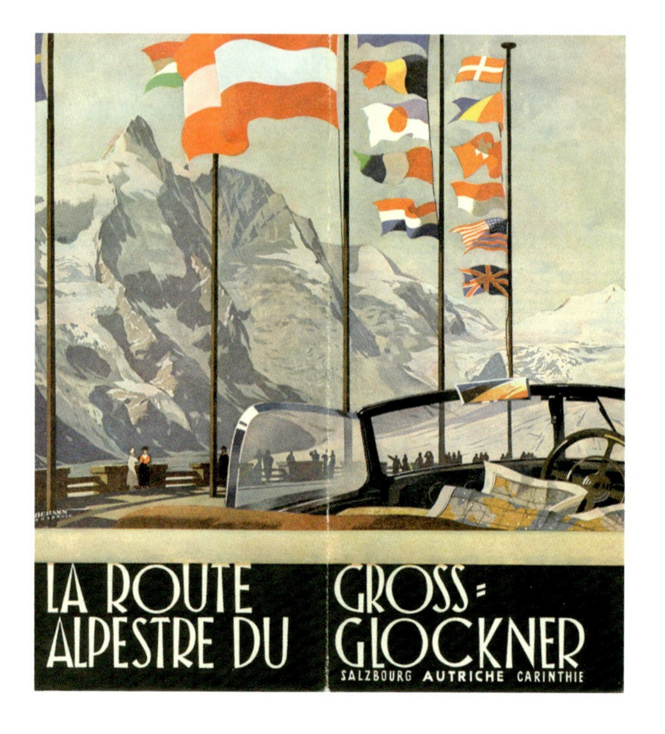

Kat. Nr. 108

Leporello/Tourismusprospekt

Titelbild mit Sportcoupé vor dem Großglockner

1960 – 2007

Papier, 21 x 10 cm

Sammlung Großglockner Hochalpenstraße AG

Der Werbeklassiker liegt nun, geringfügig verändert, in den Sprachen chinesisch, arabisch, russisch und japanisch auf.

E. Oe.

Kat. Nr. 109

Unbekannt

Schafberg 1782m Panorama.
Schafberg 1782m Rundblick

um 1930
Papier, 18 x 8,5 cm
Aufschnaiter, St. Wolfgang
Privatbesitz

Kat. Nr. 110

Breiter Herbert

1927 Landeshut/Schlesien – 1999 Salzburg

Otte Werner

1922 Salzburg – 1996 Salzburg

Panorama vom Untersberg

Offsetdruck/Papier, 21 x 10 cm
Verlag: Eduard Höllrigl Salzburg, Dr. A. Stierle u. Dr. G. Spinnhirn
Privatbesitz

Literatur: Haslinger/Mittermayr 1987, S. 84,363

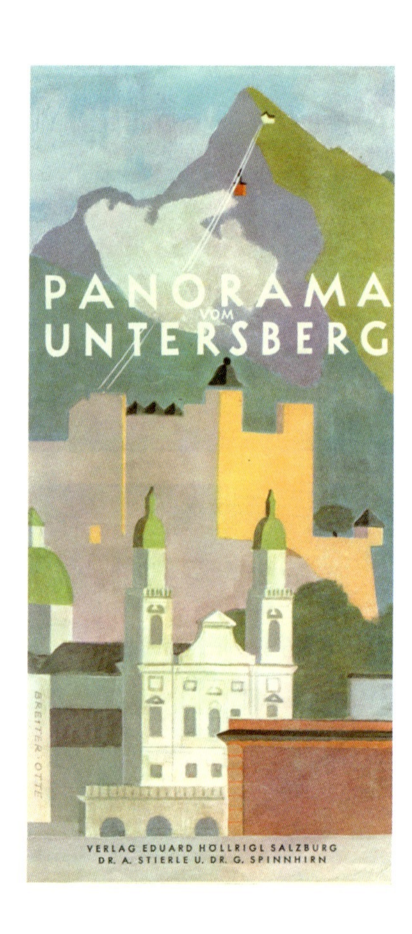

Die Postkarte – Arrangierte Blicke mit Werbewirkung

Durch das gesteigerte Interesse an der Alpenregion galt es bald als erstrebenswert, die Bergwelt selbst erlebt zu haben.

Eine Nachricht über das Erlebnis mittels Ansichtskarte an die Lieben zu Hause zu schicken, wurde schnell obligat. Die Postkarte entwickelte sich somit zum sozialen Gebrauchsartikel. Über die Kommunikation hinaus konnte man gleichzeitig das eigene Prestige erhöhen.

Die Correspondenz-Karte ist am 1. Oktober 1869 in Österreich eingeführt worden. Zu Beginn diente eine ganze Seite der Adressierung, die Rückseite bot Platz für die auf zwanzig Wörter beschränkte Mitteilung. Unerlaubte Aufdrucke auf den Rückseiten von Postkarten führten schließlich zu einem Einstellungswandel. Ab 1899 ist eine Massenproduktion von Correspondenz-Postkarten zu verzeichnen. Gleichzeitig erschienen erste Künstlerpostkarten.

Die 1850 erfundene Fotografie trug zum florierenden Ansichtskartengeschäft bei. Farbige Karten wurden anfänglich von Hand koloriert, später maschinell gefertigt. Die Mechanisierung ermöglichte es, eine Stunde nach einem wichtigen Ereignis Karten zu selbigem zu verkaufen.

Dass der private Briefverkehr sich mehr und mehr auf die knappen Mitteilungen auf Ansichtskarten beschränkte, führte zur Ansicht, die gute alte Zeit sei für immer zu Ende gegangen. Gleichzeitig wurde das Potenzial von Ansichtskarten erkannt. Zeitschriftenartikel aus dem Jahr 1908 weisen auf eine mögliche Erweiterung des Gesichtskreises und die Bereicherung des Wissens des Adressanten hin. Auch war die Werbewirkung nicht zu unterschätzen. Gäste als Ansichtskartenkäufer sorgten dafür, dass dem Reiseziel keine Werbekosten entstanden. Ausflugsorte von großer Beliebtheit hatten damals schon mit einem Aufkommen von bis zu 100.000 Ansichtskarten pro Tag zu rechnen. Daher bedauerte man die schlechte Qualität der Karten umso mehr.

Erhalten gebliebene Ansichtskarten erfüllen heute eine zusätzliche Funktion. Sie sind in der Lage, historische Entwicklungen einzelner Skigebiete und Tourismusorte nachvollziehbar vor Augen zu führen.

Postkarten bestimmter Orte und Sehenswürdigkeiten leben in erster Linie von der Wiederholung des immer gleichen Motives. Der „beste Blick" auf einen Ort oder einen Berg wurde von den Malern des 19. Jahrhunderts festgelegt und durch unzählige Druckwerke verbreitet. Später folgten Ansichtskarten dieser Tradition. Bis heute werden unsere Sehgewohnheiten davon beeinflusst. Der „Postkartenblick" bleibt das bevorzugte Landschaftsmotiv – beim Knipsen persönlicher Erinnerungen ebenso wie in der Werbung.

Literatur: Holzer 1996; Kittler 1908, S. 3–4; Kölner 1908, S. 2–4; Koppensteiner 2007; Kos 1995, S. 7–26; Krings/Thallinger 2003; Ladenbauer 1996, S. 4; Schöllhorn 1996, S. 2–4; Schadelbauer 1960, S. 3–10

A. D.

Kat. Nr. 111
Erzherzog Karl Ludwig-Schatzhaus auf der Raxalpe,
1909–1910, Philipp & Kramer Wien VI.,
Salzburg Museum, Inv. Nr. F 20800

Kat. Nr. 112
Badgastein bei Nacht,
Mitte 20. Jahrhundert, Hochland,
Salzburg Museum, Inv. Nr. F 20793

Kat. Nr. 113
Groß-Glockner Hochalpenstraße,
3. Viertel 20. Jahrhundert, Carl Jurischek – Bergwelt-Verlag,
Salzburg Museum, Inv. Nr. F 20804

Kat. Nr. 114
Skiparadies Hinterglemm bei Saalbach, Skiabfahrt Zwölferkogel, Schönhoferwand, SHI 51,
Colorama Salzburg

Kat. Nr. 115

Baumwolf Carl Maria

1855 Wien – 1939 Wien

Gipfel von Großglockner (3798 m) und Kleinglockner (3770 m)

1876

Modell mit Glassturz, Modell, 8 x 12 x 22 cm

bez.: *Gipfel des Gross-Glockner, 3796 Meter, mit der Scharte und dem Klein-Glockner, 3784 Meter, am 7. Juli 1876. Modellirt von Carl Maria Baumwolf Massstab: 1:400*

Österreichischer Touristenklub, Wien

In seiner Tätigkeit als Funktionär schenkte Baumwolf 1881 dem Österreichischen Touristenklub das Modell von Groß- und Kleinglockner.

E. Oe

Kat. Nr. 116

Jahn Gustav

Biografische Angaben siehe S. 332

1879 Wien – 1919 Großer Ödstein im Ennstal

Sport/Haus Mizzi Langer-Kauba

Katalog 1. Jahrgang 1 ex 1913

Erscheint jährlich vier Mal

26,5, x 19 cm

Privatbesitz

Kat. Nr. 117

Unbekannt

Gaisbergbahn Salzburg

um 1900

Lithografie von 8 Steinen/Papier, 98 x 63 cm

Grafische Anstalt Gebr. Fritz, Zürich

Privatbesitz Salzburg

Courtesy Galerie Seywald, Salzburg

Das Plakat war zum Aushang mit den jeweils gültigen Fahrzeiten oder anderen Informationen bestimmt, die nachträglich bei jeder Änderung in das weiße Feld eingedruckt wurden. Es handelt sich demnach hier um ein druckfrisches, nie verwendetes Exemplar und als solches um eine Rarität, die in diesem Erhaltungszustand sehr selten ist. Zustand 1 [Thomas Seywald]

A. D.

Biografien

ALPINE GOTHIC

Das Künstlerkollektiv mit
Breitfuß Christina
1971 Schwarzach/Pongau
Hable Erik
1968 Linz und
Wirth Wolfgang
1966 Innsbruck
versteht sich als „kollaboratives Label“, das als offene Plattform für KünstlerInnen und TheoretikerInnen fungiert, die an gemeinsamen inhaltlichen Konzeptionen und Zielsetzungen interessiert sind. Die Bezeichnung GOTHIC, die als eine Referenz für die mittelalterliche Werkstätte wie auch für subkulturelle Bewegungen zu verstehen ist, steht in Verbindung mit neuen Perspektiven des Alpinen und Überprüfung von Begriffen wie etwa „… Heimat, Identität, Pathos, Naturgewalt, Zivilisation, Ritual, Agrikultur …“
„*Hinter der Aufhebung der Autorenschaft und der Verknüpfung mit dem Werkstattgedanken als Arbeitsprinzip verbirgt sich eine ökonomische Überlebensstrategie mittles kollektiver Bedeutungsproduktion, Symbiose und Vernetzung.*“ [ALPINE GOTHIC].

Ausstellungen und Projekte 2009: Splittergruppe Almrausch, Symposium Wien; No Sound of Music, Kunstverein Salzburg; MASKA Warschau; 2010: Brettl vorm Kopf, Wien; Schöne Aussichten, Wahre Landschaft, Radstadt/Salzburg; 10.000 Edelweiß Rotterdam, NL.

E. Oe.

Binder Joseph

1898 Wien – 1972 Wien

Der erfolgreiche Grafikdesigner studierte von 1922 – 1926 an der Kunstgewerbeschule in Wien bei Berthold Löffler; bereits vor seiner Ausbildung 1921, gründete er gemeinsam mit Elisabeth (Lilly) Auböck, Adolf Streit und Friedrich Tauber, das Grafikatelier ESBETA, das ab 1924 als Atelier „Joseph Binder – Wiener Graphik“ weitergeführt wurde.

Seine Auftragsarbeiten für Meinl, Persil, Arabia Kaffee und den Fremdenverkehr zählen zu den Klassikern der österreichischen Werbegrafik.

Binder unterrichtete 1934 in den USA, wo er das Buch „Colour in Advertising“ publizierte. Nach seiner endgültigen Emigration im Jahre 1938 richtete er in New York ein neues Studio ein. Joseph Binder prägte die angewandte Gestaltung sowohl in Europa als auch in den USA entscheidend. Sein Grundsatz: „*Im Design hat alles eine Funktion. Design hat die Funktion der Darstellung. Design hat die Funktion der Kommunikation. Design hat die Funktion der Motivierung.*“
Seit 1996 schreibt designaustria jährlich den „Joseph Binder – Award“ aus.

Literatur: A.KAT. Wien 2000

E. Oe.

Brandl Herbert

1959 Graz

Herbert Brandl studierte ab 1978 an der Hochschule für angewandte Kunst, Wien, seit 2004 Professor an der Kunstakademie in Düsseldorf, seit Mitte der 80er-Jahre Teilnahme an international bedeutenden Ausstellungen: 1985 Biennale de Paris, 1992 documenta IX, 2002 Kunsthalle Basel, 2007 Biennale Venedig, 2009 Deichtorhallen Hamburg. Herbert Brandl lebt in Wien.

Literatur: A.KAT. Graz 2002; A.KAT. Wien 2010a

E. Oe.

Brusenbauch Arthur (Artur)

1881 Preßburg – 1957 Abtsdorf am Attersee/Oberösterreich

Ursprünglich als Bühnendekorationsmaler tätig, studierte Arthur Brusenbauch zwei Jahre Architektur an der Staatsgewerbeschule in Wien, um sich schließlich ganz der Malerei zu widmen. Von 1910 bis 1920 – unterbrochen durch Kriegsdienst und russische Gefangenschaft – studierte er an der Wiener Akademie der bildenden Künste bei Rudolf Jettmar (1869 – 1939) und Rudolf Bacher (1862 – 1945). Er beendete das Studium mit dem Rompreis. Schon vor dem Ausbruch des Ersten Weltkrieges Mitglied der Wiener Secession, beteiligte er sich ab 1920 regelmäßig an deren Ausstellungen. In seiner Arbeit widmete er sich dem monumentalen Figurenbild ebenso wie der Landschaftsdarstellung. In Hinblick auf den Umgang mit dem Raum, vor allem aber auf die Farbigkeit in seinen Bildern, entwickelte der Spätberufene eine unverwechselbare Handschrift. Auch als Zeichner gehörte Brusenbauch zu den Besten seiner Zeit. 1927 errang er in einem in New York ausgetragenen internationalen Wettbewerb unter etwa 1000 Mitbewerbern den ersten Preis „Für die beste Zeichnung“, 1928 erhielt er den Österreichischen Staatspreis. Ab den 1930er-Jahren beschäftigte er sich zudem mit Fresko- und Wandmalerei sowie mit dem Entwurf von Glasfenstern. Einen breiten Überblick über sein Schaffen zeigte 1936 eine Ausstellung in der Wiener Secession. 1956 wurde ihm vom Wiener Künstlerhaus, zu dem er 1939 gewechselt war, der Goldene Lorbeer verliehen. Sein Sohn Johannes beschritt ebenfalls die Künstlerlaufbahn.

W. K.

Bühlmayer Conrad (Bühlmeyer Konrad)

1835 Wien – 1883 Wien

Der Tier- und Landschaftsmaler Conrad Bühlmayer kam am 18.8.1835 in Wien zur Welt. Ab 1850 besuchte er die Wiener Akademie. In Düsseldorf nahm er Unterricht bei dem aus Norwegen stammenden Landschafts- und Marinemaler Hans Fredrik Gude (1825 – 1903). Später setzte er seine Ausbildung in Zürich bei Johann Rudolf Koller (1828 – 1905) fort. Des Weiteren war Bühlmayer als Radierer tätig.

Der Künstler verarbeitete in seinen Gemälden die Gegenden von Bayern und dem Salzkammergut. Mondsee und Ramsau fanden ebenfalls Eingang in seine Kunst.

Am 30.11.1883 verstarb der Künstler in Wien.

Literatur: Boetticher 1. Bd. 1. Hälfte, S. 151–152, 449–452; A.KAT. Rosenheim 1987, S. 51; ThB. 5. Bd., S. 191; ThB. 15. Bd., S. 189–190; ThB. 21. Bd., S. 240–242

A. D.

Bürkner Hugo

1818 Dessau – 1897 Dresden

Als Sohn eines Polizeidirektors kam Hugo Leopold Friedrich Heinrich Bürkner am 24.8.1818 in Dessau zur Welt. 1835 begann er eine Ausbildung im herzoglichen Marstall. Erste Versuche in der Holzschneidekunst in Form von Nachbildungen alter Holzschnitte aus dem Besitz seines Lehrers, Hofmaler Heinrich Beck (1788 – 1875), führten ihn schließlich nach Düsseldorf ins Atelier von Karl Ferdinand Sohn (1805 – 1867), später an die Akademie.

Aus Freundschaft zu Eduard Bendemann (1811 – 1889) und Julius Hübner (1806 – 1882) übersiedelte Bürkner 1840 nach Dresden. Seit Juli 1846 war er erster Lehrer an der Dresdener Akademie, ab 1855 Professor des neu gegründeten Ateliers für Holzschneidekunst. Fünfzig Holzschneider absolvierten hier ihre Ausbildung. Bis 1892 entstanden ca. 11.000 Holzschnitte zu Werken von u. a. Alfred Rethel (1816 – 1859) und Adrian Ludwig Richter (1803 – 1884). Letzterer nannte Bürkner *„seinen besten Aufzeichner"*.

Der Illustrator, Holzschneider und Radierer Hugo Bürkner starb kurz vor seiner goldenen Hochzeit am 17.1.1897 in Dresden.

Literatur: Boetticher 1. Bd. 1. Hälfte, S. 158; Bürkner 1897, S. 22–42; Saur, Bd. 15. S. 56–57; ThB. 3. Bd. S. 139,300–301; ThB. 5. Bd., S. 198; ThB. 18. Bd., S. 47–49; ThB. 28. Bd., S. 298–300; ThB. 31. Bd., S. 216

A. D.

Compton Edward Theodore

1849 Stoke Newington/London – 1921 Feldafing am Starnberger See

Der Alpinist und Landschaftsmaler begann 1863 mit ersten Naturstudien und blieb weitgehend Autodidakt. Als Bergsteiger führte er etwa 300 bedeutende Besteigungen und davon 27 Erstbesteigungen durch. Zu seinen Seilgefährten zählten Ludwig Purtscheller (1849 – 1900) und Emil Zsigmondy (1861 – 1885) Comptons künstlerisches Werk ist umfangreich. Er schuf etwa 1700 Aquarelle und Zeichnungen mit topografisch genauen Bergmotiven. 1867 wanderte die Familie nach Darmstadt aus. 1867 reiste Compton erstmals ins Berner Oberland. Ein Jahr später übersiedelte der Künstler nach München und stellte 1871 im Glaspalast aus. 1880 Mitglied der Royal Academy London, des exklusiven Alpine Club sowie des Österreichischen und Deutschen Alpenverein. Zwischen 1883 und 1912 war er europaweit als deren maßgeblicher Illustrator bekannt. Die Illustrationen für Emil Zsigmondys Buch „Im Hochgebirge" stammen ebenfalls von Compton.

Die E.T. Compton Hütte des Österreichischen Alpenvereins befindet sich in den Gailtaler Alpen.

E. Oe.

Dine Jim

1935 Cincinnati/Ohio

Der US-amerikanische Künstler wächst in kleinbürgerlichen Verhältnissen auf, studiert von 1953 – 1958 an der University of Cincinnati, der School of the Museum of Fine Arts in Boston und an der Ohio State University, Columbus/Ohio. 1959 erfolgt der Umzug nach New York. In einem Künstlerkreis der Robert Rauschenberg, Claes Oldenburg und Roy Liechtenstein einschließt, ist Jim Dine ein bedeutender Künstler der Pop-Art. Gemeinsam mit Claes Oldenburg, Marc Ratcliff und Tom Wesselmann gründet er die Judson Gallery. Hier finden Ausstellungen und ab 1959 erste Happenings statt. Zwischen 1960 und 1965 diverse Gastprofessuren. 1964 Biennale Venedig und Galerie Ileana Sonnabend, Paris. 1968 Teilnahme an der documenta IV, Kassel. Dine übersiedelt 1968 – 1971 nach London, anschließend für 15 Jahre nach Putney/Vermont, Nordosten der USA. 1977 documenta VI, Kassel, 1978 Biennale Venedig. 1980 wird Dine zum Mitglied der American Academy and Institute of Arts and Letters, New York ernannt. Neben Malerei und Skulptur bildet die Auseinandersetzung mit Zeichnung und Druckgraphik einen Schwerpunkt in seiner künstlerischen Tätigkeit. 1993 – 1997 Lehrender an der Internationalen Sommerakademie für Bildende Kunst in Salzburg. 1994 „Walldrawing“, Kunstverein Ludwigsburg und die Ausstellung „Untersberg 1993 – 1994“ in der Residenzgalerie Salzburg.

Intensive Auseinandersetzung mit der klassischen Moderne, der Antike, Poesie und Fotografie – 2002 Fotoserie „raven and owls“ , Villa Haiss, Zell am Harmersbach/D. Die National Gallery, Washington DC, präsentiert 2004 einen Querschnitt der grafischen Arbeiten Jim Dines ab den 1970-er Jahren.

Jim Dine lebt und arbeitet in New York, Walla/Washington und Paris.

E. Oe.

Ender Thomas

1793 Wien – 1875 Wien

Zwischen 1806 und 1813 studierte der Zwillingsbruder des Porträtisten Johann Nepomuk Ender (1793 – 1854) Landschaftsmalerei an der Wiener Akademie bei Lorenz Janscha (1749 – 1812) und Josef Mössmer (1780 – 1845). Anregungen fand er bei seinem Freund und Künstlerkollegen Franz Steinfeld sowie bei Claude Lorrain (1600 – 1682) und Jacob van Ruisdael (1628 – 1682). 1816 erste mehrmonatige Reise durch die Salzburger und Tiroler Alpen. Der künstlerische Erfolg des von Staatskanzler Metternich und Erzherzog Johann geförderten Landschaftsmalers begann 1817/18 als anlässlich der legendären Brasilienexpedition über 700 Zeichnungen und Aquarelle entstanden. Im März 1819 Reise mit Metternich und dem Kaiserlichen Hof nach Udine und Rom. 1829 Aufnahme in den Kreis der „Kammermaler“ von Erzherzog Johann mit dem Auftrag, die österreichischen Alpen in Skizzen zu dokumentieren. Auf alljährlichen gemeinsamen Wanderungen mit dem Erzherzog durch die Alpen und einer gemeinsamen Orientreise im Jahre 1837 [Südrussland, Griechenland und Konstantinopel] entstanden hunderte Aquarelle. Ender, der zwischen

1837 und 1848 Professor für Landschaftsmalerei an der Wiener Akademie war, pflegte Zeit seines Lebens eine rege Reisetätigkeit: *„Ich habe immer einen großen Drang zu reisen in mir gefühlt …“* [Pötschner 1951, S. 152]

Literatur: A.KAT Salzburg 1988; A.KAT. Salzburg 1995; B.KAT. Salzburg 2001, S. 124; Pötschner 1951; Koschatzky 1964; Koschatzky 1982; Wagner 1994

E. Oe.

Fanck Arnold

1889 Frankenthal – 1974 Freiburg/Breisgau

Der Pionier des Berg-, Ski- und Naturfilms wurde international mit Filmen wie „Die weiße Hölle vom Piz Palü“, 1929 und „Der weiße Rausch“ bekannt.

Wegen des Vorwurfs der Nähe zum NS-Regime erhielt Fanck nach 1945 kaum Aufträge.

Literatur: A.KAT. Wien 2010

E. Oe.

Felbert Peter von

1966 Bonn

1982 – 1986 Schüler von Franz Josef von Grinten in Goch/Niederrhein; 1988 – 1994 Studium der visuellen Kommunikation, Schwerpunkt Fotografie an der FH Bielefeld mit Studienabschluss; 1993 – 1994 Stipendium des DAAD und Aufenthalt in Chicago/USA; 1994 – 1996 Kameraassistent beim Bayerischen Rundfunk. Ausstellungstätigkeit seit 1990. Seit 1996 lebt und arbeitet Peter von Felbert als freier Fotograf in München.

Literatur: A.KAT. München 2011

E. Oe.

Fischbach Johann

1797 Schloss Grafenegg bei Krems – 1871 München

Der erfolgreiche Landschaftsmaler und Aquarellist prägte das Salzburger Kunstgeschehen zwanzig Jahre lang. Wie viele seiner Kollegen studierte er an der Wiener Akademie bei Joseph Mössmer (1780 – 1845). In Salzburg ließ er sich 1840 nieder und unterstützte als Komiteemitglied die Gründung des Salzburger Kunstvereins (1844). Hier gab er dem jungen Hans Makart (1840 – 1844) Malunterricht und unterhielt eine „kleine Akademie“ für kunstsinnige Dilettanten – bis zu seiner Übersiedelung nach München im Jahre 1860.

In kleinformatigen Bildern schuf Fischbach eine liebenswerte, biedermeierliche Welt mit lyrisch anmutenden Lichtstimmungen. Großen Anklang fanden seine nachträglich abgewerteten ländlichen Genrebilder mit Jägern und Wilderern. Die Mappe „Malerische Ansichten von Salzburg und Oberösterreich“ mit 12 Kohlezeichnungen wurde 1852 mit großem Erfolg im Stahlstich reproduziert.

Literatur: B.KAT. Salzburg 2010, S. 68 – 72.

E. Oe.

Gauermann Friedrich

1807 Miesenbach/Niederösterreich – 1862 Wien

Seine erste Ausbildung erfuhr Friedrich Gauermann bei seinem Vater, dem Landschaftsmaler Jakob Gauermann. Ab 1824 folgte das Studium der Landschaftsmalerei an der Wiener Akademie bei Joseph Mössmer (1780 – 1845), das er jedoch bereits nach drei Jahren wieder aufgab. Zu den Künstlerfreunden von damals gehörten die späteren Schwäger Josef Höger (1801 – 1877) und Wilhelm Pollak (1802 – 1860). Gauermann malte mit zunehmendem Erfolg Tierstücke und Landschaftsbilder, die sich mit der vertrauten heimatlichen Gegend von Miesenbach auseinandersetzten. Um 1830 ist schließlich ein Wandel zum bäuerlichen Genre, zu Almszenen des Hochgebirges, Jagddarstellungen und dramatischen Naturereignissen zu beobachten. In den 1830er- und 1840er-Jahren stieg Gauermann zum begehrtesten Maler der Wiener Gesellschaft und des Hofes auf. 1846 wurde er Mitbegründer des Albrecht-Dürer-Vereins in Wien. Die Revolution 1848 führte zwar zum Verlust zahlreicher Kunden aus dem Hochadel, doch gab es in bürgerlichen Kreisen weiterhin große Nachfrage nach seinen Bildern. In den letzten Lebensjahren bereits am Ende seiner künstlerischen Kraft angelangt, ergab sich der Künstler teilweise der Variation und Wiederholung bekannter, einst erfolgreicher Motive. In Lithografien weit verbreitet, fanden seine Kompositionen noch lange nach seinem Tod Nachahmer und Kopisten, doch nicht mehr um Salons, sondern vielmehr um Bauern- und Jagdstuben auszustatten.

W. K.

Godly Conrad Jon

1962 Davos

1981 – 1982 Schule für Gestaltung in Basel [Vorkurs], anschließend bis 1986 Besuch der Malfachklasse bei Franz Fedier. Danach Aufenthalt in den USA, erste Fotoarbeiten entstehen. Ab 1988 international als Fotograf für Magazine und Werbung tätig. Wiederaufnahme der Malerei im Jahre 2004. Seit 2006 ist Godly ausschließlich als Maler tätig. 2008 – 2009 Atelier in Wien. Ausstellungstätigkeit seit 2008; 2010 Beteiligung am Projekt „Arte Hotel Bregaglia“ im Bergell. Der Künstler lebt und arbeitet in Chur und Sils/D.

E. Oe.

Hansch Anton

1813 Wien – 1876 Salzburg

1826 – 1836 an der Wiener Akademie bei Josef Mössmer (1780 – 1845) ausgebildet, unternahm er 1834 seine erste Studienfahrt in die Steiermark und ins Salzkammergut, später bereiste er auch Tirol, Kärnten, Bayern, die Schweiz und Oberitalien. 1848 Mitglied der Wiener Akademie, 1861 des Künstlerhauses. Hansch beschickte Ausstellungen in Wien, Berlin, München, Köln, Breslau, Brüssel sowie London und brachte es zu einem der angesehensten Gebirgsmaler seiner Zeit. Nach seinem finanziellen Ruin durch den Börsenkrach 1873 übersiedelte er 1875 nach Salzburg. Zuvor hatte das Kaiserhaus ein umfangreiches Konvolut von Ölskizzen und Zeichnungen angekauft. Dieses befindet sich heute im

Kupferstichkabinett der Akademie der Bildenden Künste in Wien.

Hansch, der stets Schüler (L. H. Vöscher, Karl Schmid, Gottfried Seelos, Carl Haunold) um sich hatte, beabsichtigte, auf Schloss Goldenstein eine Schule für Landschaftsmalerei einzurichten, starb allerdings unerwartet. Um den Nachlass kümmerte sich seine letzte Gefährtin und Schülerin Adele Esinger (1846 – 1923) und ließ 1877 eine Gedächtnisausstellung im Wiener Künstlerhaus durchführen.

Literatur: Reiter Claudia, in: De Gruyter Allgemeines Künstlerlexikon, Berlin/New York 2011, S. 170f.; A.KAT. Sehnsucht Natur. Landschaften Europas. Linz 2009, S. 306, 318–321, 407

N. Sch.

Huber Stephan

1952 Lindenberg/Allgäu

Studium an der Akademie der Bildenden Künste in München in den Jahren 1971 – 1978; 1973 – 1976 Studium der Germanistik, München; 1980 Stipendium des P.S.1 (Institut for Art and Urban Resources) New York; 1989 – 1990 Gastprofessur an der Kunstakademie Karlsruhe; 2003 Gastprofessur an der Kunstakademie München. Seit 2004 Professor an der Akademie der Bildenden Künste, München und Mitglied der Bayerischen Akademie der Schönen Künste, München. Zahlreiche Arbeiten im öffentlichen Raum sowie Einzel- und Gruppenausstellungen: documenta VIII, Kassel 1987; Biennale Venedig 1999. Zahlreiche Preise und Ehrungen. Mehrere monografische Publikationen. Der Künstler lebt und arbeitet in München.

Literatur: Huber 1998; Huber 2010

E. Oe.

Huck Karl (Carl)

1876 Wien – 1926 Wien

Karl Huck, ältester Sohn einer wohlhabenden Wiener Kaufmannsfamilie, arbeitete als Rechnungsbeamter bei der Finanzverwaltung bevor er sich als Autodidakt ganz der Kunst widmete. Abgesehen vom Besuch eines Kurses für Aktzeichnen in der Malschule Stephan an der Wienzeile nächst der Pilgrambrücke in den frühen 1890er-Jahren und fleißigem Naturstudium im Schönbrunner Tiergarten, ist über seine künstlerischen Anfänge kaum etwas überliefert. Er zählte schon bald zu den gefragtesten Tiermalern seiner Zeit – vor allem als „Adlermaler“ war er bekannt und geschätzt. In der Malschule Stephan hatte Huck seinen Kollegen Otto Barth (1876 – 1916) kennen gelernt, mit dem ihn seit dieser Zeit eine enge Freundschaft verband. Vermutlich durch Anregung der Künstlerfreunde und leidenschaftlichen Bergsteiger Otto Barth und Gustav Jahn (1879 – 1919), widmete sich Huck in seiner Malerei häufig der Thematik des Hochgebirges. Um 1902/03 unternahm er gemeinsam mit den beiden eine Studienreise nach Dalmatien. Von 1907 bis 1912 war er Mitglied des Hagenbundes. Wie die meisten seiner Künstlerkollegen beschäftigte sich Huck mit Werbegrafik – er gestaltete das Plakat zur 30. Hagenbund-Ausstellung 1909 – und mit der Illustration von Büchern. Für eine Kinderbuch-Reihe des Wiener Verlages Carl Konegen illustrierte Huck „Der goldene Topf" von C. W. Th. Fischer (1910) und „Das Kindlein von Bethlehem" von Selma Lagerlöf (1911). Huck soll sehr humorvoll und ein talentierter Karikaturist gewesen sein. Kurz nach seinem 50. Geburtstag fiel er seiner Trunksucht zum Opfer. Anfang 1927 wurde ihm zu Ehren in der 53. Ausstellung des Hagenbundes eine Gedächtnisschau eingerichtet.

W. K.

Insam Ernst

1927 Kitzbühel

1950 – 1956 Besuch der Akademie der bildenden Künste und der Akademie für angewandte Kunst in Wien. Große Erfolge als Werbegrafiker für die Österreichische Tabakregie, Banken, Shell, Volvo, Sandoz u. a. Maler und Aquarellist sowie Herausgeber zahlreicher Kinderbücher und Publikationen.

Literatur: Schinagl 1993, Moschig/Assmann 2010

E. Oe.

Jägermayer Gustav

1834 Wien – 1901 Salzburg

Der erste österreichische Hochgebirgsfotograf wurde als ältestes von acht Kindern der Eltern Samuel und Josefine Jaegermayer am 14. November 1834 in Wien geboren und starb 5. August 1901 in Salzburg.

Die vermögenden Eltern waren als Hof-Leinwäsch- und Wirkwarenhändler „Zur Weißen Katz" k.k. Hoflieferanten in Wien tätig. Margarete, eine der Enkeltöchter heiratete den Salzburger Architekten Wunibald Deininger (1879 – 1963). [Familiengruft Deininger-Jägermayer, Kommunalfriedhof, Salzburg] Bereits 1859 unterhielt der 25jährige Jägermayer am Wiener Graben ein Atelier mit fotografischer Kunsthandlung. Im Auftrag der Salzburger Firma Baldi & Würthle unternahm er 1863 gemeinsam mit dem Landschaftsmalers Adolf Obermüllner (1833 – 1898) und einer Gruppe von Trägern eine aufwändige Expedition in die Hohen Tauern.

In der darauf folgenden Zeit wurde Jägermayer in Wien mit der Aufnahme von Stadt- und Gebäudeansichten, Industriebauten und Mappen mit fotografischen Reproduktionen von Kunstwerken beauftragt. Während der Wiener Weltausstellung 1873 war er als „technischer Leiter" bei Oscar Kramer (1835 – 1892) tätig. 1874/75 arbeitete er in Salzburg als „Operateur" für das florierende Unternehmen Baldi & Würthle (Firmenname 1862 – 1880), bzw. Würthle & Spinnhirn (1881 – 1895). Für den überregionalen Absatz fertigte Jägermayer zahlreichen Gebirgsaufnahmen.

Ein Fotoabzug, Salzburg Museum, Inv. Nr. F 20.283, aus dem Jahre 1860/70 zeigt Gustav Jägermayer an seinem Kollodium-Entwicklungswagen mit aufmontierter Kamera, der eine gewisse Mobilität ermöglichte.

Literatur: A.KAT Wien 2008, A.KAT. München 2007, ; Starl 2005, S. 221; Camera Austria 79/2002, S. 35–40

E. K.

Jahn Gustav

1879 Wien – 1919 Großer Ödstein im Ennstal

Nach ersten künstlerischen Versuchen an der Malschule Adolf Kaufmann (1848 – 1916) in Wien besuchte Jahn ab 1896 die Allgemeine Malerschule an der Wiener Akademie und später die Spezialschule unter Berger, Eisenmenger, Pochwalski, Delug und Rumpler. Er errang während der Studienzeit zahlreiche Auszeichnungen, darunter den Rompreis 1904. Neben seiner Tätigkeit als Maler galt seine große Leidenschaft dem Bergsteigen. 1901 gelang ihm gemeinsam mit seinem Künstlerfreund Otto Barth (1876 – 1916) die Erstbegehung des nach ihnen benannten Malersteiges auf der Rax. Ebenso erfolgreich war Jahn als Wintersportler. Die Darstellung von Berg- und Wintersport bildete das Kernthema seiner künstlerischen Arbeit. Aufsehen erregten die 1904 auf der Weltausstellung in St. Louis gezeigten Landschaftsbilder, die er im Auftrag der k. k. Österreichischen Staatsbahnen für die Warteräume des Wiener Westbahnhofes geschaffen hatte. Für die Ankunftshalle des Südbahnhofes in Wien schuf Jahn ebenfalls Ausstattungsbilder sowie eine Reihe viel beachteter lithografierter Werbeplakate für die k. k. Staatsbahnen. 1910 regte er bei Kamillo Kronich, dem Pächter des Ottohauses auf der Rax, den Bau des Alpenvereinssteiges an. Er unterstützte Kronich bei der Anlegung des Jahnsteiges (1911) und des Hans-von-Haid-Steigs (1913). 1911 wurde die Liechtensteinschanze am Semmering nach seinen Plänen errichtet. Wenige Monate nach seiner Rückkehr vom Kriegsdienst in den Dolomiten, verunglückte Jahn mit seinem Gefährten bei einer Bergtour tödlich.

W. K.

Jettel Eugen

1845 Johnsdorf/Nordmähren – 1901 Lussingrande bei Triest

Als Sohn eines Eisenwerksverwalters kam Eugen Jettel nach Wien, wo er von 1860 bis 1869 an der Wiener Akademie in der Landschaftsklasse Albert Zimmermanns (1808 – 1888) studierte. Zu seinen Studienkollegen und -freunden gehörten unter anderem Rudolf Ribarz (1848 – 1904), Robert Russ (1847 – 1922) und Emil Jakob Schindler (1842 – 1892). 1868 wurde Jettel Mitglied des Wiener Künstlerhauses. Die Bekanntschaft mit August von Pettenkofen (1822 – 1889) um 1869/70 brachte seiner Malerei neue richtungsweisende Impulse. Die weiten Landschaften Ungarns und ab 1870 auch Frankreich und Holland wurden Ziel seiner Studienreisen. Aufgrund eines Exklusivvertrages mit dem Kunsthändler Charles Sedelmeyer übersiedelte Jettel 1873 nach Paris. Vierundzwanzig Jahre sollte er hier bleiben und seiner Kunst nachgehen, die anfänglich ganz unter dem Einfluss der Schule von Barbizon stand. Schlichte, unspektakuläre Motive, etwa Dünenlandschaften oder Abendstimmungen bildeten den Stoff für seine von der Kritik hoch gerühmten Werke. Jettels Wohnung in Paris war durch die Jahre eine beliebte Anlaufstelle für die Wiener Künstlerschaft, darunter auch für seinen Freund Josef Engelhart (1864 – 1941). 1897 kehrte Jettel nach Wien zurück, wo er sich der neu gegründeten Secession anschloss. Seine hier präsentierten Werke fanden beim Wiener Publikum großen Beifall. Die Gegend von Staatz im Weinviertel stellte nun sein bevorzugtes Studienrevier dar. Ab 1899 entdeckte er die Landschaft Istriens für seine Malerei. Unmittelbar vor einer geplanten Seereise nach Süditalien verstarb er in Lussingrande bei Triest.

W. K.

Klinger-Franken Will

1909 Veitshöchheim/Würzburg – 1986 Ramsau/Berchtesgaden

Der Sohn einer wohlhabenden Familie von Wein- und Gemüsebauern erhielt bereits mit sechs Jahren Zeichenunterricht durch den Impressionisten Peter Würth. Ab 1923 Ausbildung zum Kirchenmaler und Besuch von Abendkursen an der Kunsthochschule Würzburg. Ab 1930 Atelier in München und Beginn des zehnjährigen Studiums an der Akademie der bildenden Künste. Zwischen 1935 und 1937 längere Studienaufenthalte in Italien. Nach Abschluss der Akademie arbeitete Klinger-Franken, der mit Max Klinger (1857 – 1920) verwandt war, als Restaurator am Landesamt für Denkmalpflege in München. Hochzeit mit Anita Mueller, einer Nichte von Otto Mueller (1874 – 1930) im Jahre 1941. 1944 zerstörten Bomben das Münchner Atelier. Evakuierung nach Benediktbeuern. 1946 Umzug nach Worpswede. Zwei Jahre später Rückkehr in die fränkische Heimat nach Veitshöchheim. Die Sommer verbrachte der Künstler mit Ehefrau, Tochter Eva und Sohn Thomas im Chiemgau und im Berchtesgadener Land.

Ab 1960 lebte Klinger-Franken mit seiner Familie in der Ramsau bei Berchtesgaden. In der Landschaft zwischen Inn und Salzach fand er seine Motive.

Literatur: A.KAT. Bonn 1992

E. Oe.

Koch Joseph Anton

1768 Obergiblen/Tirol – 1839 Rom

Der gebürtige Tiroler Joseph Anton Koch (1768 – 1839) zählt zu den bedeutendsten Vertretern der klassizistischen Landschaftsmalerei und -zeichnung. Den größten Abschnitt seines Lebens verbrachte er in Rom, wo er im Mittelpunkt der deutsch-römischen Künstlerkolonie stand.

Der im Tiroler Lechtal als Hüterbub aufgewachsene Künstler studierte ab 1785 an der Karlsschule in Stuttgart Landschafts- und Historienmalerei. Er musste 1791 nach Straßburg flüchten und kam 1792 – 1794 in die Schweiz, wo zahlreiche Naturstudien der Schweizer Alpen entstanden. Dieser Motivschatz diente ihm zeit seines Lebens als Gemäldevorlage. 1795 begab sich Koch nach Rom, wo er mit Unterbrechungen bis zu seinem Tode lebte. In den Jahren 1812 – 1815 hielt sich der Künstler in Wien auf, wo er die Maler Ferdinand (1785 – 1841) und Friedrich Olivier (1791 – 1859), Julius Schnorr von Carolsfeld (1794 – 1872) und August Heinrich (1794 – 1822) kennen lernte.

Literatur: Lutterotti Wien/München 1985; Frank 1994; B.KAT. Wien 1997, S. 50

E. Oe.

Kosel Hermann

1896 Wien – 1983 Wien

Der Wiener Maler und Grafiker studierte an der Wiener Akademie für Bildende Künste bei Rudolf Bacher und Ferdinand Schmutzer Während der Jahre 1925 bis 1938 zählte er zum Kreis von J. Klinger. In der Zwischenkriegszeit wandte er sich dem kommerziellen Plakat zu, das er mit prägnanten Farbkombinationen gestaltete. Er arbeitete unter anderem für den Rikola-Verlag, für die Schuhfabrik Humanic und für die die Internationale Automobilausstellung 1931. Hermann Kosel, einer der bedeutendsten Vertreter des „Wiener Plakats", emigrierte 1938, lebte bis 1949 in Aix-en-Provence und kehrte anschließend nach Wien zurück.

Literatur: A.KAT. Wien 1971; B.KAT. Wien 2003

E. Oe.

Kostner Hubert

1971 Brixen/Südtirol

Kostner absolvierte 1997 – 2003 die Akademie der Bildenden Künste in München. Aufenthalte in Peking und Madrid. Ausstellungen seit 2001; 2011 Preisträger des „Premio Agenore Fabbri" für aktuelle Positionen italienischer Kunst. Lebt in Kastelruth/Südtirol.

Literatur: A.KAT. Bozen 2004; A.KAT. Bozen 2006

E. Oe.

Kummer Carl (Karl) Robert

1810 Dresden – 1889 Dresden

Kummer kam am 30.5.1810 in Dresden zur Welt. 1825 wurde er Privatschüler von Carl August Richter (1770 – 1848). Eine dreijährige Ausbildung an der Dresdener Kunstakademie folgte. Zusätzlich erhielt er Unterricht bei dem in Dresden ansässigen norwegischen Landschaftsmaler Johann Christian Clausen Dahl (1788 – 1857). Reisen in die deutschen Alpen, die sächsische Schweiz und 1831 zusammen mit Johann Anton Castell (1810 – 1867) ins Salzkammergut dienten dem Landschaftsstudium. 1832 erhielt Kummer ein Stipendium für einen Italienaufenthalt. Seit 1837 führte der Künstler Aufträge für das Dresdener Bürgertum aus. Seine Studien betrieb er in regelmäßigen Abständen in der Gebirgswelt des Salzkammergutes, das 1843 zum Ziel seiner Hochzeitsreise mit Wilhelmine Auguste Neisse wurde. Kummer unternahm Studienreisen nach Ungarn, Slowenien, Kroatien, Dalmatien, Albanien, Montenegro, Schottland, Portugal und Ägypten. 1849 erhielt er die Ehrenmitgliedschaft der Königlichen Dresdener Akademie. 1859 folgte die Ernennung zum königlichen Professor. Am 29.12.1889 verstarb der Künstler in Dresden.

Literatur: Boetticher 1. Bd. 1. Hälfte, S. 210–211; Boetticher 1. Bd. 2. Hälfte, S. 821–823; Nüdling 2008, S. 334–336; ThB. 6. Bd., S. 141; ThB. 28. Bd., S. 285

A. D.

Loos Friedrich

1797 Graz – 1890 Kiel

Sein künstlerischer Weg begann 1813 und 1816/21 bei Joseph Mössmer (1780 – 1845) und Joseph Rebell (1787 – 1828) an der Wiener Akademie. Rebell dürfte den an Lichtwirkungen orientierten Realismus der Landschaften von Loos beeinflusst haben. Mitschüler waren u. a. Thomas Ender (1793 – 1875), Johann Fischbach (1797 – 1871), Friedrich Gauermann (1807 – 1862) und Johann Michael Sattler (1786 – 1847). Ein dreiwöchiger Aufenthalt unter Mössmers Leitung in der Schneeberggegend brachte die erste intensive Begegnung mit dem Gebirge und beeindruckte Loos nachhaltig. Neben dem Studium der Natur beschäftigte er sich mit der Landschaftsmalerei des 17. Jahrhunderts. Zwischen 1826 und 1835 hielt er sich in Salzburg auf, wo er den landschaftlichen Teil von Johann Michael Sattlers „Großem Panorama der Stadt Salzburg" ausführte. Loos leistete mit seinen in Salzburg entstandenen Landschaften einen bedeutenden Beitrag zur Entwicklung der österreichischen Landschaftsmalerei. Nach einem Zerwürfnis um die Entwicklung des Salzburger Kunstvereins verließ Friedrich Loos 1835 die Stadt. Danach längere Aufenthalte in Wien, Rom (1841 – 1851) und ab 1863 in Kiel.

Literatur: Christoffel 1937; Schwarz 1977; Baum 1968; A.KAT. Salzburg 1995; B.KAT. Salzburg 2001, S. 130.

E. Oe.

Mahlknecht Edmund

1820 Wien – 1903 Wien

Edmund Mahlknecht entstammte einer Wiener Künstlerfamilie. Er wurde am 12.11.1820 als Sohn des Christoph Mahlknecht (1787 – 1851) geboren.

Der Künstler lernte bei Joseph Mößmer (1780 – 1845) an der Wiener Akademie sowie bei Franz Steinfeld (1787 – 1868) und Anton Hansch (1813 – 1876). Mahlknecht ist für seine Landschaften und Tierdarstellungen bekannt. Der Künstler war seit 1861 Mitglied des Wiener Künstlerhauses. Edmund Mahlknecht verstarb am 26.2.1903 in Wien.

Literatur: B.KAT. Salzburg 1987, S. 73; Boetticher 1. Bd. 2. Hälfte, S. 956; ThB. 23. Bd., S. 567; ThB. 25. Bd., S. 15

A. D.

Malfatti Nino

1940 Innsbruck

Meisterprüfung für das Malergewerbe 1962; 1962 – 1965 Ausbildung zum Restaurator an der Akademie der Bildenden Künste in Wien. 1967 – 1972 Staatliche Akademie der Bildenden Künste, Karlsruhe, Malerei; 1974 erfolgte der Umzug nach Berlin, 1981 – 1982 Gastprofessur für Maltechnik an der Hochschule der Künste Berlin. Seit 1969 zahlreiche Ausstellungen. Der Künstler lebt und arbeitet in Berlin und Tirol.

Literatur: A.KAT. Innsbruck 2002, S. 44,80; Heidelberg 2002

E. Oe.

Mayburger Josef (Joseph) Michael

1814 Straßwalchen bei Salzburg – 1908 Salzburg

Josef Michael Mayburger kam am 30.3.1814 in Straßwalchen bei Salzburg zur Welt. Auf die ärmliche Jugend folgte das Lehrerseminar. Mayburger begann als Aushilfslehrer in Mülln. Bis 1873 arbeitete er als Professor an der Salzburger Realschule. Hans Makart (1840 – 1884) gehörte zu seinen Schülern.

Mayburgers Zeichentalent fand durch Georg Pezolt (1810 – 1878) Förderung. Auf Gebirgswanderungen und Reisen entstanden Landschaftsbilder mit den Gegenden um Salzburg. Hoher Göll, Traunstein, Lofer und Mattsee setzte der Künstler gerne und erfolgreich in Szene.

Mayburger war seit 1840 Mitglied der von Johann Fischbach (1797 – 1871) gegründeten „Kleinen Akademie." Mayburger war Gründer des Stadtverschönerungsvereins, als Gemeinderat der Stadt Salzburg engagierte er sich für die Erhaltung von Salzburgs historischen Bauten. Als Festgabe für Prinz Friedrich August von Sachsens Braut, Erzherzogin Luise von Toscana, führte Mayburger 1891 eine Ansicht von Salzburg aus.

Mayburger verstarb am 2.11.1908 in Salzburg. Der Josef-Mayburger-Kai und eine Gedenktafel am Haus Erhardgässchen 2 erinnern an den Künstler.

Literatur: Boetticher 1. Bd. 2. Hälfte, S. 998; Breitinger 1939, o. S.; Brettenthaler 1987, S. 145,209; Haslinger/Mittermayr 1987, S. 314; Husty 1998, S. 66,112–113, Abb. Kat. Nr. 83; Martin 1995, S. 117

A. D.

Mediz-Pelikan Emilie

1861 Vöcklabruck/Oberösterreich – 1908 Dresden-Leubnitz

Bedeutende Landschafts- und Porträtmalerin zwischen Symbolismus und Neuromantik. Die Tochter eines Kremser Finanzbeamten war an der Wiener Akademie Schülerin von Albert Zimmermann, dem sie nach Salzburg und schließlich 1885 nach München folgte, wo sie bis zu seinem Tod 1888 bei ihm blieb. Daneben pflegte sie enge Kontakte zur Künstlerkolonie von Dachau, insbesondere zu Adolf Hölzel, der ihr zu einer Paris-Reise riet. Nach dieser lebte sie einige Zeit im Künstlerdorf Knokke sur Mer in Belgien. 1889/90 lernte sie Karl Mediz kennen, mit dem sie eine intensive, von vielen Briefen begleitete Freundschaft verband.

1890 erregte ihr impressionistisches Gemälde „Ginsterfeld" im Münchener Glaspalast Aufsehen. Mit Karl Mediz, den sie 1891 heiratete, zog sie nach Wien, wo aber der Erfolg ausblieb. Sie musste Teller bemalen und Unterricht erteilen. Nur der ebenfalls lange verkannte Theodor von Hörmann und der Kunsthistoriker Ludwig Hevesi erkannten ihre Bedeutung. Freunde ermöglichten dem Künstlerpaar Studienreisen, so 1892 nach Ungarn. Ein Architekt aus Triest finanzierte einen Italien-Aufenthalt. Nach einer Zwischenstation in Krems lebte das Paar ab 1894 vorwiegend und später ganz in Dresden, wo Karl Mediz als Porträtist und Genremaler Erfolg hatte. 1898 war Emilie auf der ersten Ausstellung der Wiener Secession vertreten, 1901 mit ihrem Mann auf der internationalen Kunstausstellung in Dresden und 1902 im Hagenbund in Wien. 1903 folgte die erste Kollektivausstellung Emilies, und die Moderne Galerie (heute Österreichische Galerie Belvedere) kaufte zwei Hauptwerke an. 1905/06 folgten Ausstellungen in Berlin. Der überraschende Herztod Emilies traf ihren Gatten so, dass seine Schaffenskraft fast völlig erlahmte. Ihre Kunst war bis zu ihrer Wiederentdeckung durch die Ausstellung von 1986 so gut wie vergessen.

Literatur: A.KAT. Dresden 1943; ÖBL Band VI, 1975, S. 185; Tromeyer 1986; A.KAT. München 1987; A.KAT. Wien-Linz 1986; Nittenberg 1990; Plakolm-Forsthuber 1994, S. 120ff.; Brugger 1999, S. 104–111 (S. Geretsegger), 347f.; A.KAT. Linz 2009, S. 416f.

L. S.

Momper Joos de

1564 Antwerpen – 1635 Antwerpen

Mompers Fachgebiet waren fantastische Felslandschaften. Der Landschaftsmaler scheint 1581 als Lehrling seines Vater Bartholomeus Momper auf; im selben Jahr wurde er in die Antwerpener Lukasgilde aufgenommen. Der Künstler heiratete 1590 in Antwerpen, wurde dort 1611 Dekan an der Lukasgilde und leitete einen mit Rubens vergleichbaren Werkstattbetrieb. Momper stand in der Tradition von Pieter Brueghel d. Ä. und der Malerei des 16. Jahrhunderts.

Literatur: B.KAT. München 2002, S. 247–249

E. Oe.

Niedermayr Walter

1952 Bozen

Niedermayrs Werk befasst sich vornehmlich mit alpinen Landschaften und Architektur.

1970 beginnt die autodidaktische Beschäftigung mit der Fotografie, ab 1987 Zusammenarbeit mit Architekten, die in den Bergen bauen. Ein Jahr später beschäftigt er sich mit dem Projekt „Die bleichen Berge/I monti pallidi“, das er 1993 erstmals öffentlich in Bozen, AR/GE Kunst Galerie Museum, präsentiert. 1995 wurde er dafür mit dem European Photography Award ausgezeichnet. Zahlreiche Einzelausstellungen und Ausstellungsbeteiligungen sowie monografische Publikationen. Seit 2000 arbeitet er mit der Architektin Kazuyo Sejima (1956) und dem Architekten Ryue Nishizawa (* 1966) SANAA Tokio zusammen. Der Künstler lebt in Bozen.

Literatur: A.KAT. Bozen 1993; A.KAT. Wien 1997, S. 160f., Hauser/Bonami/Tortosa, 1998; A.KAT. Wien 2008, S. 86f.

E. Oe.

Obermüllner Adolf

1833 Wels – 1898 Wien

Obermüllner kam mit 17 Jahren an die Wiener Akademie und besuchte dort die Landschaftsklasse von Franz Steinfeld (1787 – 1868). Wichtiger war für ihn Richard Zimmermann (1820 – 1875) in München, bei dem er drei Jahre Unterricht nahm. Nach einer Studienreise ließ er sich um 1860 dauerhaft in Wien nieder.

Obermüllner spezialisierte sich bald auf die alpine Hochlandschaft. Eines seiner ersten Gebirgsbilder „Chamonix und der Montblanc" brachte ihm 1861 auf der ersten deutschen Kunstausstellung in Köln viel Anerkennung ein. Sein bekanntestes Bild, der „Friedhof der Natur", 1873 auf der Wiener Weltausstellung gezeigt, befand sich einst im Besitz von Baron Schwarz in Salzburg und ist heute verschollen. Ein Riesenerfolg waren die Bilder von der österreichischen Nordpolexpedition, die Obermüllner nach Vorlagen von Julius Payer (1875) ausführte.

Der Salon in seinem Haus war ein beliebter Künstlertreffpunkt. Vor allem seit seiner Verheiratung mit Louise Ofenheim (1867) gehörten die Spitzen der Wiener Gesellschaft zu seinen Kunden. Er war auch im Rahmen des Alpenvereins sehr engagiert. Weiters gehört Obermüllner zu jenen 27 österreichischen Malern, die ab 1882 mit der Ausschmückung der Ausstellungsräume des Naturhistorischen Museums in Wien beauftragt wurden. Zudem entstanden nach seinen Vorlagen zahlreiche Stiche und Illustrationen.

Literatur: A.KAT. Linz 2009, Sehnsucht Natur. Landschaften Europas; Andrée Hilda, Der Maler Adolf Obermüllner, in: Kunstjahrbuch der Stadt Linz 1985

N. Sch.

Otte Hanns

1955 Salzburg

1974 Beginn der Arbeit mit Fotografie; 1982 mehrmonatiger Studien- und Arbeitsaufenthalt in den USA und Kanada; seit 1978 zahlreiche Einzelausstellungen und Ausstellungsbeteiligungen. Der Künstler lebt in Salzburg.

Literatur: A.KAT. Salzburg 2007

E. Oe.

Pernhart Markus

1824 Untermieger – 1871 St. Ruprecht/Klagenfurt

Der Sohn eines Tischlers kam am 6.7.1824 in Untermieger bei Grafenstein in Kärnten zur Welt. Pernhart absolvierte eine Malerlehre bei den „gewerbsmäßigen Malern" Andreas Hauser (? – ?) und Lambert Bokkelen (1809 – nach 1877). Er bildete sich bei dem Kärntner Alpenmaler und Schüler Franz Steinfelds (1787 – 1868), Eduard Ritter von Moro (1808 – 1853), und der Münchner Akademie weiter. In München lernte Pernhart die Niederländer des 16., 17. und 18. Jahrhunderts kennen, besonders beeindruckt war er von den Winterbildern des Aert van der Neer (1603/04 – 1677) und Jan Brueghels (1568 – 1625).

Pernhart zugeschriebene früheste Skizzen und Gemälde stammen aus dem Jahr 1841. Der Künstler und Alpinist bereiste die Steiermark und Krain. 1850 und 1851 hielt sich Pernhart im Salzkammergut auf. Zwischen 1852 und 1855 unternahm er Kampagnen zur Aufnahme von Burgen und Schlössern. 1857 und in den beiden darauffolgenden Jahren erklomm er mehrfach den Großglockner. Diese Unternehmungen verarbeitete er in zahlreichen Gemälden sowie in drei Glockner-Panoramen, die den Giganten der österreichischen Alpen aus verschiedenen Blickrichtungen wiedergeben. In den 60er-Jahren des 19. Jahrhunderts absolvierte Pernhart Reisen in das Gebiet der Hohen Tauern, in die Steiermark und nach Krain.

Am 30.3.1871 verstarb der Maler, Zeichner und Topograf in St. Ruprecht bei Klagenfurt. Er hinterließ ca. 1200 Ölbilder und 26 Gebirgs-Panoramen.

Literatur: Boetticher II. Bd. 1. Hälfte, S. 237–238; Haffner 1998, o. S.; Hausler 2008, S. 87; Rohsmann 2004, S. 5–13,18–19, S. 67–73, Abb. 47–53, S. 78–79, Abb. 58–59; Rohsmann September 04, S. 18–19; Rohsmann 1992; ThB. 25. Bd., S. 162; ThB. 26. Bd., S. 424

A. D.

Peters Maria

1966 Tirol

Dem Gymnasium in Imst folgt 1980 der Besuch der HTL für Bildhauerei in Innsbruck.

Als freischaffende Restauratorin übersiedelt die Künstlerin 1995 nach Wien. Hier von 1996 – 1998 Studium an der Universität für angewandte Kunst, Klasse für experimentelles Gestalten und Medienkunst. Von 1998 – 2002 Klasse für konzeptuelle Kunst und Malerei mit Diplomabschluss an der Akademie der Bildenden Künste in Wien zum Mag. art. Im selben Jahr Rückkehr nach Innsbruck. Seit 1998 Performances und Ausstellungen.

Die Begegnung mit der Natur steht im Zentrum von Peters künstlerischem Werk. Monatelange Arbeitsaufenthalte und Projekte ab 2001 in Nepal, Tibet, Thailand, Kambodscha, Grönland und in den Alpen.
Maria Peters lebt als freischaffende Künstlerin in Innsbruck.

Literatur: Alpenvereinsjahrbuch Innsbruck 2005

E. Oe.

Poell Alfred

1867 Oberndorf bei Salzburg – 1929 Gmunden

Landschaftsmaler zwischen Symbolismus und Neuromantik. Poell war Sohn eines Landessanitätsinspektors und studierte ab 1884 in Innsbruck Medizin. Daneben besuchte er 1888/89 die Akademie in München beim Pferde- und Soldatenmaler Wilhelm Velten (1847 – 1929) und stellte bereits damals in Salzburg aus. 1893 promovierte er in Medizin. 1896 ließ er sich in Linz nieder, wo er im Allgemeinen Krankenhaus und seit 1899 als selbstständiger Frauenarzt tätig war. Eine erste Studienreise führte ihn um 1903 an den Gardasee, nach Genua und Venedig. 1908 erhielt er in Salzburg, 1909 in Klagenfurt die silberne Staatsmedaille. Seit 1913 war er Mitglied der Wiener Secession, wo er regelmäßig ausstellte. Er förderte junge Künstler wie Matthias May, dem er 1917 einen Raum seines Ateliers zur Verfügung stellte. 1918 erwarb er ein Landhaus am Attersee. 1919 war er Mitbegründer und Vorsitzender der Linzer Künstlervereinigung „Der Ring“. 1921 spaltete sich davon der Oberösterreichische Künstlerbund ab, der sich kurz darauf mit dem Künstlerbund „Maerz“ verband. 1925 erhielt Poell in Wien den Großen Goldenen Staatspreis, 1928 fand in Linz eine erfolgreiche Kollektivausstellung seiner Werke statt. Trotzdem war er fast vergessen, ehe er ab 1983 durch mehrere Ausstellungen wiederentdeckt wurde. Sein gleichnamiger Sohn (1900 – 1968) war ein berühmter Opern- und Liedersänger.

Literatur: Hofmann 1930, S. 399–406; ÖBL, Band 8, 1983, S. 141 (G. Wacha); A.KAT. Salzburg 1989; Kohout 1992/93; Kohout 2000; A.KAT. Linz 2009, S. 423

L. S.

Rainer Arnulf

1929 Baden/Wien

Ab 1947 Besuch der Staatsgewerbeschule in Villach; nach der Matura 1949 Aufnahme an der Akademie für angewandte Kunst Wien, die er nach wenigen Tagen wieder verlässt, ebenso die im Anschluss besuchte Wiener Akademie für Bildende Künste; 1950 Mitbegründer der „Hundsgruppe“; 1951 erste Ausstellung; 1953 Begegnung mit Monsignore Otto Mauer; ab 1953 Fotoposen und Übermalungen; 1956 Mitbegründer der Malergruppe „Galerie St. Stephan“; 1968 erste Retrospektive im Museum des 20. Jahrhunderts in Wien; 1977 documenta VI, Kassel; 1978 Biennale Venedig und Großer Österreichischer Staatspreis; Rainer erhielt mehrere Ehrendoktorate und zahlreiche Preise; 1980 documenta VII; 2006 Aragón-Goya-Preis für sein Lebenswerk; 1993 Eröffnung des Arnulf-Rainer-Museums in New York; 2009 Eröffnung des Arnulf-Rainer-Museums im Frauenbad/Baden bei Wien.

Der Künstler lebt und arbeitet in Enzenkirchen, OÖ und auf Teneriffa.

Literatur: Thierolf 2010

E. Oe.

Reinhold Friedrich Philipp

1779 Gera – 1840 Wien

Friedrich Philipp Reinhold kam am 8.1.1779 in Gera zur Welt. Er ist der ältere Bruder von Heinrich Reinhold (1788 – 1825).

Friedrich Philipp begann seine Studien unter Johann Eleazar Zeissig, gen. Schenau (1737 – 1806) an der Akademie in Dresden, wo er Caspar David Friedrich (1774 – 1840) kennenlernte. 1805 – 1811 besuchte er die Wiener Akademie und arbeitete in dieser Stadt. Als Bildnismaler war er 1811/12 in Leipzig und Gera tätig, ab 1813 dauernd in Wien ansässig. 1816 stellte der Künstler erstmals an der Wiener Akademie aus. Auf Anregung der Brüder Olivier kam er 1818 nach Salzburg. Zusammen mit seinem Bruder besuchte er die Parkanlage von Aigen, die sich seit 1804 zu einer romantischen Sehenswürdigkeit entwickelt hatte. Beide Künstler hielten die landschaftlichen Schönheiten der

Gegend fest und trugen mit ihren Werken zum Bekanntheitsgrad Salzburgs bei.

Am 22.4.1840 verstarb Friedrich Philipp Reinhold in Wien. In Aigen erinnert die Reinholdgasse an die Anwesenheit der beiden Brüder in Salzburg.

Literatur: A.KAT. Linz 2009, S. 424–425; Boetticher 2. Bd. 1. Hälfte, S. 381; Brettenthaler 1987, S. 139; Eltz 1964, S. 48; Martin 1995, S. 183; ThB. 28. Bd., S. 130–131

A. D.

Reinhold Heinrich

1788 Gera – 1825 Albano/Rom

Am 18.7.1788 kam Heinrich, wie sein älterer Bruder Friedrich Philipp Reinhold (1779 – 1840) in Gera zur Welt. Er begann seine Ausbildung in Dresden und setzte diese an der Wiener Akademie fort. In Wien erlernte er die Kupferstecherei. 1809 folgte Heinrich Dominique Vivant Denon's (1747 – 1825) Ruf nach Paris, um mit ihm an den Stichen über Napoleon's Feldzüge zu arbeiten. Nachdem er einige Kupferplatten vollendet hatte, ging er 1814 über die Schweiz zurück nach Wien. Er befasste sich mit Landschaftsmalerei und schloss sich dem romantischen nazarenischen Kreis an. Eine Alpenreise führte ihn 1818 nach Salzburg und Berchtesgaden. Die Brüder Reinhold hielten u. a. die Schönheiten der Salzburger Landschaft von Aigen aus fest und trugen den Ruf der Stadt und ihres Umlandes in die Welt hinaus.

Heinrich gestaltete Stiche für die von Fürst Lichnowski in den Jahren 1817/1818 herausgegebenen „Denkmalen der Baukunst und Bildnerei des Mittelalters im Oesterreichischen Kaisertum".

1819 ging er nach Italien und ließ sich schließlich in Rom nieder. Hier arbeitete er bevorzugt im Stile Joseph Anton Kochs (1768 – 1839).

Heinrich Reinhold verstarb am 15.1.1825 in Albano/Rom.

Literatur: Boetticher 2. Bd. 1. Hälfte, S. 381–382; Martin 1995, S. 183; ThB. 9. Bd., S. 79–80; ThB. 21. Bd., S. 81–88; ThB. 28. Bd., S. 131–133

A. D.

Reisch Michael

1964 Aachen

Der Fotokünstler studierte 1985 an der Staatsakademie für Angewandte Künste in Maastricht; 1986 – 1991 absolvierte er das Diplomstudium an der Gerrit Rietveld Akademie in Amsterdam. Im Anschluss daran folgte das Studium an der Kunstakademie Düsseldorf bei Bernd Becher. 2004 Tätigkeit als Lehrbeauftragter an der Akademie für Bildende Künste in Nürnberg. Ab 1989 zahlreiche Preise und Stipendien, seit 1996 internationale Ausstellungstätigkeit – Gruppen- und Einzelausstellungen.

Literatur: Forbes/Hengesbach 2010

E. Oe.

Rethel Alfred

1816 Diepenbend bei Aachen – 1859 Düsseldorf

Ersten Zeichenunterricht erhielt Rethel, Sohn eines aus Straßburg stammenden chemischen Fabrikanten, von dem Gründer der Aachener Zeichenschule, Johann Baptist J. Bastiné (1783 – 1844). Mit 13 Jahren ging Rethel an die Düsseldorfer Malerakademie, deren Leitung seit 1826 Wilhelm Schadow (1788 – 1862) oblag. Angeregt durch mehrere Reisen wechselte er 1835 nach Frankfurt am Main. Der Nazarener Philipp Veit (1793 – 1877) wurde sein Lehrer.

1839 schrieb der Kunstverein für Rheinland und Westfalen die al fresco-Ausmalung des Aachener Rathauses aus. Rethels Entwürfe zur Geschichte Karl des Großen überzeugten. Die Ausführung wurde erst nach sieben Jahren begonnen, der Künstler selbst konnte lediglich vier Bilder vollenden.

Rethel ging nach Dresden, erste Romreise und Hochzeit mit Marie Grahl am 17.10.1851 folgten. Psychische Labilität, bedingt durch familiäre Schwierigkeiten, beendeten Rethels künstlerisches Schaffen sechs Jahre vor seinem Tod am 1.12.1859. In Erinnerung bleibt er durch seine Blätter „Totentanz" und „Tod als Würger".

Literatur: Boetticher 2. Bd. 1. Hälfte, S. 387–393; Francke 1920?, S. 5–32; Franck 1955, S. 49–69; Freien Lehrervereinigung für Kunstpflege 1907, S. 3–5; Feldbusch 1959, S. 124–125; Musper 1964, S. 292; Schoenen 1960/61, S. 83, Anmerkung 1; Schur 1911, S. 1–34; ThB. 28. Bd., S. 187–188; ThB. 3. Bd., S. 27; ThB. 29. Bd., S. 546; ThB. 34. Bd., S. 183–185

A. D.

Ruskin John

1819 London – 1900 Brantwood/Lancashire

Der vielseitig gebildete Kunsthistoriker und Sozialphilosoph stand im gründerzeitlichen London im Mittelpunkt des Gesellschaftslebens. In der rasch wachsenden Industrialisierung sah Ruskin eine Gefahr für die menschlichen Tugenden und für die künstlerische Schaffenskraft. Mit dem 1849 erschienenen Werk „The Seven Lamps of Architecture" und dem dreibändigen, 1851 in London erschienenen Buch „The Stones of Venice" leistete Ruskin wichtige Beiträge zur Architekturtheorie. Maßgeblich prägte der Künstler die Theorie und Praxis der Denkmalpflege. Ruskin lehrte ab 1869 in Oxford Kunstgeschichte. In den Jahren zwischen 1844 und 1876 unternahm er unzählige Alpenreisen.

Literatur: A.KAT. Salzburg 2005, S. 109–111; Oechslin 2002

E. Oe.

Robert Russ

1847 Wien – 1922 Wien

Die Kritik bezeichnet Russ, der von 1861 bis 1868 die Landschaftsklasse an der Wiener Akademie beim „Gebirgsspezialisten" Albert Zimmermann (1808 – 1888) besuchte, bereits 1868 als Anhänger der „paysage intime". Ausstellungen und Reisen bestimmten die kommenden Jahre. 1873 war Russ mit fünf Bildern auf der Wiener Weltausstellung vertreten. Von Carl von Hasenauer (1833 – 1894) kam eine Reihe von Ausstattungsaufträgen für die Ringstraßenbauten. In den 80er- und

90er-Jahren stellten sich internationale Erfolge und Ehrungen ein. Für das seit 1888 herausgegebene Kronprinzenwerk „Die österreichische Monarchie in Wort und Bild“ schuf Russ 95 Landschaftszeichnungen. Ab Mitte der 1890er- Jahre fand er seine Motive vorwiegend in Südtirol und am Gardasee. Nach 1900 folgten zahlreiche internationale Ausstellungen. Russ gelangte in seinem reifen Werk, wohl unter dem Eindruck des Impressionismus, zu einer freien, skizzenhaften Malweise.

Literatur: Kitlitschka 1981, S. 236f.; A.KAT. Mürzzuschlag 1994, S. 227–231; A.KAT. Salzburg 1995

E. Oe.

Sailer Gregor

1980 Schwaz/Tirol

2001/02 Besuch der Prager Fotoschule sowie der Fachschule für Fotografie und Optik in Hall/Tirol; 2002 – 2007 Studium Kommunikationsdesign, Fachbereich Fotografie, Fachschule Dortmund; zahlreiche Auszeichnungen und Förderungen: 2007 Auszeichnung Europäischer Architekturfotografiepreis; 2010 1. Preis Alps Biennale of the Alpine and Mountain Landscapes, Italien; seit 2006 Gruppen- und Einzelausstellungen; mehrere monografische Publikationen. Sailer lebt in Vomp/Tirol.

Literatur: A.KAT. Salzburg 2008

E. Oe.

Sattler Hubert

1817 Wien – 1904 Wien

Hubert Sattler war Sohn des Malers und späteren Schöpfers des berühmten Rundgemäldes von Salzburg, Johann Michael Sattler (1786 – 1847). Bald nach Huberts Geburt übersiedelte die Familie nach Salzburg. Zur Schulausbildung schickten ihn seine Eltern 1825 wieder nach Wien. Hier erhielt er auch Zeichenunterricht bei Johann Josef Schindler (1777 – 1836). Von 1830 bis 1839 machte Sattler junior die bis nach Skandinavien führende Tournee des Salzburger Panoramas mit und wuchs so in das Metier eines Reisemalers hinein.

Nach dem Vorbild des Vaters begann Sattler, seine unterwegs gesammelten Skizzen in großformatige Gemälde umzusetzen. 1840/42 stellte er erstmals eine eigene Kollektion solcher Kosmoramen in Linz und Wien aus. 1846 reüssierte er damit in Dresden, Leipzig und Berlin. Zur Erweiterung seines Repertoires unternahm Sattler ausgedehnte Studienreisen, beispielsweise in den Orient (1842) und nach Ägypten (1844/45). Der nächste Höhepunkt war ein dreijähriger Besuch von Nordamerika, Mexiko und der Karibik. New York, Boston und Philadelphia sahen seine Kosmoramen, denen die Kritik attestierte, auf ihrem Gebiet konkurrenzlos zu sein. Sattler setzte sich 1870 in Wien zur Ruhe. Er vermachte seine Werke der Stadt Salzburg und war bis zu seinem Tod unermüdlich tätig.

Literatur: A.KAT. Salzburg 1995, Faszination Landschaft, S. 128, Farbabb. S. 129; Kosmoramen von Hubert Sattler, Bd. 2

(Metropolen und Gebirgswelten), Salzburger Museumshefte 10, 2007

N. Sch.

Schäffer August

1833 Wien – 1916 Wien

August Schäffer kam am 30.4.1833 in Wien zur Welt. Von 1852 bis 1856 studierte er bei Franz Steinfeld (1787 – 1868) an der Wiener Akademie. Danach begab sich Schäffer auf Studienreisen. Er bevorzugte Motive aus den österreichischen Alpen und setzte diese in Gemälde, Lithografien und Radierungen um. 1868 wurde Schäffer Mitglied der Akademie. Das Amt eines Scriptors der Gemäldegalerie hatte Schäffer 1871 – 1874 inne. In den Jahren 1874 bis 1881 arbeitete er als Kustos an der Gemäldegalerie der Akademie der bildenden Künste in Wien. 1881 bis 1910 bekleidete er das Amt des Direktors. Der Künstler wurde 1910 als „Ritter vom Wienerwald" in den Adelsstand erhoben. Schäffer besaß für die obligate Sommerfrische im Salzkammergut in St. Gilgen eine Villa. Die „Societé Belge des Aquarellistes" ernannte Schäffer zum Ehrenmitglied. Der Künstler verstarb am 29.11.1916 in Wien.

Literatur: B.KAT. Salzburg 1988, S. 136; Boetticher 2. Bd. 2. Hälfte, S. 529–530; Husty 1998, S. 175

A. D.

Scheruebl Wilhelm

1961 Radstadt

Ab 1985 Besuch der Akademie der Bildenden Künste in Wien; 1990 Diplom bei Bruno Gironcoli; 2005 Großer Salzburger Kunstpreis; seit 1991 zahlreiche Einzelausstellungen und Ausstellungsbeteiligungen – 2011 Biennale Venedig.

Literatur: A.KAT. Rosenheim 2001; A.KAT. Innsbruck 2002; A.KAT. Linz 2004; A.KAT. Kitzbühel 2008; A.KAT. Rosenheim 2008; Scheruebl 2000

E. Oe.

Spinatsch Jules

1964 Davos

Der Fotokünstler verbrachte seine ersten sieben Lebensjahre auf dem Jakobshorn über Davos. 1986-88 Besuch der HTL Buchs, Elektrotechnik; 1991-1993 einige Semester Studium der Soziologie; anschließend International Center of Photography New York. Seit 1998 als freischaffender Künstler tätig; ab 2000 internationale Einzelausstellungen und Beteiligung an Gruppenausstellungen: 2003 Centre de la Photographie, Genève; 2006 Haus der Kunst München, Museum of Modern Art, MoMA New York, Kunsthaus Zürich; 2008 Kunsthaus Zug; 2010 TATE Modern London, San Francisco Museum of Modern Art SF MoMA, Kunst im öffentlichen Raum Wien Karlsplatz; 2011 Palazzo Strozzi, Florenz; Biennale Venedig.

In den letzten Jahren machte Jules Spinatsch vor allem durch Langzeitprojekte und Buchpublikationen international auf sich aufmerksam. Der Künstler lebt und arbeitet in Zürich und Wien.

E. Oe

Stefferl Bartholomäus

1890 Gleisdorf/Steiermark – 1966 Wien

Sohn des gleichnamigen Malers (1869 – 1934); erste Ausbildung bei Daniel Pauluzzi (1866 – 1956) in Graz, anschließend 1908 – 1914 an der Kunstgewerbeschule in Wien bei Kolo Moser (1868 – 1918) und Anton v. Kenner (1871 – 1951). Nach Kriegsdienst und Gefangenschaft hielt sich der Künstler 1921 – 1923 in Berlin auf, wo er mit aktuellen Kunsttendenzen in Berührung kam und u. a. mit Willy Jäckel (1888 – 1944) und Bruno Krauskopf (1892 – 1960) Kontakt hatte. Nach seiner Rückkehr wurde er Lehrer an der Fachschule für Buchbinder in Wien (bis 1943). Zu Studienzwecken bereiste er Italien (1923, 1924, 1925), Dalmatien (1930), Frankreich und Spanien (1956). Stefferl war bis 1957 Mitglied der Secession und trat im selben Jahr der Wiener Künstlergenossenschaft bei, die ihm 1960 eine Kollektivausstellung im Künstlerhaus widmete. Er experimentierte viel mit druckgrafischen Verfahren und veröffentlichte die Zyklen „Visionen" (6 Radierungen, 1922), „Matthäuspassion" (1933), „Weinlese" und „Erinnerungen" (Schabschnitte). Als Maler beschäftigte ihn u. a. das Thema Mensch und Pferd in der Landschaft.

Literatur: Fuchs Heinrich, Bartholomäus Stefferl. Wien 1977; Mamling Heinz, Licht und Dunkel, in: Der getreue Eckart, 16. Jg. Heft 3 (Dezember 1938), S. 161–165; Poglayen-Neuwall Stephan, in: ThB. 31. Bd. S. 536

N. Sch.

Steinfeld Franz

1787 Wien – 1868 Pisek/Böhmen

Der Landschaftsmaler, der mit der barocken Tradition brach und großen Einfluss auf die spätere Wiener Landschaftsmalerei hatte, gilt als Vater der klassischen Biedermeierlandschaft. Von 1802 bis 1812 studierte der Sohn eines Rahmenbildhauers an der Landschaftszeichenschule der Wiener Akademie bei Lorenz Janscha (1749 – 1812), Martin von Molitor (1759 – 1812) und Albrecht Christoph Dies (1755 – 1822). Wanderungen führten ihn bis in die Niederlande, wo er die Werke der großen Meister des 17. Jahrhunderts studierte. Ende der 30er-Jahre wurde Steinfeld Professor und Lehrer der Klasse für Landschaftsmalerei an der Wiener Akademie. Seine Schüler hielt er konsequent zur Arbeit vor dem Motiv an. In den Sommermonaten wanderte er mit ihnen durch die Alpenländer. Die dabei entstandenen Skizzen wurden im Atelier zu Gemälden ausgearbeitet. Steinfeld strebte ähnliche Reformen an wie Ferdinand Georg Waldmüller. So forderte er 1848 unter der Devise „Mehr Licht!" die Vergrößerung der Fenster der Landschaftsklasse und stieß damit auf heftigen Widerstand.

Literatur: A.KAT. Rosenheim 1987, A.KAT. Salzburg 1995; B.KAT. Salzburg 2001, S. 140; Pötschner 1951

E. Oe.

Taucher Josef

1948 Weiz/Steiermark

Der Maler, Grafiker und Objektkünstler besuchte nach seiner Lehre als Maschinenschlosser in der HTBL Ortweinschule Graz die Abteilung für Malerei und Grafik. 1970 – 1974 Kunstgewerbeschule in Graz; Seit 1974 ist er als freischaffender Maler, Bildhauer und Wissenschaftler [Mineraloge] tätig. Präsentierte 1981 in der Neuen Galerie Joanneum großformatige Bergbilder; Teilnahme am Steirischen Herbst 1980 und 1993; Präsentation in der Secession Wien 1984. Der Künstler lebt in Übelbach, in der Nähe von Graz.

Literatur: A.KAT. Graz 1981; A.KAT. 1985, S. 109–111; A.KAT. Mondsee 2005; Steinle/Feitl Graz, 1996, S. 455; Eisenhut/Pochat, Graz 2003; Fenz 2005

E. Oe.

Walde Alfons

1891 Oberndorf/Kitzbühel – 1958 Kitzbühel

Aufgewachsen in Kitzbühel, studierte der vielseitige Künstler von 1910 – 1914 an der Technischen Hochschule in Wien Architektur und trat in Kontakt mit der Wiener Secession. Nach seinem Einsatz als Soldat im Ersten Weltkrieg lebte er ab 1919 ständig in Kitzbühel. Der Künstler hatte mit seiner Malerei und Werbegrafik maßgeblich Anteil an der Entwicklung Kitzbühels zu einem der international angesehensten Wintersportorte. Mit dem Logoentwurf für den Kitzbüheler Skiclub, der Gestaltung von Prospekten und Plakaten schuf Walde die bis heute gültige „Corporate Identity“ der Gamsstadt. Aufgrund des großen Interesses an seinen Bildern, gründete er einen Kunstverlag zum effizienten Vertrieb von Reproduktionen und Postkarten.

Walde entwarf die Stationsgebäude der Hahnenkamm-Seilbahn und baute für sich selbst ein der Architektur der Moderne verpflichtetes Berghaus.

Literatur: A.KAT. Wien 2006; A.KAT. Kitzbühel 2008; Amann, 1981

E. Oe.

Waldmüller Ferdinand Georg

1793 Wien – 1865 Hinterbrühl bei Mödling

Waldmüller, einer der bedeutendsten Maler zwischen Biedermeier und Realismus, verlor 1806 seinen Vater. Er sollte Geistlicher werden, verließ aber mit 14 Jahren seine Mutter. Das „Illuminieren von Bonbonbildchen“ und Miniaturporträts erlaubten ihm 1807 – 13 einen unregelmäßigen Besuch von Akademiekursen bei Hubert Maurer und Johann Baptist Lampi d. J. 1810 erhielt er den Gundel-Preis, im Jahr darauf holte ihn Ignaz Graf Gyulai als Zeichenlehrer nach Agram. Hier war er Theatermaler und lernte die Sängerin Katharina Weidner, die Schwester des Malers Joseph Weidner kennen, mit der er 1814 nach Baden und dann nach Brünn, Prag und Wien übersiedelte. Er kopierte alte Meister, schuf Porträts und nahm 1818 Unterricht bei Joseph Lange und Johann Nepomuk Schödlberger. 1822 stellte er Porträts an der Wiener

Akademie aus. Ein Bildnis Kaiser Franz I. brachte ihm 1827 den Durchbruch. 1829 wurde er „Erster Custos“ der Gemäldegalerie der Akademie mit dem Rang eines Professors, 1835 Kaiserlicher Rat. Zwischen 1825 und 1844 reiste er mehrmals nach Italien, 1830 nach Paris. Scheidung von Katharina Weidner, die er 1814 geheiratet hatte.

Der radikale Realismus seiner Spätwerke stieß zunehmend auf Unverständnis. Seine Angriffe auf den traditionellen Akademiebetrieb endeten 1857 mit seiner strafweisen Pensionierung. Die Not zwang ihn, 1854 im Modesalon seiner zweiten Gattin auszustellen. 1856 hatte er in London einen beachtlichen Erfolg, ebenso 1861 in Köln. Erst 1864 wurde er rehabilitiert. Zu seinen Schülern gehörten Hans Canon und Anton Romako. Er hinterließ etwa 1200 Werke. 1913 erhielt er ein Denkmal im Wiener Rathauspark, 1923 wurde der Waldmüllerpark in Wien 10 (ehemals Matzleinsdorfer Friedhof) eröffnet, wo der Künstler auch begraben ist.

Literatur: Roessler/Pisko o. J.; A.KAT. Wien 1930; Eberlein 1938; Grimschitz 1943; A.KAT. Salzburg 1953; Grimschitz 1957; Buchsbaum 1976; Schröder 1990; A.KAT. Wien 1993; A.KAT. Wien 1993 II; Grabner 1993; Frodl-Schröder 1993, Nr. 33–45; Schultes 1995, S. 306; Feuchtmüller 1996; Dictionary of Art, Band 32, S.775–777 (R. M. Bisanz) ; Herbert Giese, Ferdinand Georg Waldmüller, in: Parnass 17, Heft 1/1997, S. 64ff.; Ferdinand Georg Waldmüller, Belvedere, Sonderheft 1, Wien 1997; Schultes o. J., S. 444f.; Wöhrer 2000, S. 230–257; Grabner-Wöhrer 2001, S. 297f.; A.KAT. Vaduz 2005; A.KAT. Vilnius 2009, S. 228.

L. S.

Wilt Hans

1867 Wien – 1917 Wien

Der Künstler lernte 5 Jahre bei dem Theatermaler Johann Kautsky (1827 – 1896), ehe er 1886 – 1891 Schüler von Eduard v. Lichtenfels (1833 – 1913) an der Wiener Akademie wurde. Ein Stipendium führte ihn 1893 – 1894 nach Rom. 1896 wurde er Mitglied des Wiener Künstlerhauses, 1900 Gründungsmitglied des Hagenbunds, dem er aber nur bis 1905 angehörte. 1900 erhielt er auf der Weltausstellung in Paris eine Bronzemedaille. Im Herbst 1917 fand im Wiener Künstlerhaus eine Gedächtnisausstellung, 1918 im Dorotheum eine Nachlassauktion statt. Sein Porträt malte Hans Temple (1857 – 1931).

Wilt war als Landschaftsmaler in Öl, Tempera- oder Aquarelltechnik sehr produktiv. Der geografische Radius seiner Motive reicht von der Wachau bis Sizilien und Capri, vom Wienerwald bis Holland und Polen. Besonders gern malte er maritime Szenen von Dalmatien, Istrien und der Riviera.

Literatur: ThB. 36. Bd. S. 45; Pappernigg Michaela, B.KAT. Wien 2001, Österr. Galerie des 20. Jahrhunderts. Kunst des 20. Jahrhunderts, Bd. 4, S. 246f.; A.KAT. Schloss Halbturn 1992, Die andere Seite. Kunst in Wien um 1900

N. Sch.

Literaturverzeichnis

Ausstellungskataloge/A.KAT.

AARAU 1997, Kunz Stephan/Wismer Beat/Denk Wolfgang (Hg.), Die Schwerkraft der Berge. 1774 – 1997 trans alpin 1. Aargauer Kunsthaus Aarau/Kunsthalle Krems, Basel 1997

BERLIN 1981, Karl Friedrich Schinkel. Werke und Wirkungen. Martin-Gropius-Bau, Berlin 1981

BONN 1992, Will Klinger-Franken 1909 – 1986. Landschaften zwischen Inn und Salzach. Bayerische Vertretung in Bonn 1992

BOZEN 1993, Walter Niedermayr. Die bleichen Berge. AR/GE Kunst Galerie Museum, Bozen 1993

BOZEN 2004, Hubert Kostner, Rete di trasporto umana. Menschliches Streckennetz. Gallery Goethe 2, Bozen 2004

BOZEN 2006, Hubert Kostner, Grüße aus Südtirol/Saluti dall' Alto Adige. Gallery Goethe 2, Bozen 2006

BREGENZ 2002, Oscar Sandner (Hg.), Medium Berge. Das Mallory Projekt. Künstlerhaus Palais Thurn und Taxis, Bregenz/Wien 2002

BREGENZ 2009, Natter Tobias G. (Hg.), Schnee Rohstoff der Kunst. Vorarlberger Landesmuseum, Bregenz/Huber-Hus, Lech am Arlberg, Ostfildern 2009

CHUR 2001, Stutzer Beat (Hg.), Der romantische Blick. Das Bild der Alpen im 18. und 19. Jahrhundert. Bündner Kunstmuseum, Chur 2001

CHUR 2010, Luciano Fasciati (Hg.), Arte Hotel Bregaglia. Chur 2010

DÜSSELDORF 2009, Haldemann Anita/Kunz Stephan/Reichler Claude/Wismer Beat, Caspar Wolf. Gipfelstürmer zwischen Aufklärung und Romantik. Stiftung museum kunst plast, Düsseldorf 2009

DRESDEN 1943, Jeikner Eduard, Karl Mediz und Emilie Mediz-Pelikan. Gemälde und Zeichnungen im Galeriegebäude auf der Brühlschen Terrasse, Dresden 1943

FORTE DI BARD 2006, Alpi di sogno. La rappresentatione delle Alpi occidentali dal XIX al XXI secolo. Forte di Bard 2006

GLOGGNITZ 1992, Kos Wolfgang (Hg.), Die Eroberung der Landschaft. Semmering, Rax, Schneeberg. Wien 1992

GRAZ 1981, Josef Taucher. Bilder 81. steirischer herbst. Graz 1981

GRAZ 1985, Skreiner Wilfried, Neue Kunst aus Österreich. Neue Galerie am Landesmuseum Joanneum, Graz 1985

GRAZ 2002, Weibel Peter/Holler-Schuster Günther, Herbert Brandl. Neue Galerie Graz, Ostfildern 2002

HAMBURG 1976, Hofmann Werner (Hg.), William Turner und die Landschaft seiner Zeit. Hamburger Kunsthalle, München 1976

HANNOVER 2003, Berg Stephan/Engler Martin (Hg.), Die Sehnsucht des Kartografen. Kunstverein Hannover, Hannover 2003

HERFORD 2009, Pittoresk, Neue Perspektiven auf das Landschaftsbild. Marta Herford, Herford 2009

HEIDELBERG 2002, Gercke Hans (Hg.), Der Berg. Heidelberger Kunstverein, Heidelberg 2002

HOHENEMS 2009, Loewy Hanno/Milchram Gerhard (Hg.), „Hast Du meine Alpen gesehen?" Eine jüdische Beziehungsgeschichte. Jüdisches Museum Hohenems/Jüdisches Museum Wien/Österreichischer Alpenverein, Hohenems 2009

INNSBRUCK 1998, Arnulf Rainer. Berg und Fels. Galerie Elisabeth & Klaus Thoman, Innsbruck 1998

INNSBRUCK 2002, Dankl Günther, Mo(u)numental. Berge und Landschaft in der zeitgenössischen Kunst

und Fotografie im Dialog mit Joseph Anton Koch. Tiroler Landesmuseum Ferdinandeum, Innsbruck 2002
INNSBRUCK 2007, Felsch Philipp/Gugger Beat/Rath Gabriele (Hg.), Berge, eine unverständliche Leidenschaft. Alpenverein-Museum Innsbruck, Innsbruck 2007
INNSBRUCK 2008, Thoman Elisabeth/Thomann Klaus (Hg.), Herbert Brandl. Fata Morgana. Galerie Elisabeth & Klaus Thoman, Innsbruck 2008
KITZBÜHEL 2008, Moschig Günther/Angerer Wilhelm, Vom Schnee. On Snow. Zum 50. Todestag von Alfons Walde. Museum Kitzbühel, Kitzbühel 2008
KLAGENFURT 2004, Rohsmann Arnulf, Markus Pernhart. Landschaft und Gesellschaft. Landesmuseum Kärnten, Klagenfurt 2004
LINZ 2000, Kohout Klaus, Alfred Poell 1867 – 1929. Weitra 2000
LINZ 2004, Wilhelm Scheruebl. Lichtentzug. Landesgalerie Linz, Weitra 2004
LINZ 2009, Schultes Lothar (Hg), Sehnsucht Natur. Landschaften Europas. Schlossmuseum Linz, Weitra 2009
MONDSEE 2005, Louis Eleonora, Landschaft-Erinnerungen an die Natur. Kunstraum Galerie Schloss Mondsee, Munderfing 2005
MÜNCHEN 1987, Fleischmann Dagmar, Karl Mediz (1868 – 1945), Emilie Mediz-Pelikan (1861 – 1908). Ein wiederentdecktes Künstlerehepaar. Gemälde, Pastelle, Zeichnungen. Galerie Biedermann, München 1987
MÜNCHEN 1998, Hamberger Silvia (Hg.), Schöne neue Alpen. Eine Ortsbesichtigung. Gesellschaft für ökologische Forschung, München 1998
MÜNCHEN 2010, Lange Christiane/Ohlsen Nils (Hg.) Realismus. Das Abenteuer der Wirklichkeit. Courbet, Hopper, Gursky. Kunsthalle Emden. Hypo Kunsthalle München, München 2010
MÜNCHEN 2011, Endter Heike, Peter von Felbert. Galerie Wittenbrink, München 2011
MÜRZZUSCHLAG 1994, Natürlichere Natur. Österreichische Malerei des Stimmungsrealismus. Kunsthaus Mürzzuschlag, Mürzzuschlag 1994
OETZ 1989, Jäger Hans, Über den frühen Tourismus. Galerie zum alten Oetztal, Oetz 1989
OETZ 2005, Pechtl Willi (Hg.), Abbilder des Erhabenen. Photographische Annäherungen an die Ötztaler Alpen. Turmmuseum Oetz, Imst 2005
ROSENHEIM 1987, Die Alpen im Biedermeier. Friedrich Gauermann und seine Malerfreunde in Wien und München, Rosenheim 1987
ROSENHEIM 2001, Stegmayer Hanna, Wilhelm Scheruebl. Fragment/Leichtes Gepäck. Kunstverein Rosenheim, Rosenheim 2001
ROSENHEIM 2008, Wilhelm Scheruebl, Inn/Out. Städtische Galerie Rosenheim, Rosenheim 2008
SALZBURG 1960, Buschbeck Ernst H., Die Alpen. Malerei und Graphik aus sieben Jahrhunderten. Residenzgalerie Salzburg, Salzburg 1960
SALZBURG 1967, Blechinger Edmund/Narobe Franz, Österreichische Meisterwerke aus Privatbesitz. Residenzgalerie Salzburg, Salzburg 1967
SALZBURG 1993, Rohrmoser Albin (Hg.), Ferdinand Georg Waldmüller (1793 – 1865). Salzburger Museum Carolino Augusteum, Salzburg/Wien 1993
SALZBURG 1994, Jim Dine. Untersberg 1993 – 1994. Residenzgalerie Salzburg, Salzburg 1994
SALZBURG 1995, Faszination Landschaft. Österreichische Landschaftsmaler des 19. Jahrhunderts auf Reisen.

Residenzgalerie Salzburg, Salzburg 1995
SALZBURG 1996, Grünspan & Schildlaus. Meister der Residenzgalerie Salzburg und ihre Arbeitsweisen. (1. Aufl./3), Residenzgalerie Salzburg, Salzburg 1996
SALZBURG 2000, Kronland Salzburg. Historische Fotografien von 1850 bis 1980 aus der Sammlung des Carolino Augusteum, Salzburg 2000
SALZBURG 2005, Juffinger Roswitha (Hg.), Lilie. Lotus. Lotuslillies. Residenzgalerie Salzburg, Salzburg 2005
SALZBURG 2005a, Husslein Agnes (Hg.), Simultan. Zwei Sammlungen österreichischer Fotografie aus den Beständen des Bundes und des Museum der Moderne. Museum der Moderne Salzburg, Salzburg 2005
SALZBURG 2007, Otte Hans, Großglockner Hochalpenstraße. Fotografiert von 2000 – 2006. Mit Texten von Werner Otte und Timm Starl. Fotofhof-Edition, 80, Salzburg 2007
SCHRUNS 2009, Haas Roland (Hg.), Hoch hinauf. Alpinismus in der zeitgenössischen Kunst. Kunstforum Montafon, Schruns 2009
SCHLOSS HALBTURN 1987, Frodl Gerbert, Kunst in Wien um 1900. Die andere Seite. Schloss Halbturn, Eisenstadt 1987
SERFAUS-FISS-LADIS 2000, Architektur und Seilbahnen. Von der Tradition zur Moderne. Innsbruck 2000
SOVRAMONTE/SERVO 2010, Weiermair Peter, Voglio la neve in agosto. Sovramonte/Servo LAB 610 XL, Albissola Marina 2010
VILNIUS 2009, Schultes Lothar, Gamtos ilgesys. Europos peizažai. Longing for nature. Lithuanian Art Museum, Vilnius 2009
WIEN 1930, Ferdinand Georg Waldmüller. Hagenbund/Neue Galerie, Wien 1930
WIEN 1962, Alpenbilder aus 150 Jahren. 100 Jahre Österreichischer Alpenverein 1862 – 1962. Künstlerhaus Wien, Wien 1962
WIEN 1964, Österreichische Malerei des 19. Jahrhunderts. Eine Wiener Privatsammlung. Oberes Belvedere, Wien 1964
WIEN 1971, Mrazek Wilhelm, 50 Jahre Kosel-Plakate. Österreichisches Museum für angewandte Kunst, Wien 1971
WIEN 1993, Bisanz Hans, Ferdinand Georg Waldmüller zum 200. Geburtstag. Werke im Besitz des Historischen Museums der Stadt Wien, Wien 1993
WIEN 1997, Kos Wolfgang (Hg.), Alpenblick. Die zeitgenössische Kunst und das Alpine. Kunsthalle Wien, Wien 1997
WIEN 2000 Brugger Ingried, Das Jahrhundert der Frauen. Vom Impressionismus zur Gegenwart. Österreich 1870 bis heute. Kunstforum Bank Austria, Wien, Wien/Salzburg 1999
WIEN 2000, Noever Peter (Hg.), Wiener Grafik in New York. Joseph Binders Grafisches Werk in den USA 1933 – 1972. MAK, Wien 2000
WIEN 2001, Krug Wolfgang/Winklbauer Andrea, Friedrich Gauermann 1807 – 1862. Aus der Sammlung des Niederösterreichischen Landesmuseums, Wien 2001
WIEN 2001, Trummer Thomas (Hg.), The Waste Land. Wüste und Eis. Ödlandschaften in der Fotografie.

Atelier Augarten. Österreichische Galerie Belvedere, Wien 2001
WIEN 2003, Noever Peter (Hg.), Hermann Kosel. The Holy Every Day. MAK, Wien 2003
WIEN 2005, Kräftner Johann, Biedermeier im Haus Liechtenstein. Liechtenstein Museum Wien. München/Berlin/London/New York 2005
WIEN 2006, Leopold Rudolf, Alfons Walde. Leopold-Museum, Wien 2006
WIEN 2008, Faber Monika (Hg.), Die Weite des Eises. Arktis und Alpen 1860 bis heute. Albertina, Wien 2008
WIEN 2010, Kos Wolfgang (Hg.), Kampf um die Stadt. Politik, Kunst und Alltag um 1930. Künstlerhaus Wien, Wien 2010
WIEN 2010a, Hoerschelmann Antonia (Hg.), Herbert Brandl. Berge und Landschaften. Monotypien 2009/2010. Albertina, Wien 2010
WIEN/LINZ 1986, Oberhuber Oswald/Seipel Wilfried/Geretsegger Sophie, Emilie Mediz-Pelikan 1861 – 1908. Karl Mediz 1868 – 1945. Hochschule für angewandte Kunst in Wien/Oberösterreichisches Landesmuseum, Wien/Linz 1986
ZUG 2009, Obrist Marco (Hg.), Jules Spinatsch. Am Ende der Sehnsucht. Kunsthaus Zug, Zug 2009
ZÜRICH 2007, Just Marcel/Kübler Christof/Noell Matthias/Semadeni Renzo (Hg.), Arosa. Die Moderne in den Bergen. ETH Zürich/Arosa [2008], Zürich 2007

Bestandskataloge/B.KAT.

GRAZ o.J., Skreiner Wilfried (Hg.), Gesamtkatalog der Gemälde. Neue Galerie am Landsmuseum Joanneum, Graz
LINZ 1995, Vom Biedermeier zum Impressionismus. Die Sammlung Pierer. Oberösterreichisches Landesmuseum, Linz 1995
MÜNCHEN 2002, Renger Konrad/Denk Claudia, Flämische Malerei des Barock in der alten Pinakothek München. München/Köln 2002
MÜNCHEN 2006, Berge im Kasten. Fotografien aus der Sammlung des Deutschen Alpenvereins 1870 – 1914. München 2006
SALZBURG 1984, Rohrmoser Albin(Hg.), Meisterwerke aus dem Salzburger Museum Carolino Augusteum. Salzburg 1984
SALZBURG 1988, Salzburg als Motiv, Die Graphiksammlung der Residenzgalerie Salzburg, Salzburg 1988
SALZBURG 2010, Juffinger Roswitha, Gesamtverzeichnis der Gemälde. Residenzgalerie Salzburg. Salzburg 2010
WIEN 1997, Grabner Sabine, Romantik, Klassizismus, Biedermeier in der Österreichischen Galerie Belvedere. Wien 1997
WIEN 2001, Pappernigg Michaela, Kunst des 20. Jahrhunderts. Österreichische Galerie des 20. Jahrhunderts. Bd. 4. Österreichische Galerie Belvedere, Wien 2001
WIEN 2004, Kräftner Johann (Hg.), Liechtenstein Museum Wien. Die Sammlungen. München 2004

Allgemein

Achleitner Friedrich (Hg.), Die Ware Landschaft. Eine kritische Analyse des Landschaftsbegriffs. Salzburg 1978

Aigner Anita, Landschaft vor Augen. Neutralisierung eines romantischen Gebildes. Wien 2004

Amann Gert, Alfons Walde 1891 – 1958. Innsbruck/Wien 1981

Backhausen Therese, Ménage à trois. Emilie Mediz-Pelikan – Karl Mediz. Ein Leben für die Kunst. [Diss. phil.], Salzburg 2008

Bätschmann Oskar, Entfernung der Natur. Landschaftsmalerei 1750 – 1920. Köln 1989

Bätzing Werner, Die Alpen. Geschichte und Zukunft einer europäischen Kulturlandschaft, München 2003

Balmer Heinz, Albrecht von Haller. Berner Heimatbücher 119. Bern 1977

Barthes Roland, Mythen des Alltags. Frankfurt am Main 1996

Baumgartlinger Margit, Die Entwicklung der Theatermalerei. Salzburg 1985

Bazalka Erich, Skigeschichte Niederösterreichs. Waidhofen an der Ybbs 1977

Bergdoll Barry, Karl Friedrich Schinkel. Preußens berühmtester Baumeister. München 1994

Bernt Ernst (Hg.), E. T. Compton. Maler und Bergsteiger. Rosenheim 1992

Biermann Franz Benedikt, Die Pläne für Reform des Theaterbaus bei Karl Friedrich Schinkel und Gottfried Semper. Schriften der Gesellschaft für Theatergeschichte Bd. 38, Berlin 1928

Binder Dieter A./Konrad Helmut/Staudinger Eduard G. (Hg.), Die Erzählung der Landschaft. Schriftenreihe des Forschungsinstitutes für Politisch-Historische-Studien der Dr.-Wilfried-Haslauer-Bibliothek, Salzburg, 34, Wien 2011

Birnbaum Karl (Hg.), Das neue Buch der Erfindungen, Gewerbe und Industrien, Rundschau auf allen Gebieten der gewerblichen Arbeit. Die Chemie des täglichen Lebens. 5. Bd. (6. Umgearbeitete u. verbesserte Aufl.), Leipzig/Berlin 1873

Blumenberg Hans, Arbeit am Mythos. Frankfurt am Main 1979

Bogner Thomas, Zur Rekonstruktion filmischer Naturdarstellung am Beispiel einer Fallstudie, Natur im Film „Der heilige Berg“ von Dr. Arnold Fanck. [Diss. phil.], Hamburg 1999

Börsch-Supan Helmut, Karl Friedrich Schinkel: Bühnenentwürfe. Stage Designs. Bd. 1. Kommentar. Berlin 1990

Börsch-Supan Helmut, Bild–Erfindungen. Karl Friedrich Schinkel Lebenswerk. Bd. XX. Denkmäler Deutscher Kunst. München/Berlin 2007

Brandstätter Christian/Stifter Christian H. (Hg.), Die Welt von *gestern* in Farbe. Mythos Alpen. Wien/München 2010

Bröckling Ulrich/Paul Axel/Kaufmann Stefan (Hg.), Vernunft – Entwicklung – Leben, Schlüsselbegriffe der Moderne. Festschrift für Wolfgang Eßbach. München 2004

Buck August (Hg.), Petrarca. Wege der Forschung. Bd. 353, Darmstadt 1976

Christoffel Ulrich, Friedrich Loos. Ein unbekannter Maler aus dem Salzkammergut. München 1937

Comment Bernhard, Das Panorama. Berlin 2000

Dangl Hanns, Die Münchner Fliegenden Blätter als Spiegel ihrer Zeit. Zeitung und Leben. Bd. 49, Würzburg 1938

Eisenhut Günter (Hg.), Meisterwerke der Steirischen Moderne. Malerei und Palstik von 1918 – 2000. Graz 2003

Eliade Mircea, Die Religionen und das Heilige. Salzburg 1954, (Nachdruck), Frankfurt am Main 1986

Eltz Liselotte, Die Alpen in alten Ansichten. Die künstlerische Erschliessung der Gebirgslandschaft durch Graphik und Malerei. Salzburg 1964

Felber Ulrike/Krasny Elke/Rapp Christian, smart Exports. Österreich auf den Weltausstellungen 1851 – 2000. (1. Aufl.), Wien 2000

Felsch Philipp, Laborlandschaft. Physiologische Alpenreisen im 19. Jahrhundert. Göttingen 2007

Feuchtmüller Rupert, Ferdinand Georg Waldmueller 1793 – 1865. Leben Schriften Werke. Wien/München 1996

Fliedl Gottfried/Rath Gabriele/Wörz Oskar (Hg.), Der Berg im Zimmer. Zur Genese, Gestaltung und Kritik einer innovativen kulturhistorischen Ausstellung. Edition Museumsakademie Joanneum, Bd. 2, Bielefeld 2010

Forbes Duncan/Hengesbach Rolf (Hg.), Michael Reisch. Ostfildern 2010

Frank Hilmar, Joseph Anton Koch. Der Schmadribachfall. Natur und Freiheit. Frankfurt am Main 1995

Francke Willibald (Hg.), Alfred Rethels Zeichnungen. Berlin/Wien 1920[?]

Freien Lehrervereinigung für Kunstpflege (Hg.), Alfred Rethel, 16 Zeichnungen und Entwürfe mit einer Einleitung von Walther Friedrich. Mainz 1907

Freisauff von Rudolf, Salzburger Volkssagen. [Wien 1880]

Frizot Michel (Hg.), Neue Geschichte der Fotografie. Köln 1998

Frodl Gerbert, Wiener Malerei des Biedermeier. Wien 1987

Fuchs Heinrich, Bartholomäus Stefferl. Wien 1977

Fuhrmann Franz, Alte Gärten in Salzburg. Vom Barock zur Romantik. Schriftenreihe des Salzburger Museums Carolino Augustem Nr. 1, Salzburg 1958

Fuhrmann Franz, Salzburg in alten Ansichten. Das Land. Salzburg/Wien 1980

Geller Hans, Carl Ludwig Kaaz. Landschaftsmaler und Freund Goethes 1773 – 1810. Berlin 1961

Goethe Johann Wolfgang, Schweizer Reisen. Johann Wolfgang Goethe dtv-Gesamtausgabe Bd. 28, München 1962

Gratzl Karl (Hg.), Die heiligsten Berge der Welt. Graz 1990

Grupp Peter, Faszination Berg. Die Geschichte des Alpinismus. Köln/Wien u. a. 2008

Günther Dagmar, Alpine Quergänge. Kulturgeschichte des bürgerlichen Alpinismus (1870 – 1930). [gedruckte Diss.], Frankfurt am Main/New York 1998

Haas Hanns/Hoffmann Robert/Luger Kurt (Hg.), Weltbühne und Naturkulisse. Zwei Jahrhunderte Salzburg-Tourismus. Salzburg 1994

Haller Albrecht von, Die Alpen. Bearbeitet von Harold T. Betteridge. Berlin 1959

Hamberger Sylvia (Hg.), Schöne neue Alpen. Eine Ortsbesichtigung. München 1998

Hapgood Marilyn Oliver, Tapeten berühmter Künstler. Von Dürer bis Warhol. Weingarten 1992

Harms Wolfgang, Homo viator in bivio. Studien zur Bildlichkeit des Weges. München 1970

Harten Ulrike, Die Bühnenentwürfe. Karl Friedrich Schinkel. Lebenswerk. Denkmäler deutscher Kunst. Bd. XVII, München/Berlin 2000

Haus Andreas, Karl Friedrich Schinkel als Künstler. Annäherungen und Kommentar. München/Berlin 2001

Hausler Bettina, Der Berg. Schrecken und Faszination. München 2008

Hechenblaikner Louis, Hinter den Bergen. Eine Heimatkunde. Heidelberg 2009

Herding Klaus/Krause-Wahl Antje (Hg.), Wie sich Gefühle Ausdruck verschaffen. Emotionen in Nahsicht. (2. Aufl.), Taunusstein 2008

Herding Klaus/Stumpfhaus Bernhard (Hg.), Pathos Affekt Gefühl. Die Emotionen in den Künsten. Berlin 2004

Hermann Georg, Die deutsche Karikatur im 19. Jahrhundert. Sammlung Illustrierter Monographien (Zobeltitz Hans von). 2. Bd., Bielefeld/Leipzig 1901

Henatsch Martin, Die Entstehung des Plakates. Eine rezeptionsästhetische Untersuchung. Studien zur Kunstgeschichte Bd. 91, Hildesheim 1994

Holzer Anton, Die Bewaffnung des Auges. Die Drei Zinnen oder Eine kleine Geschichte vom Blick auf das Gebirge. Wien 1996

Hoskins Lesley (Hg.), Die Kunst der Tapete. Geschichte, Formen, Techniken. London/Stuttgart 1994

Hölz Christoph (Hg.), Interieurs der Goethezeit. Klassizismus, Empire, Biedermeier. Mit einem Sonderteil Klassisches Ambiente heute. Augsburg 1999

Huber Stephan, In Situ Projekte. Kunst im Dialog mit ihrem Ort. München/London/New York 1998

Huber Stephan, In Situ Projekte II. Katastrophe und Rettung. Lindenberg/Allgäu 2010

Husty Peter, Salzburger Kulturschätze. Dokumentation zum zwanzigjährigen Bestand des „Komitees für Salzburger Kulturschätze“. Mitteilungen der Gesellschaft für Salzburger Landeskunde. Bd. 17. Ergänzungsband, Salzburg 1998

Ibscher Edith, Theaterateliers des deutschen Sprachraums im 19. und 20. Jahrhundert. [Diss. phil.], Frankfurt am Main 1972

Iglar Rainer/Mauracher Michael, Gregor Sailer. Ladiz. Fotohof-Edition 105, Salzburg 2008

Joppien Rüdiger, Die Szenenbilder Philippe Jacques de Loutherbourgs. Eine Untersuchung zu ihrer Stellung zwischen Malerei und Theater. [Diss. phil.], Köln 1972

Jost Erdmut, Landschaftsblick und Landschaftsbild. Wahrnehmung und Ästhetik im Reisebericht 1780 – 1820. Freiburg im Breisgau/Berlin 2005

Kaindl Kurt (Hg.), Stefan Kruckenhauser. In weiten Linien. Das fotografische Lebenswerk. Salzburg/Wien 2003

Keller Gottfried, Das verlorene Lachen. Novelle. Stuttgart 1970

Kitlitschka Werner, Die Malerei der Wiener Ringstraße. Wiesbaden 1981

Klemun Marianne, Die Großglockner-Expeditionen 1799 und 1800 … mit Madame Sonne konferieren. Klagenfurt 2000

Knudsen Hans, Goethes Welt des Theaters. Ein Vierteljahrhundert Weimarer Bühnenleitung. Berlin 1949

Königswinter von Wolfgang Müller, Alfred Rethel. Blätter der Erinnerung. Leipzig 1861

Koetschau Karl, Alfred Rethels Kunst vor dem Hintergrund der Historienmalerei seiner Zeit. Schriften des Städtischen Kunstmuseums zu Düsseldorf. 4. Bd. Alfred Rethels Kunst, Düsseldorf 1929

Kohout Klaus, Alfred Poell (1867 – 1929). Linz 2000

Koschatzky Walter, Thomas Ender. Graz 1982

Krempel Heinrich, Apachenfahrten. Lustige Fahrten auf ernste Berge. Berlin 1943

Krings Gerhard/Thallinger Diethard, Obertauern 1896 – 2003. 100 Jahre Wintersport. Ansichtskarten und Fotos im Wandel. o. O. 2003

Kürsinger Ignaz von/Köck Aemilian, Malerische Ansichten von Salzburg und Ober-Oesterreich nach der Natur gezeichnet von Johann Fischbach und von mehreren Künstlern in Stahl gestochen. Salzburg o. J.

Ladenbauer Wolfgang, Puchberg am Schneeberg. 100 Jahre Bergrettung, Zahnradbahn, Ansichtskarten. Eine Auswahl alter Postkarten und Texte. Wien 1996

Lobsien Eckhard, Landschaft in Texten. Zur Geschichte und Phänomenologie der literarischen Beschreibung. Stuttgart 1981

Loquai Franz (Hg.), Die Alpen. Eine Landschaft und ihrer Menschen in Texten deutschsprachiger Autoren des 18. und 19. Jahrhunderts. München 1996

Lutterotti Otto R. von, Joseph Anton Koch 1768 – 1839. Leben und Werk mit einem vollständigen Werkverzeichnis. Wien/München 1985

Marx Erich/Laub Peter (Hg.), Das Salzburg-Panorama von Johann Michael Sattler. Bd. 1. Das Werk und sein Schöpfer. Salzburg 2005

Mann Ulrich, Überall ist Sinai. Die heiligen Berge der Menschheit. Freiburg im Breisgau 1988

Moschig Günther/Assmann Peter, Ernst Insam. Aquarelle. Innsbruck 2010

Mrazek Wilhelm, Leopold Forstner. Ein Maler und Materialkünstler des Wiener Jugendstils. Wien 1981

Müller Guido/Suida Hermann (Hg.), Salzburger Land. Generalinformation. (2. überarb. Aufl.), Salzburg/Wien 1979

Musper H. Th., Der Holzschnitt in fünf Jahrhunderten. Stuttgart 1964

Nittenberg Daniela, Das Frühwerk der Emilie Mediz-Pelikan. [Dipl. phil.], Wien 1990

Nöldeke Otto (Hg.), Wilhelm Busch, Sämtliche Werke. 1. Bd., München 1943

Nüdling Elisabeth, Carl Robert Kummer 1810 – 1889. Ein Dresdner Landschaftsmaler zwischen Romantik und Realismus. Studien zur internationalen Architektur- und Kunstgeschichte 62, Petersberg 2008

Oeschslin Werner, John Ruskin. Werk und Wirkung. Zürich 2002

Otto Rudolf, Das Heilige Über das Irrationale in der Idee des Göttlichen und sein Verhältnis zum Rationalen. München 1917/(Nachdruck) 1991

Olligs Heinrich (Hg.), Tapeten. Ihre Geschichte bis zur Gegenwart. Fortsetzung Tapeten-Geschichte Bd. II., Braunschweig/Köln 1970; Bd. III. Technik und wirtschaftliche Bedeutung. Braunschweig/Köln 1969

Pap Robert, UNESCO Weltkulturerbe Semmeringland in Ölbildern, Aquarellen, Stichen, Lithografien und Fotos. Bruck a. d. Leitha 2000

Piatti Barbara, Tells Theater. Eine Kulturgeschichte in fünf Akten zu Friedrich Schillers Wilhelm Tell. Basel 2004

Pichl Eduard, Wiens Bergsteigertum. Wien 1927

Pirchan Emil, Bühnenmalerei. Das Malen von Theaterdekorationen. Wien 1946

Plakolm-Forsthuber Sabine, Künstlerinnen in Österreich 1897 – 1938. Wien 1994

Plasser Gerhard, Kosmoramen von Hubert Sattler. Metropolen und Gebirgswelten mit Originaltexten von Hubert Sattler. Salzburger Museumshefte 10. Bd. 2, Salzburg 2007

Pötschner Peter, Franz Steinfeld und die Überwindung des Barock in der Wiener Landschaftsmalerei. [Diss. phil.], Wien 1951

Ponten Josef (Hg.), Alfred Rethel. Des Meisters Werke in 300 Abbildungen. Klassiker der Kunst in Gesamtausgaben. Alfred Rethel. 17. Bd., Stuttgart/Leipzig 1911

Ponten Josef, Studien über Alfred Rethel. Stuttgart/Berlin 1922
Pries Christine (Hg.), Das Erhabene. Zwischen Grenzerfahrung und Größenwahn. Weinheim 1989
Radermacher Ludwig, Das Jenseits im Mythos der Hellenen. Bonn 1903
Rapp Christian, Höhenrausch. Der deutsche Bergfilm. Wien 1997
Rasmo Nicolò/Roethlisberger Marcel/Weber Bruno/Ruhmer Eberhard/Wied Alexander, Die Alpen in der Malerei. Rosenheim 1981
Raymond Petra, Von der Landschaft im Kopf zur Landschaft aus Sprache. Die Romantisierung der Alpen in den Reiseschilderungen und die Literarisierung des Gebirges in der Erzählprosa der Goethezeit. Studien zur deutschen Literatur, Bd. 123, Tübingen 1993
Reichler Claude, Entdeckung einer Landschaft. Reisende, Schriftsteller, Künstler und ihre Alpen. Zürich 2005
Rigele Georg, Die Großglockner-Hochalpenstraße. Zur Geschichte eines österreichischen Monuments. Wien 1998
Ritter Joachim, Landschaft. Zur Funktion des Ästhetischen in der modernen Gesellschaft. Münster 1978
Roessler Arthur/Pisko Gustav, Ferdinand Georg Waldmüller, Sein Leben, sein Werk und seine Schriften (mit Werkverzeichnis). 2 Bd., Wien o. J. [1907]
Rohsmann Arnulf, Markus Pernhart. Die Aneignung von Landschaft und Geschichte. Klagenfurt 1992
Rohsmann Arnulf, Markus Pernhart. Landschaft und Gesellschaft. Klagenfurt 2004
Rombout Ton (Hg.), The Panorama Phenomenon. The world round! Den Haag 2006
Roth Eugen, 100 Jahre Humor in der deutschen Kunst. Hannover 1957
Safranski Rüdiger, Goethe und Schiller. Geschichte einer Freundschaft. München 2009
Sayn-Wittgenstein Franz zu Prinz, Salzburger Land. München 1977
Schadelbauer Karl (Hg.), Innsbrucker Ansichtskarten um 1900. Veröffentlichungen aus dem Stadtarchiv Innsbruck. Innsbruck 1960.
Schaffer Nikolaus, Johann Fischbach 1797 – 1871. Monographische Reihe zur Salzburger Kunst. Bd. 11, Salzburg 1989
Schama Simon, Der Traum von der Wildnis. Natur als Imagination. München 1996
Scharfe Martin, Berg-Sucht. Eine Kulturgeschichte des frühe Alpinismus 1750 – 1850. Wien/Köln/Weimar 2007
Scheruebl Wilhelm, Das Haus als Idee. Wachsen wie ein Baum. Wien 2000
Schinagl Helmut, Ernst Insam. Die Vielfalt als Stilprinzip. Innsbruck 1993
Schindler Herbert, Monografie des Plakats. Entwicklung Stil Design. München 1972
Schon Peter M., Vorformen des Essays in Antike und Humanismus. Wiesbaden 1954
Schöllhorn Toni, Die Geschichte der Österreichischen Ansichtskarte und des Verbandes der österreichischen Ansichtskarten-Verleger und -Hersteller 30 Jahre 1966–1996. Eine Chronik der Entwicklung der Ansichtskarte und der Verlage in den letzten 100 Jahren. Innsbruck 1996
Schön Katja, Das Atelier Schön. Leben und Bauwerke der Brüder Karl und Wilhelm Schön gegen Ende der Donaumonarchie. [Dipl. an der Akademie der bildenden Künste Wien], Wien 2001
Schröder Klaus Albrecht, Ferdinand Georg Waldmüller. München 1990

Schmid Max, Rethel. Künstlermonographien. Rethel. 32. Bd., Bielefeld/Leipzig 1898

Schmidt Johanna, Heilige Berge Griechenlands in alter und neuer Zeit. Texte und Forschungen zur Byzantinisch-Neugriechischen Philologie. Bd. 37, Athen 1939

Schulze Friedrich (Hg.), Napoleons Briefe. [Leipzig 1912]

Schur Ernst, Alfred Rethel. Velhagen & Klafings Volksbücher Nr. 22, Bielefeld/Leipzig 1911

Schwarz Heinrich, Salzburg und das Salzkammergut. Eine künstlerische Entdeckung der Stadt und der Landschaft im 19. Jahrhundert. (4., erweiterte Aufl.), Salzburg 1977

Siegrist Christoph, Albrecht von Haller. Stuttgart 1967

Simmel Georg, Aufsätze und Abhandlungen 1909 – 1918. Bd. I., Frankfurt/Main 2001

Span Daniela, Mode und Bekleidung für Alpinistinnen und Skiläuferinnen vom ausgehenden 19. ins frühe 20. Jahrhundert am Beispiel der Mizzi Langer-Kauba Sportkataloge sowie eine didaktische Aufarbeitung des Themas. [Dipl. phil.], Innsbruck 2008

Speyer Wolfgang, Frühes Christentum im antiken Strahlungsfeld. Bd. 1. Wissenschaftliche Untersuchungen zum Neuen Testament 50. Tübingen 1989; Bd. 2. Wissenschaftliche Untersuchungen zum Neuen Testament 116. Tübingen 1999

Speyer Wolfgang, Religionsgeschichtliche Studien. Hildesheim 1995

Steinböck Michaela, Blickfang Heimat. Die Entwicklung des Heimatbegriffs anhand Österreichischer Fremdenverkehrsplakate des 20. Jahrhunderts. Grazer Beiträge zur Europäischen Ethnologie. Bd. 10, Frankfurt am Main 2002

Steinle Christa/Feitl Alexandra(Hg.), Styrian Window. Bildende Kunst in der Steiermark 1970 – 1995. Graz 1996

Storch Ursula (Hg.), Zauber der Ferne. Imaginäre Reisen im 19. Jahrhundert. Weitra 2008

Stremlow Matthias, Die Alpen aus der Untersicht. Von der Verheißung der nahen Fremde zur Sportarena. Kontinuität und Wandel von Alpenbildern seit 1700. [gedruckte Diss.], Zürich 1998

Szambien Werner, Karl Friedrich Schinkel. Aus dem Französischem von Monica Popitz. Basel 1990

Titus Livius/Feix Josef, Hannibal ante portas. Geschichte eines Feldzuges. Ab Urbe condita 32–36. München 1960

Thierolf Corinna (Hg.), Arnulf Rainer. Schriften. Selbstzeugnisse und ausgewählte Schriften. Ostfildern 2010

Thümmler Sabine, Die Geschichte der Tapete. Raumkunst aus Papier. Aus den Beständen des Deutschen Tapetenmuseums Kassel. Eurasburg 1998

Thümmler Sabine, Tapetenkunst. Französische Raumgestaltung und Innendekoration von 1760–1960. Sammlung Bernard Poteau. Staatliche Museen, Kassel 2000

Tromeyer Erich, Emilie Mediz-Pelikan. Bilder – Briefe – Gedanken. Wien 1986

Tscheppe Wolfgang (Hg. Für die Tirol Werbung) Sight-Seeing. Ostfildern 2011

Venturi Robert, Lernen von Las Vegas. Braunschweig 1979

Verwiebe Birgit (Hg.), Caspar David Friedrich. Der Watzmann. Berlin/Köln 2004

Walser Gerold, Summus Poeninus: Beiträge zur Geschichte des Großen St. Bernhard-Passes in römischer Zeit. Wiesbaden 1984

Weiß Wisso, Historische Wasserzeichen. München/New York/London/Paris 1987

Wicki Otto, Geschichte der Post- und Ansichtskarten. Bern 1996

Wichmann Siegfried, Compton. Edward Theodore und Edward Harrison. Maler und Alpinisten. Stuttgart 1999

Zadow Mario, Karl Friedrich Schinkel. Berlin 1980

Zsigmondy Emil/Paulcke Wilhelm, Die Gefahren der Alpen. (4. Aufl.), Innsbruck 1908

Lexika, Nachschlagewerke

Bernhard Marianne, Das Biedermeier. Kultur zwischen Wiener Kongreß und Märzrevolution, in: Hermes Hand Lexikon. (1. Aufl.), Düsseldorf 1983, „Fliegende Blätter", S. 63–66

Bettelheim Anton (Hg.), Biographisches Jahrbuch und Deutscher Nekrolog. I. Bd., Berlin 1897

Brettenthaler Josef, Salzburgs SynChronik. Salzburg 1987

Bürkner K., Hugo Bürkner, in: Bettelheim Anton (Hg.), Biographisches Jahrbuch und Deutscher Nekrolog. I. Bd., Berlin 1897

Haslinger Adolf/Mittermayr Peter (Hg.), Salzburger Kulturlexikon. Salzburg/Wien 1987

Rotteck Karl von, Allgemeine Geschichte vom Anfang der historischen Kenntniß bis auf unsere Zeiten. Für denkende Geschichtsfreunde. Mit zwanzig Stahlstichen nach Original-Compositionen von Alfred Rethel. 2. Bd., (3. unver. Stereotyp-Abdruck), Braunschweig 1845

Starl Timm, Lexikon zur Fotografie in Österreich 1839 – 1945. Wien 2005

Zeitschriftenartikel & Periodika

Barth Hanns, Vom Maler Karl Huck †, in: Berg und Buch – Zeitschrift für alpine Bücherkunde und alpines Schrifttum. 14. Folge, München Juni 1939

Baum Elfriede, Salzburger Landschaften von Friedrich Loos, in: Mitteilungen der Österreichischen Galerie, 1968. Jahrgang 12, Nr. 56, S. 47–70

Billanovich Giuseppe, Petrarca e il Ventoso, in: Italia medioevale e umanistica 9. 1966

Der Architekt – Wiener Monatshefte für Bauwesen und dekorative Kunst. Jahrgang XIV, Wien 1908

Ehret Gloria, Historische Papiertapeten. Geschichte, Entwicklung, Preise, Stilkunde, in: WELTKUNST. 05/2009

Feldbusch Hans, Die frühen Zeichnungen Alfred Rethels. Zur 100. Wiederkehr seines Todestages am 1. Dezember 1959, in: Die Kunst und das Schöne Heim. Monatsschrift für Malerei, Plastik, Graphik, Architektur und Wohnkultur. 58. Jahrgang, Heft 1, Oktober 1959

Fenz Werner, der Berg ruft. Zur Bildgrammatik von Josef Taucher, in: Lichtungen. Zeitschrift für Literatur, Kunst und Zeitkritik, 101/XXVI, Jahrgang/2005

Franck Hans, Alfred Rethel, in: Jahrbuch zur Pflege der Künste. 3. Folge 1955

Gestatten, heile Welt. Und ewig lockt die Alpenromantik, in: DU. Das Kulturmagazin 806. Mai 2010, Rapperswil 2010

Gmelin Erwin, Die Figur im alpinen Bild, in: Deutsche Alpenzeitung, X. Jahrgang, 1. Halbband, Heft 9 vom August, München 1910

Groschner Gabriele, Salzburger Salzburgmaler, in: Morath Wolfram (Hg.), Sommerreisen nach Salzburg im 19. Jahrhundert. Ergebnisse eines interdisziplinären Symposiums. Berlin, 27. bis 29. Oktober 1994. Carolino Augusteum Jahresschrift 43/44, Salzburg 1997/1998

Gröning Maren, Aus der Frühzeit der Fotografie und Alpinismus in Österreich, in: Camera Austria, Nr. 79. Wien 2002

Haffner Alfons, Der Tiefblick auf Osttirol. Die drei Glocknerpanoramen von Markus Pernhart, in: Osttiroler Heimatblätter. Heimatkundliche Beilage des Osttiroler Bote, Nr. 5/1998, 66. Jahrgang

Hatheyer-Seidl Bettina, Im Banne des Großglockners. Die Pioniere am Berg, in: Salzburg Archiv. Schriften des Vereines Freunde der Salzburger Geschichte, Bd. 34, Salzburg 2010

Hevesi Ludwig, in: Zeitschrift für bildende Kunst, N. F. V., Leipzig 1903

Hilda Andrée, Der Maler Adolf Obermüller, in: Kunstjahrbuch der Stadt Linz 1985

Hofmann Egon, Dem Andenken Alfred Poells, in: Der getreue Eckart 7, Heft 5, Februar 1930

Hommel Hildebrecht, Der Weg nach oben, in: Hommel Hildebrecht, Symbola. Bd. 1. Kleine Schriften. Hildesheim 1976

Jahn Gustav, Eine Ersteigung des Großen Murfreitturmes über die Nordostwand, in: Österreichische Touristenzeitung, XXXIX. Jahrgang, Nr. 5 vom 1. Mai 1919

Kaufmann Stefan, Moderne Subjekte am Berg, in: Bröckling Ulrich/Paul Axel/Kaufmann Stefan (Hg.), Vernunft – Entwicklung – Leben, Schlüsselbegriffe der Moderne. Festschrift für Wolfgang Eßbach. München 2004

Kittler Franz, Die Ansichtskarte, in: Gardasee-Post, 11. Juli 1908, 3. Jahrgang, Nr. 28

Kohout Klaus, Vier Werke von Alfred Poell im Besitz des Linzer Stadtmuseums, in: Kunstjahrbuch der Stadt Linz 1992/93

Koppensteiner Erhard, Heiteres Glockenspiel. Aus den Postkartenbeständen der Fotosammlung. Das Kunstwerk des Monats. Glockenspiel-Postkarten. August 2007. 20. Jahrgang/Blatt 232, Salzburg 2007

Koppensteiner Erhard, Fotografien von Baldi und Würthle. Das Kunstwerk des Monats. Februar 2008. 21. Jahrgang/Blatt 238, Salzburg 2008

Kölner Otto, Etwas von der Ansichtskarte, in: Gardasee-Post, 04. Jänner 1908, 3. Jahrgang, Nr. 1

Ladendorf Heinz, Ein Felsgesicht bei Albrecht Dürer, in: Festschrift für Wolfgang Krönig, Aachener Kunstblätter, Bd. 41, 1971

Ladendorf Heinz, Zur Frage der künstlerischen Phantasie, in: Musaion, Festschrift O. H. Förster. Köln 1960

Mamling Heinz, Licht und Dunkel, in: Der getreue Eckart, 16. Jahrgang, Heft 3, Dezember 1938

Mayr Wolfgang, Der sogenannte „Römerweg" im Bereich der Glocknerstraße. Salzburg Archiv 18, Salzburg 1994, S. 13–36

Mraz Hans, Gustav Jahn, in: Österreichische Touristenzeitung. Folge 4/5, April/Mai 1994

Meyer Ernst, Hannibals Alpenübergang, in: Christ Karl (Hg.), Hannibal. Darmstadt 1974

Mythos Alpen, CIPRA Jahreskonferenz 1996. Schaan 1996

Neubauten in Österreich. Façaden – Details – Haustore – Vestibule – etc., 3. Serie, Wien o. J. [um 1910]

Pichl Eduard, Gustav Jahn †, in: Österreichische Alpenzeitung, 41. Jahrgang 1919, Nr. 971 vom November 1919

Pötschner Peter, Franz Steinfelds „Hallstätter See" von 1834, in: Mitteilungen der Österreichischen Galerie, Wien 1962, Jahrgang 6, Nr. 50, S. 29–32

Pötschner Peter, Genesis der Wiener Biedermeier-Landschaft. Wiener Schriften, 19, Wien 1964, S. 121,166

Roessler Arthur, Der Maler Arthur Brusenbauch, in: Der getreue Eckart, 10. Jahrgang, 1. Bd., Wien 1932/33

Rohsmann Arnulf, markus pernhart im landesmuseum, der markt, in: Die Bruecke, kärnten · kunst · kultur, Nr. 51 September 04

Salzburger Zeitung 1863, Nr. 115 bis 289 passim

Schaffer Nikolaus, Eine Alpensymphonie. Zur Landschaftsmalerei des 19. Jahrhunderts am Beispiel des Alpenmalers Anton Hansch, in: Das Kunstwerk des Monats. Salzburger Museum Carolino Augusteum, Mai 1991

Schefold Max, Der Wasserfall als Bildmotiv, in: Festschrift für Wolfgang Krönig. Aachener Kunstblätter, Bd. 41., 1971

Schlee E., Der Maler Friedrich Loos. Ein später Romantiker, in: Kunst in Schleswig Holstein, 1960, S. 52–66

Schmidt Gustav, Gustav Jahn – der Künstler, in: Österreichische Alpenzeitung, 43. Jahrgang, Nr. 985 vom Jänner 1921

Schoenen Paul, Alfred Rethel und die romantische Historienmalerei, in: Aachener Kunstblätter, 19/20.1960/61

Schubert Karl Leopold, Der Alpenmaler Gustav Jahn, in: Kunst ins Volk. VIII. Jahrgang 1957, Heft III – IV

Wagner H. F., Untersberg, Watzmann und Göll in Sage und Geschichte. Kulturgeschichtliche Skizze, in: Volksfreund 1908, Nr. 25,26 und 32. Separatdruck. Hallein 1908

Wallmann Heinrich, Albrecht Haller. Eine biographische Skizze, in: Jahrbuch des Oesterreichischen Touristen-Club. IX, Wien 1878

Weber Dorothea, Petrarcas Mons Ventosus, in: Wiener Humanistische Blätter 42, Wien 2000

Zollner Manfred, Fotomagazin, 29.3.2010, www.fotomagazin.de

Sonderpublikationen

„Alpen-Skiverein. Wettfahr-Urkunde – 1. Torlauf der alpinen Skiweltgeschichte am 19. März 1905 am Muckenkogel in Lilienfeld, Niederösterreich“, Nachdruck (5. Aufl.), Lilienfeld 2000

Bruck-Auffenberg Natalie, Die Frau – comme il faut – Die vollkommene Frau. Verlag der „Wiener Mode“ (Hg.), (Neuaufl., 6. Tausend), Wien/Leipzig/Berlin/Stuttgart o. J. [um 1901/02]

K. K. Eisenbahnministerium (Hg.), Landschaftsbilder aus Österreich. Wien 1906

K. K. Österreichische Staatsbahnen und Österreichische Südbahn (Hg.), Wintersport in Österreich. Wien o. J.

Klose Rudi, 100 Jahre Österreichischer Touristenklub 1869 – 1969. Festschrift anläßlich des hundertjährigen Bestandes. Wien 1969

Österreichischer Alpenverein (Hg.), Alpenverein Museum – Katalog. Innsbruck o. J. [1994]

Sandtner Karl, Gustav Jahn als Bergsteiger und Skifahrer, Beilage zum Buch von Egid Filek. Wien o. J.

Über die Grenze, Vermessung einer Kulturlandschaft. Tagungsband, Verband österreichischer Kunsthistorikerinnen und Kunsthistoriker und Vereinigung der Kunsthistorikerinnen und Kunsthistoriker in der Schweiz, 11. – 14. 10. 2007, Kunsthaus Bregenz. Hohenems/Wien 2009

Zahn Eva (Hg.), Facsimile Querschnitt durch die Fliegenden Blätter. Facsimile Querschnitte durch alte Zeitungen und Zeitschriften. 7. Bd., München/Bern/Wien 1966

Abbildungsverzeichnis

Aarau, Aargauer Kunsthaus, Aarau, S. 72

Bad Hofgastein, © Gasteiner Bergbahnen AG, S. 35

Bensheim, Hotel Herrenhaus Fürstenlager, Aufnahme: © Julius Bosch – Photo Professional, S. 105

Berlin, bpk – Bildagentur für Kunst, Kultur und Geschichte, © bpk, S. 102, © bpk/Bayerische Staatsgemäldesammlungen, Neue Pinakothek München, Agentur: BSTGS, S. 69,70; © bpk/Nationalgalerie, SMB, Leihgabe der DekaBank, Aufnahme: Andres Kilger, S. 66, © bpk/Kupferstichkabinett, SMB, Aufnahme: Jörg P. Anders, S. 100

Berlin, Burkhard Sülzen, S. 73

Bern, © Kunstmuseum Bern, Bernische Kunstgesellschaft, S. 98,99

Bramberg & Neukirchen, Urlaubsarena Wildkogel, Aufnahme: F. Reifmüller, S. 74

Chur/Zürich, © Franz Rindlisbacher 2011, S. 165,167,168,169 und Cover

Düsseldorf © Michael Reisch S. 239,241

Erbsbühl/Zell im Fichtelgebirge, © Matthias Fanck, S. 77,307

Garmisch-Partenkirchen, Bayerische Zugspitzbahn Bergbahn AG, Aufnahme: Benedikt Lechner, S. 91

Gmunden, Welterbe Dachstein Salzkammergut, Fotostudio Semrad, S. 89

Graz, Neue Galerie Graz Universalmuseum Joanneum, S. 227,285

Halle, Stiftung Moritzburg Kunstmuseum des Landes Sachsen-Anhalt, S. 29

Innsbruck, © Alpenverein-Museum, Innsbruck, S. 20,33,76, 147,149, Aufnahmen: WEST.Fotostudio, Wörgl, S. 117, 122,130, Aufnahmen: Reinhard Kasper, S. 131,187

Innsbruck, Amt der Tiroler Landesregierung, Abteilung Kultur, Tiroler Kulturkataster, S. 75

Innsbruck, © Galerie Elisabeth & Klaus Thoman, S. 141,233

Innsbruck, © Maria Peters, Aufnahme: David Steinbacher, West.Fotostudio, S. 229

Innsbruck, Tiroler Landesmuseum Ferdinandeum, Innsbruck, S. 314,315

Kaprun, © Kitzsteinhorn-Gletscherbahnen Kaprun AG, S. 93

Kendall, Abbot Hall Art Gallery, S. 21

Las Vegas, Grand Canyon Skywalk Development, S. 88

Linz, Oberösterreichische Landesmuseen, Schlossmuseum, Linz, S. 215,231,289

London, © Tate, London 2011, S. 26

München, Archiv des Deutschen Alpenvereins, München, S. 19

München, © Peter von Felbert, S. 159

München, © Stephan Huber, Aufnahmen: Johann Hinrichs, S. 177,179,181

München, © Wittelsbacher Ausgleichsfonds, München, S. 106

Neustift, Stubaier Gletscher, Aufnahme: Udo Bernhart, S. 92

Ötz, Turmmuseum Ötz, S. 23

Paris, Collection Médiathèque du Patrimoine, © Estate Brassaï – RMN, S. 49

Radstadt, © Wilhelm Scheruebl, S. 263

Salzburg, Colorama Salzburg, S. 322

Salzburg, Galerie Seywald, S. 313

Salzburg, © MAM Mario Mauroner Contemporary Art Vienna/Salzburg, S. 201,203

Salzburg/München © Sammlung Eva Klinger-Römhild/Thomas Klinger, Aufnahmen: Thomas Klinger, S. 195,197

Salzburg, © Salzburg Museum, Aufnahmen: Rupert Poschacher, S. 97,175,223,257,259,295,296,297,310,311,322

Salzburg, Museum der Moderne Salzburg, © Walter Niedermayr, Fotosammlung des Bundes/Österreichische Foto-

galerie/Museum der Moderne, S. 221
Salzburg, Privatbesitz, Aufnahmen: Fotostudio Ghezzi, Oberalm, S. 124,151,211,309,312
Salzburg, Privatbesitz, Aufnahmen: Rupert Poschacher, S. 281,293
Salzburg, Residenzgalerie Salzburg, Aufnahmen: Fotostudio Ghezzi, Oberalm, S. 153,155,157,161,171,173,205,207,209,213,217,235,247,261,283;
Salzburg, Sammlung Großglockner Hochalpenstraße AG, S. 316, Aufnahmen: Fotostudio Ghezzi, Oberalm
Salzburg, Universitätsbibliothek Salzburg, Sondersammlungen, S. 14,145,243,299,300,301,302,303,304,305,306, Aufnahme: Fotostudio Ulrich Ghezzi, Oberalm, S.245
Salzburg/Wien, © ALPINE GOTHIC, S. 139 und Rückseite
St. Pölten, Landesmuseum Niederösterreich, S. 143,163,193,291, 293
Schladming, Planai-Hochwurzen-Bahnen GmbH, © Erich Hagspiel, Wien, S. 90
Vomp, © Gregor Sailer, S. 249,251,253,255
Weimar, © Stiftung Weimarer Klassik und Kunstsammlungen, S. 103
Wien, © Architekturzentrum Wien, S. 108
Wien, Belvedere, Wien, S. 30,50,53,71,199
Wien, Familie Jahn/Winkler, Wien, S. 129
Wien, Kupferstichkabinett Wien, S. 31
Wien, Österreichische Nationalbibliothek Wien, S. 34
Wien, Österreichischer Touristenklub (ÖTK) Wien, Aufnahmen: Peter Böttcher, S. 127,128,185
Wien, Peter Stüber, S. 116,120,121,126, Aufnahme: Fotostudio Ghezzi, Oberalm, S. 123, Aufnahmen: Reinhard Kasper, S.187,189,191
Wien, Privatbesitz, Aufnahmen: Peter Böttcher, S. 125,132,183
Wien, Sammlungen des Fürsten von und zu Liechtenstein, Vaduz – Wien, S. 219,237
Wien, Wienbibliothek im Rathaus, Plakatsammlung, S. 308
Wien, Wien Museum, S. 287
Zürich, © Jules Spinatsch S. 265,267,269,271,273,275,277,279
Zürich, © Kunsthaus Zürich, 2011, S. 28,36
Zürich, Zentralbibliothek Zürich, Abteilung Karten und Panoramen, S. 65

Der Residenzgalerie Salzburg war es leider nicht in allen Fällen möglich, Rechtsinhaber der Abbildungen ausfindig zu machen. Berechtigte Ansprüche werden selbstverständlich im Rahmen der üblichen Vereinbarungen abgegolten.